日中刑事法シンポジウム報告書

日中刑事法の基礎理論と先端問題

山口　厚　[編]
甲斐克則

成文堂

表紙写真:早稲田大学大隈講堂

はしがき

　本書は、2015年10月3日（土）から4日（日）にかけて早稲田大学27号館の小野梓記念講堂において開催された、第5回日中刑事法シンポジウムの記録である。中国側からは張明楷教授（清華大学）を代表とする8名の学者が来日され、シンポジウムでは、日本側からの参加者も含めて約70名の参加者を得て、活発な質疑応答がなされた。

　今回のテーマは、「日中刑事法の基礎理論と先端問題」として企画された。初日は、基礎理論の部として、第1セッションが「量刑論」、第2セッションが「中止犯」であり、2日目は、先端問題の部として、第3セッションが「医療と刑法」、第4セッションが「企業犯罪」であった。2日間の各セッションで、日本側からも中国側からも実に興味深い質の高い報告と活発な質疑応答がなされた。このことは、中国における刑法学の総論をめぐる議論と各論をめぐる議論の深化を示しており、まさに比較刑法学として両国の刑法学が十分に率直な意見交換ができる段階に入ったことを実感させるものである。しかも、今回は、比較的若い層の学者にも報告を担当していただいたので、今後、日本と中国の刑事法学術交流を担う人材の層が広がったようにも思われる。ご多忙な中、報告をしていただき、しかも力作をお寄せくださった日中の刑事法学者の方々に御礼申し上げたい。

　また、この種の学術交流には、適切な通訳を確保する必要があるが、いつもお世話になっている金光旭教授の名通訳のほかに、今回は、早稲田大学に留学中かもしくは留学経験のある中国・台湾の若手研究者も立派に通訳の大役を務めていただいたことを特記しておく必要がある。次世代の日中学術交流を担う人材が増加したことは、実に喜ばしい。この場をお借りして、通訳をしていただいた各位に謝意を表したい。

　最後に、このシンポジウム開催に際しては、公益財団法人社会科学国際交

流江草基金、早稲田大学大学院法務研究科・法務教育研究センター、そして早稲田大学法学部から多大なご援助をいただいた。また、株式会社成文堂からは、当日配布の資料作成をはじめ、本書刊行に至るまで、多大なご協力をいただいた。この場をお借りして、阿部成一社長と編集部の篠崎雄彦氏にも厚く御礼申し上げたい。

2015年12月28日

編　者
早稲田大学教授
山　口　　　厚
早稲田大学教授
甲　斐　克　則

目　　次

はしがき

開会の辞………………………………………………… 山口　厚　*1*

　　　　　　　　　　　　　　　　　　　　　　　　張　明楷　*3*

開催校挨拶……………………………………………… 甲斐克則　*5*

1　量刑論 ……………………………………………… 馮　　軍… *9*

　はじめに　(*9*)
　一　量刑格差の存在　(*11*)
　二　量刑の目的追求　(*16*)
　三　刑法における量刑規定　(*24*)
　四　最高法院の意見　(*28*)

2　量刑論 ……………………………………… 小池信太郎… *43*

　はじめに　(*43*)
　1　刑罰・量刑制度の概要　(*44*)
　2　量刑判断・評議の在り方　(*47*)
　3　裁判員裁判の量刑と控訴審査の動向　(*53*)
　4　最高裁平成26年7月24日判決　(*57*)

3　日本における中止未遂論の現状と課題 …………… 原口伸夫… *71*

　一　はじめに　(*71*)
　二　中止未遂の処分・効果　(*71*)

三　中止未遂の認められる根拠　(72)
　　四　「自己の意思により」(任意性)　(73)
　　五　「中止した」(中止行為)　(76)
　　六　既遂の中止　(79)
　　七　予備の中止　(80)
　　八　共犯と中止未遂　(81)
　　九　裁判員制度の影響　(83)
　　十　まとめ　(85)

4　中止の任意性判断における規範的主観説…………周　光権… *91*

　はじめに　(91)
　　一　中止の任意性に関する学説の整理　(92)
　　二　刑罰の予防目的と中止の任意性の規範的判断　(97)
　　三　規範的主観説の展開　(104)

5　中国における安楽死・尊厳死…………………劉　建利… *117*

　はじめに　(117)
　　Ⅰ　安楽死・尊厳死の意義、形態及び発展経緯　(118)
　　Ⅱ　安楽死に関する判例と学説　(120)
　　Ⅲ　中国における尊厳死　(131)
　おわりに　(141)

6　医療事故と刑事責任………………………………北川佳世子… *145*

　　Ⅰ　はじめに　(145)
　　Ⅱ　医療水準の意義　(146)
　　Ⅲ　近年の重要な医療過誤刑事裁判例の分析　(150)
　　Ⅳ　改正医療法の施行までの経緯　(160)

7 企業災害における個人の過失責任について………樋口亮介… *171*

はじめに（*171*）
一 段階的思考（*171*）
二 段階的思考を成立させた日本法の基層（*173*）
三 段階的思考の内容（*179*）
おわりに－付言（*186*）

8 組織体により法定個人犯罪を実施した場合の刑事責任
　　――中国刑法における組織体犯罪に関する立法解釈
　　及び司法解釈について……………………………劉　艶紅… *189*

Ⅰ 組織体によって実施された法定個人犯罪に関する学説と実務（*189*）
Ⅱ 組織体犯罪に関する司法解釈及び立法解釈の変遷と
　　それをめぐる論争（*191*）
Ⅲ 組織体が実施した法定個人犯罪を自然人犯罪として
　　処罰する根拠と限界（*201*）
Ⅳ おわりに（*212*）

総　括………………………………………………………梁　根林… *217*
　　　　　　　　　　　　　　　　　　　　　　　　高橋則夫… *221*
閉会の辞……………………………………………………張　明楷… *223*
　　　　　　　　　　　　　　　　　　　　　　　　山口　厚… *225*

第 5 回日中刑事法シンポジウム企画・プログラム

1　会議名
　第 5 回日中刑事法シンポジウム
　――日中刑事法の基礎理論と先端問題

2　開催地
　早稲田大学早稲田キャンパス　27号館法科大学院棟地下 2 階　小野梓記念講堂

3　開催日時
　2015年10月 2 日（金）～2015年10月 4 日（日）

4　日程表

	午前	午後
10月2日：金	中国側参加者来日	参加者受付、日中関係者の打合せ、歓迎会（宿泊先：東京ガーデンパレス）
10月3日：土	開会式、挨拶: 報告・討論: 量刑論	報告・討論：中止犯、懇親会
10月4日：日	報告・討論：医療と刑法	報告・討論：企業犯罪、閉幕式、総括夕食会
10月5日：月	都内近郊ツアー	都内近郊ツアー、送別会
10月6日：火	中国側参加者帰国	
10月7日：水	予備	

中国の先生方の到着便と帰国便
北京の先生方（ 5 名）
　10月 2 日：CA181、8 ：45北京空港発、12：50羽田空港着（国際線ターミナル）
　＊松原芳博教授、北川佳世子教授が留学生数名と出迎え（マイクロバス）13時⇒ホテル東京ガーデンパレスまで
　10月 6 日：CA182、13：55羽田空港発、17：25北京空港着
　＊甲斐克則教授、杉本一敏教授が留学生 2 名と見送り（マイクロバス） 9 時30分ホテル東京ガーデンパレス⇒11：55羽田（国際線ターミナル）
南京からの東南大学の先生方（ 3 名）
　10月 2 日：中国東方航空MU537333、9 ：40上海虹橋空港発、13：30羽田空港着（国際

線ターミナル）
　　＊松原芳博教授、北川佳世子教授が留学生数名と出迎え（マイクロバス）13時
　　＊北京から来日される先生方と合流
　　10月6日：13：00成田空港発—15：30南京空港着（劉　建利副教授に一任）

5　主要な参加者
　　中国側代表：張　明楷教授（清華大学）、周　光権教授（清華大学）、梁　根林教授（北京大学）、馮　軍教授（中国人民大学）、付　立慶教授（中国人民大学）、劉　艶紅教授（東南大学）、周　少華教授（東南大学）、劉　建利副教授（東南大学）

　　日本側代表：山口　厚教授（早稲田大学）、甲斐克則教授（早稲田大学）、金　光旭教授（成蹊大学）、只木　誠教授（中央大学）、橋爪　隆教授（東京大学）、高橋則夫教授（早稲田大学）、松原芳博教授（早稲田大学）、北川佳世子教授（早稲田大学）、原口伸夫教授（駒澤大学）、小池信太郎准教授（慶應義塾大学）、樋口亮介准教授（東京大学）、杉本一敏教授（早稲田大学）、田山聡美教授（早稲田大学）、塩見　淳教授（京都大学）
＊プログラム執行責任者：甲斐克則教授（早稲田大学）

6　第5回日中刑事法シンポジウム・プログラム
Ⅰ　題　目　日中刑事法の基礎理論と先端問題

Ⅱ　開催地
　　早稲田大学早稲田キャンパス　27号館法科大学院棟地下2階　小野梓記念講堂

Ⅲ　開催日
　　2015年10月2日（金）～2015年10月4日（日）

Ⅳ　プログラム
（第1日目）10月3日（土）
　　受付　　　　　9時30分
　　開会宣言　　　10時
　　全体司会：甲斐克則　教授（早稲田大学：企画責任者）
　　開会の挨拶
　　日本側：山口　厚　教授（早稲田大学・日本側代表）
　　中国側：張　明楷　教授（清華大学・中国側代表）
　　通訳：金　光旭　教授（成蹊大学）
　　開催校：甲斐克則　教授（早稲田大学大学院法務研究科長）
　　記念撮影

第 5 回日中刑事法シンポジウム企画・プログラム

［第 1 セッション：量刑論］　10時30分～12時50分
　司会：梁　根林　教授（北京大学）、松原芳博　教授（早稲田大学）
　通訳：金　光旭　教授（成蹊大学）
　報告：馮　軍　教授（中国人民大学）「量刑論」
　　　　小池信太郎　准教授（慶應義塾大学）「量刑論」
　質疑応答

（昼食）13時00分～14時10分

［第 2 セッション：中止犯］　14時20分～16時40分
　司会：只木　誠　教授（中央大学）、付　立慶　教授（中国人民大学）
　通訳：劉　建利　副教授（東南大学）
　報告：原口伸夫　教授（駒澤大学）「日本における中止未遂論の現状と課題」
　　　　周　光権　教授（清華大学）「中止の任意性判断における規範的主観説」
　質疑応答

（懇親会）　17:30～19:30

（第 2 日目）10月 4 日（日）
［第 3 セッション：医療と刑法］　9 時30分～11時50分
　司会：周　少華　教授（東南大学）、甲斐克則　教授（早稲田大学）
　通訳：蔡　芸琦　氏（早稲田大学大学院法学研究科博士課程）
　報告：劉　建利　副教授（東南大学）「中国における安楽死・尊厳死」
　　　　北川佳世子　教授（早稲田大学）「医療事故と刑事責任」
　質疑応答

（昼食）12時～13時30分

［第 4 セッション：企業犯罪］　13時40分～16時
　司会：橋爪　隆　教授（東京大学）、梁　根林　教授（北京大学）
　通訳：金　光旭　教授（成蹊大学）
　報告：樋口亮介　准教授（東京大学）「企業災害における個人の過失責任について」
　　　　劉　艶紅　教授（東南大学）「組織体により法定個人犯罪を実施した場合の刑事
　　　　　　　　　　　　　　　　　　責任──中国刑法における組織体犯罪に関する立法
　　　　　　　　　　　　　　　　　　解釈及び司法解釈について」

質疑応答

［総　括］　16時～16時30分
　　中国側：梁　根林　教授（北京大学）
　　日本側：高橋則夫　教授（早稲田大学）
　　通　訳：金　光旭　教授（成蹊大学）

閉会の挨拶　16時30分～17時
　　中国側：張　明楷　教授（清華大学）
　　　　　　劉　艶紅教授（東南大学：次回開催校）
　　日本側：山口　厚　教授（早稲田大学）
　　通　訳：劉　建利　副教授（東南大学）

閉会宣言　甲斐克則　教授（早稲田大学：企画責任者）　17時

関係者夕食会　18時

開 会 の 辞

早稲田大学大学院法務研究科教授・東京大学名誉教授
山　口　　　厚

　尊敬する張明楷先生、尊敬する中国の先生方、ご列席の皆様、おはようございます。

　早稲田大学で開催される第5回日中刑事法シンポジウムへのご参加を心より歓迎いたします。旧知の間柄である先生方には再びお目にかかることができ大変嬉しく存じます。また、このたびはじめて言葉を交わす機会を得ることができた先生方には、今後一層の交流を期待したいと思います。

　さて、日中両国における刑事法分野での学術交流は、新たな枠組みで開催されるようになってから、今回で5回目となります。一昨年は、中国・西安の西北政法大学でシンポジウムが開催され、大成功のうちに閉幕いたしました。今回は、日本側での開催となります。日本側としては、このシンポジウムが成功するように、開催責任者の甲斐教授を中心に懸命に準備を進めて参りました。本日から2日間、日中両国からの報告に基づいて、熱心な討論が行われることになりますが、大いなる成果が得られることを期待したいと思います。さらに、この機会を通じて、日中両国の刑事法制についての相互理解を一層深め、また、人的な交流が一段と強まり、今後の交流の推進力となることを念願しております。

2　開会の辞

　このシンポジウムの成功を願って、甚だ簡単ではありますが、日本側を代表しての挨拶とさせていただきます。ご静聴ありがとうございました。

開会の辞

清華大学法学院教授

張　　　明　　　楷

尊敬する山口先生
尊敬するご列席の皆様

　おはようございます。

　本日、中国の仲間たちとともに、中国でもその名が広く知れ渡っている早稲田大学を訪れ、ここで中日刑事法シンポジウムに参加できますことを、この上なく光栄に存じます。

　25年前の1990年、第2回日中刑事法シンポジウムもこの早稲田大学で開催され、そして、その時にも、量刑の問題が議題にあがっていました。おそらくこれは偶然の一致ではなく、両国の刑法学者たちが長年にわたって、友情を深めながら学術交流を促進し、両国の刑法学の発展のために絶え間ない努力を重ねてきた結果であろうと思われます。

　今回の参加者の中には、若い研究者が非常に多く含まれております。25年前にはまだ小学生だったかもしれない方々が、本日このような形で立派な研究者として会議にご参加され、そのうえ会議の報告者まで務めてくださる姿をみたとき、両国間のこれまでの長い学術交流の歴史に深い感銘を覚えるとともに、その明るい未来についても改めて確信を深めるところでございます。

　今回のシンポジウムの開催にあたっては、早稲田大学法務研究科の先生方々は非常に早い段階から周到に企画を進められ、中日双方の参加者たちも

真剣に準備を整えて会議に臨んでおられます。関係者の皆様に深くお礼を申し上げるとともに、今回の中日刑事法シンポジウムの成功をお祈りして、わたしの挨拶とさせていただきます。

　ありがとうございました。

開催校挨拶

企画責任者・早稲田大学大学院法務研究科科長・教授

甲　斐　克　則

　皆様、おはようございます。

　第5回日中刑事法シンポジウムを、本日、早稲田大学で開催の運びとなりました。開催校を代表して、また企画責任者として、一言ご挨拶申し上げます。

　尊敬する張　明楷先生をはじめとする中国の先生方、遠路ようこそ早稲田大学へお出で下さいました。心より歓迎申し上げます。また、日本側の参加者の皆様、早朝よりご足労くださり、ありがとうございます。

　もともと日中刑事法研究会は、西原春夫先生（早稲田大学元総長）を中心として結成され、1988年から日本と中国の大学において10回の学術討論会を開催してきましたが、その後、2007年からは故・西田典之先生を中心に従来の学術討論会を発展させるかたちで、日中刑事法シンポジウムが2年ごとに開催されることになり、2007年（東京大学）、2009年（中国人民大学）、2011年（中央大学）、2013年（中国・西北政法大学）とシンポジウム開催を重ねてきました。そして、今回が第5回目となりますが、西原先生ゆかりの早稲田大学で開催できることを嬉しく思います。日本側代表の山口　厚教授も、現在は早稲田大学の一員ですので、なおさら意義深いことです。

　さて、今回のテーマは、「日中刑事法の基礎理論と先端問題」として企画しました。本日が基礎理論の部でありまして、第1セッションが「量刑論」、第2セッションが「中止犯」です。また、明日は先端問題の部でありまし

て、第3セッションが「医療と刑法」、第4セッションが「企業犯罪」です。今回は、このように、基礎理論と先端問題を日中刑事法シンポジウムで取り上げることができることに、まずは学問的意義を認めることができると思います。なお、第3セッションの「医療と刑法」で報告を予定されていた同僚の北川佳世子教授が急病のためご欠席となり、私がピンチヒッターで代読をすることになりましたことを予めご了解ください。2日間の各セッションで興味深い報告と活発な質疑応答がなされることを期待しております。

　最後に、このシンポジウム開催に際しては、公益財団法人社会科学国際交流江草基金、早稲田大学大学院法務研究科・法務教育研究センター、そして早稲田大学法学部から多大なご援助をいただきました。また、出版社の成文堂からは、資料作成等に当たり、多大なご協力をいただきました。この場をお借りして厚く御礼申し上げます。それでは、皆様、実り多いシンポジウムになりますよう祈念して、私の挨拶とさせていただきます。

第1セッション

1 量　刑　論

中国人民大学教授
馮　　　軍
（毛　乃純　訳）

はじめに

　量刑は、「刑の量定（Strafzumessung）」とも称され、具体的な事件における特定の行為に対して、法定刑に必要な修正を経て導かれた処断刑の範囲内において、宣告刑を決定するために裁判所によって行われる必要的な裁量活動を指す。

　量刑は、立法者と裁判官との「共同活動」である。立法者によって制定された法定刑は、刑種及び刑量を決定する際の最も重要な基準であり、刑法各則の条文がある犯罪に対して抽象的に規定された刑罰である。刑事裁判官が法定刑に法的情状または酌量的情状により加重・減軽の修正を加えて得られた刑を、処断刑と言い、この処断刑の範囲内で具体的に量定して言い渡された最終刑を、宣告刑と言う。法定刑から出発し、処断刑を経て最終刑に至る過程が、量刑である。

　量刑の際、具体的な事件または行為者の具体的な状況に応じて実質的正義を実現するために、法定刑にせよ処断刑にせよ、立法者は通常、一定の幅（刑の幅）を設定している。この一定の幅で宣告刑を決定することは、裁判官の自由裁量によるものである。すなわち、裁判官は、一定の幅の内部で具体的な事件または行為者の具体的な状況に相応すると考えられる刑種及び刑量を決定しなければならない。

　中国の裁判官は、往々にして犯罪の認定のみを重視し、犯罪の性質を正確

に認定すればよく、多少重くしたり軽くしたりすることに関しては平然としている。しかし、実際には、刑事裁判官がいかなる刑種・刑量を選択するかは、刑事被告人の現在の最大の関心事であると言えよう。なぜなら、多くの刑事事件の被告人、特に自首・自白した被告人にとって、無罪が言い渡される可能性は非常に低くなっており、一方、刑事訴訟の手続はすでに無罪の人が刑事裁判を受けないことを一定程度保障しているため、いったん検察機関に起訴されたら、ほぼ有罪に決まってしまうからである。このように、刑事被告人は、往々にして量刑の結果のみに注目するがゆえに、彼ら及び彼らを心配する人にとって、刑事裁判官の自由裁量による刑罰は極めて重要な意義を有する。

　また、刑事訴訟における他の参加者、特に刑事裁判官にとっても、量刑は重要な意義を有する。通常、世間は、刑事裁判官の量刑をもって彼の良心や正義感を評価する。そして、量刑のいかんによって、刑事裁判官による犯罪判断の経緯及びその効果が検証され、無私的・公平的な且つ高度の専門水準を持つ刑事裁判官こそ、正確に量刑することができる。

　さらに、量刑は、社会大衆からも注目を浴びている。社会大衆は、重大な事件に対して濃厚な興味を持つ一方、メディアも常に熱情的に非専門的視点から、ある事件に関する量刑活動を議論する。実際のまたは仮想の不公平な処刑に対して、社会大衆がメディアを通じて表した反応は、しばしば司法機関の権威を動揺させ、司法の危機へ至らせるおそれもある。刑事裁判官が容易に社会大衆に左右されるか、また如何にして量刑と社会大衆との間に正しい関係を持たせるかは、司法体制の重要な内容であると思われる。ある意味において、量刑活動の展開は、ある民族の法的精神を徴表するものであると言われる[3]。

　このように、量刑は、被告人にとって最も重要な、裁判官にとって最も困難な、社会大衆にとって最も注目される問題である。量刑格差の解消は、刑事司法実務と刑法理論研究の共通の任務であると言えよう。

一　量刑格差の存在

　刑事裁判官の量刑活動における量刑格差は、未だに全世界に普遍的に存在する現象である。量刑論に関する研究は、主にこのような量刑格差の解消に資するものであると考えられる。
　刑罰は刑事裁判官の自由裁量によるものとはいえ、その主観的恣意を許すわけではない。刑事裁判官の量刑は、客観的合理性を有しなければならず、一方、それを失った不当な量刑は、刑事被告人による上訴の法的理由として認められている。すなわち、中国刑事訴訟法225条1款2項は、「原判決の事実認定に誤りはないが，法律の適用に誤りがあるか，又は刑の量定が不当である場合には，原判決を改めなければならない。」と規定する。これにより、量刑不当の判決に対して、上訴審法院はそれを破棄自判をしなければならない。
　客観的合理性のない量刑は、まさに格差の存在する量刑である。ここにいう「量刑格差」は、「量刑差異」とは異なるものであると思われる。すなわち、「量刑差異」は価値中立的な用語であるのに対し、「量刑格差」は非価値的な意味を有する概念である。また、「量刑差異」は異種事件との比較において得られたものであるのに対し、「量刑格差」は同種事件の判決に見られたものである。したがって、刑事司法において回避すべきなのは、「量刑差異」でなく、「量刑格差」であろう。一方、両者は一定の関連性も持っており、つまり、「量刑格差」は「量刑差異」に存在することも可能である。例えば、犯罪の性質や情状がほぼ同じである2つの事件について、同一の時空において量定された刑罰に大きな差がある場合、「量刑格差」が発生したと言えよう。
　また、客観的合理性のない量刑は、不公正・不公平・非合目的・予測不可能な量刑である。すなわち、不公正な量刑とは、刑事裁判官による量刑が責任主義に違反し、量定された刑罰が行為者の犯罪に対する非難可能性の程度

と一致しないことを言う。不公平な量刑とは、刑事裁判官による量刑が平等原則に違反し、同様の事件に対して同様に取り扱うべきという要請に反し、同じ事実で同じ種類に属する事件に対して大きな差がある刑罰を言い渡したことを言う。[4] 非合目的な量刑とは、刑事裁判官による量刑が理性主義に違反し、処罰の必要性のない犯罪者を処罰したり、処罰の必要性のある犯罪者を処罰しなかったりし、あるいは、軽く処罰すべき犯罪者を重く処罰したり、重く処罰すべき犯罪者を軽く処罰したりし、あるいは、この刑で処罰すべき犯罪者を他の刑で処罰したり、他の刑で処罰すべき犯罪者をこの刑で処罰したりすることを言う。予測不可能な量刑とは、刑事裁判官による量刑が法の安定性の要求に違反し、一貫性を失ったことを言う。換言すれば、量刑の結果は、他の刑事法専門家が当該事件を詳しく検討した上で、法律により出された予測と大きく異なってはならない。完全に予測不可能な量刑は、客観的合理性のある量刑とは言えないと思われる。なお、客観的合理性のある量刑は、事後的な検証可能性を有すべきものである。すなわち、刑事裁判官による量刑は、事後的に検証しうるものであり、なぜこのような量刑の結果が導き出されたかを説明しなければならない。したがって、ある量刑の結果について、それは検証不可能な神秘的な力による支配の産物としか理解できない場合、それを客観的合理性のある量刑とは言えないであろう。

量刑は「客観的合理性」を有するものであるはずだが、客観的にみれば、今までの量刑はまだ不合理なままであると言わざるをえない。中国にせよ、外国にせよ、その刑事司法実務において一定程度の「量刑格差」が存在していることについて、学者の見解は一致している。例えば、ドイツの刑法学者のアドルフ・ワッハ（Adolf Wach）は、1890年に発表された「自由刑の改革」という論文において、「実に、裁判官の量刑の多くは、恣意的・無常的・偶然的なものである。これは、公然の秘密であり、あらゆる刑法実務の関係者を痛々しく感じさせる経験的事実である。被告人に対して、6ヵ月か、5ヵ月か、4ヵ月か、それとも2カ月の懲役を科すかは、犯罪の重大性によって決定されたものは少なく、むしろ同裁判体の偶然的な構成、裁判官の様々な

主観的な意見・刺激、裁判官の出身・覚悟によって決定されたのがより多い」と主張した。1956年に、ヘルムート・フォン・ウェバー（Helmuth von Weber）は、量刑の不公平は被告人がどの裁判官に当たるかという「運命の問題」であると指摘した。ブルンス（Bruns）は、1974年に出版された『量刑法』（Strafzumessungsrecht）において、「現在の量刑における極端な格差は、従来から耐えられないものである」と示した。そして、アメリカの参議員エドワード・M・ケネディは、「量刑は国のスキャンダルである。毎日、各々の裁判官は類似の罪行で起訴された被告人対して全く異なる刑罰を科し、その１人に執行猶予を言い渡したのに対し、他の類似した罪行を行った被告人に長期の懲役を言い渡したかもしれない。」と述べた。さらに、アメリカの学者ドナルド・ブラックは、「法原則それ自体――規則と原理――は、事件の裁判の予示と解釈には足りない。通常、裁判官と陪審団は、それぞれの個人的な信念や感情をもって事件を審理し、すでにこのように決定してから、また書面に規定される法律に合法の理由を探そうとするにとどまる。これに対して、リアリズム法学は、司法裁判と判例との関係はこれらの判決と裁判官の朝ご飯との関係ほど緊密でないという名言を吐き出した。……たとえ法律上の同様な事件――同じ問題に関する――で、しかも同様な証拠をもって立証されたとしても、常に異なるように取り扱ったことは、無数の研究によって明らかに示された」と解した。

　量刑格差の発生原因は複雑であって、その中には、裁判制度上の原因もあるし、評価理念上の原因もあり、また、刑事裁判官によるものでもあるし、他の訴訟参加者によるものもあると考えられる。ドイツの刑法学者は、刑事司法実務を詳しく研究した上で、その量刑格差の主要な発生原因はドイツにおける量刑の顕著な地域的な格差の存在にあると指摘した。例えば、1931年に、フランツ・エクスナー（Franz Exner）は、「泥棒により重い刑を科する蓋然性は、シュトゥットガルトの裁判官より、ハンブルクの裁判官による裁判の場合のほうがかなり高い」という調査結論を発表した。また、バーデン＝ヴュルテンベルク州の1959年から1962年までの間に発生した酒酔い運転罪

に対する調査によると、各地には大きな量刑格差が存在すること、そして、一部の地方裁判所が言い渡した執行猶予の比率はほぼゼロに近いが、他の地方裁判所が80％以上の酒酔い運転罪に執行猶予を言い渡したことが明らかになった。このようないわゆる「司法地理」の現象の発生原因について、ドイツの各民族はそれぞれの特性を有すること、及びドイツ帝国刑法典の実施まで法分裂の状態が長期間存在したことに求められた。しかし、第二次世界大戦後、ドイツにおいて大規模な移住が発生し、メディアも広範な影響力を発揮しているので、現在、上記の２つの理由は、もう説得力がなくなってしまった。なお、異論のない説明として、量刑に対する上訴裁判所のコントロールの広さの差は、量刑における顕著な地域的な格差の重要な原因であるとする見解が挙げられる。[11]

　ドイツとは異なり、まだ整備中の中国において、量刑格差の原因は、より複雑で特殊であると言えよう。

　まず、刑法によって設けられた法定刑の幅は広すぎて、裁判官の自由裁量権の行使に広範なスペースを与えている。例えば、中国刑法383条１款１項は、「個人による横領金額が十万元以上である場合は、十年以上の有期懲役又は無期懲役に処し、財産の没収を併科することができる。情状が特に重い場合は、死刑に処し、財産の没収を併科する。」と規定する。これをもって、中国の司法実務において、横領金額が数千万元まで達したものの、十数年の刑に処された者もいるし、数十万元の横領金額で十数年の刑に処された者もいるというような顕著な量刑格差が存在している。したがって、中国刑法上の法定刑の幅を細分化すべきであるという意見が主張されている。[12]

　次に、「厳打」（刑事犯罪活動への厳しい打撃を意味する――訳者注）と言われる刑事政策によって、重罰主義の量刑傾向が形成された。多くの裁判官は、「『厳打』の旨を大量の判決、重い処罰、さらに大量の死刑と理解し、『打撃の無力』との批判を心配するだけである。ある地方は、指標定立という手段を採用し、重い刑罰を言い渡す判決がどの程度以上の比率に達しなければならないと要求し、また、判決の量・重い刑罰の比率を刑事裁判の成績の評価

基準とすることもある。その結果、『水位が上がれば船の位置も高くなる』ように、そもそも『厳打』の対象でないものに対する量刑が重くされ、そして『厳打』の対象の範囲が人為的に拡大されてきた。」と指摘した。

　さらに、中国の裁判所が従来から実施してきた考課制度によって、犯罪認定の重視・量刑の軽視という不当な傾向が形成された。従来から、中国の裁判所は、刑事裁判官の裁判活動に対して、いわゆる業績考課を行い、検察院による控訴を経て上級裁判所に破棄自判にされた事件は、誤審事件として取り扱われ、これによって、当該事件の担当裁判官の業績とその裁判所の地位が直接に影響を受けてしまうことになる。したがって、「相当の人の観念上、次のような認識が長期的に存在していた。すなわち、刑事事件の場合、事実が明確で、証拠が確実且つ十分で、犯罪の認定が正確で、裁判手続が合法であればよいが、量刑を多少軽くしたり重くしたりすることは大したことでないと認識されている。このような観念による影響の下で、量刑の際、一部の一審裁判所は軽くするより重くし、そして、たとえ量刑が重かったと認定され、二審によって破棄自判にされたとしても、誤審にはならないと思われる。他方、検察機関は重い量刑でなく、軽い量刑に対して控訴を提起するのが一般的であるが、いったん控訴を提起し、二審によって破棄自判にされたら、誤審になってしまうため、法定刑の幅において、重く処罰することは往々にある。しかも、一般的には、二審裁判所の裁判において、事実、証拠及び性質の認定について特に問題がなければ、たとえ量刑が多少重くしたとしても、破棄自判を行わない。」と指摘される。このような考課制度はすでに廃止されたものの、犯罪認定の重視・量刑の軽視という観念は直ちに変わるものでないと言えよう。

　なお、中国において、いわゆる知人社会における人情の練達、政党によって支配される紀律の拘束、さらに弁護士の言葉遣いや気勢が、具体的な事件の量刑にあたって、法律を超えるほどの尋常でない役割を果たすことも少なくない。このように、中国では、量刑格差の解消への道はまだ非常に困難で遠いと言えよう。

二　量刑の目的追求

　著名な刑法学者の団藤重光は、「量刑の問題は、刑法理論の縮図である。近代派と古典派との対立は、ここでもはっきり対立を示すことになる。」[15]と主張する。なぜなら、量刑の依拠すべき基準を説明するためには、刑罰の正当化根拠から出発し、刑罰は何故正当化されるのか、また如何なる程度の刑罰は正当化されうるか、という刑罰目的に関する根本的な問題を解明しなければならないからであると思われる。刑罰目的と量刑との関係に関する研究は、主に責任・予防の必要性と量刑との間にいかなる関連性をもっているのかを究明することを目指している。

　現在、量刑上考慮される責任は、「法的」意義における責任であり、道徳的または宗教的意義における責任ではない。責任を「道徳の反映者」とする理解は、多様化な価値観の並存する現代社会と相容れない。しかし、責任・予防の必要性と量刑との関係は、刑罰目的に関わる哲学上の難題であると思われる。

　応報刑論者によれば、刑罰は、罪を犯したが故に必要とされるものであり、それは回顧的で、過去に犯された犯罪に対する応報であるので、行為者の責任に相応したものでなければならないと解される。これは、絶対主義と呼ばれている。これに対して、予防刑論者によれば、刑罰は、犯罪が行われないように必要とされるものであり、それは展望的で、将来に犯されようとする犯罪に対する予防であるので、犯罪予防の必要性に相応したものでなければならないと解される。これは、相対主義と呼ばれている。さらに、統合刑論者によれば、刑罰は、罪が犯されたため、または行われないために必要とされるものであり、それは回顧的且つ展望的で、過去の犯罪に対する応報であると同時に、将来の犯罪に対する予防でもあるので、行為者の責任の重さと犯罪予防の必要性に相応したものでなければならないと解される。これは、併合主義と呼ばれている。なお、予防刑論者と統合刑論者の内部におい

て、一般予防説と特別予防説との対立が見られる。特別予防説の論者によれば、刑罰は犯罪者が再び犯罪に陥ることを予防しようとするものと解されるのに対し、一般予防説の論者によれば、刑罰は潜在的犯罪者が犯罪を行うことを予防しようとするものであると解され、そして、折衷説の論者によれば、刑罰は犯罪者が再び犯罪に陥ることを予防しようとすると同時に、潜在的犯罪者が犯罪を行うことを予防しようとするものであると解される。統合刑論における折衷説は現在の通説である。

　通説によれば、量刑の際、責任の有無及び重さとともに、予防必要性の有無及び大きさを根拠とし、責任刑と予防刑との統一を実現しなければならないと解される。しかし、そうだとすると、次の２つの難題が必ず現れてくる。第一に、責任の有無及び重さと予防必要性の有無及び大きさが一致しない場合、如何に取り扱うべきであろうか。例えば、責任はあるが予防必要性はない場合、責任は重いが予防の必要性は小さい場合、または逆に責任は軽いが予防の必要性は大きい場合、如何に刑罰を科すべきであろうか。第二に、一般予防の必要性の大きさと特別予防の大きさが一致しない場合、如何に取り扱うべきであろうか。例えば、一般予防の必要性は大きいが特別予防の必要性は小さい場合、または逆に一般予防の必要性は小さいが特別予防の必要性は大きい場合、如何に刑罰を科すべきであろうか。

　このような難題を解決するために、活動空間理論、点の理論、段階理論が展開されている。

　活動空間理論（Spielraumtheorie）は、また幅の理論とも称され、これによれば、刑罰は責任を基礎とすべきであるが、責任には一定の幅があって、裁判官はこの幅の枠内で一般予防と特別予防の必要性を考慮して、適切だと思われる刑罰を決定しうると解される。ドイツの通説・判例は、一般予防と特別予防のいかんを問わず、責任の上限を上回ったり下限を下回ったりしてはならないという立場を採っている。例えば、ドイツ連邦通常裁判所は、1954年11月10日判決において、「どのような刑罰が責任相当であるかについては、正確には決定されない。ここでは、下方においては既に責任相当な刑で、上

方においてはなお責任相当な刑で限界づけられる幅（Spielraum）が存在している。刑事裁判官は、その上限を超えてはならない。すなわち、その程度と種類によって、もはや責任相当と感じられないほど重い刑罰を科してはならない。しかし、彼は、この幅の中でどの位高い刑罰を把握すべきかについては、自らの採用によって決定することが許されている。」と判示した。また、ドイツ連邦通常裁判所は、1970年10月27日判決において、「法秩序に対する行為の意味と行為者の個人責任の程度が、量刑の基礎を形成している。責任相当刑の中で、裁判官は他の刑罰目的も考慮することができる。しかし、このことから相当刑の範囲は超えられるということを導いてはならない。とりわけ、刑罰に必要な責任相当性がもはや考慮されないほどの意味を、保安的思考に付与するということは認められなかった。したがって、これまでの判例は、責任相当刑から逸脱することは許されないということから出発していた」とし、「今や法律上の根拠をもつた責任主義（刑法13条1項1文）は、刑罰と処分の任務を明確に区別することを要求している。刑罰の様々な機能を考慮して行う量刑の基礎は、行為者の責任である。刑罰はその正しい責任の清算という使命から、内容的に上に向かっても下に向かっても解放されてはならない。」と判示した。そして、イェシェック教授によれば、「刑罰は有責な法侵害の清算でなければならず、その理由は、そうであるときにしか、社会保護の目的は正当な方法で達成されえないということにあるとするならば（BGH 24,40 [42]）、責任の量と刑罰の大きさとの相応な比例関係は維持されていなければならず、このことは、下方への過度の逸脱を禁じるものである。」と解される。例えば、行為者は、過去に存在したテロ政体の下で重大な犯罪を行ったが、それ以降長年にわたり、その町で「社会を下から支える柱」として、人目を忍んだ生活を送っていた。この場合、かつて重大な犯罪を行った行為者に対して刑罰を科すべきであり、しかも有責な不法に相応する刑量を下回ることができない。確かに、これより行為者の再社会化に不利な影響を与え、その再犯の蓋然性を高めてしまうことになる。しかし、有責に惹起された不法に比してきわめて不相応な刑罰を科すことに比

べれば、これは比較的小さな害悪である。このような刑罰は正義感と矛盾し、同時に社会目的を欠くことになろう[20]。このように、イェシェック教授は、一般予防を志向する統合刑論者であると言えよう。

　点の理論（Punktstheorie）によれば、責任は幅でなく、一点に決まり、この責任の点を越えて刑罰を科することはできないと解される。ドイツのアルトゥール・カウフマンは、「形而上学的な認識の不明確性は、形而上学的な対象の不明確性までをも意味するわけではない[21]。」として、責任の量が一義的に確定しえないからといって、そのことから責任刑がそもそも確定した量をもたず、ある程度の大きさをもつ幅の内部を動くものであると推論することは許されず、そして、「責任は、形而上学的現象であるから、責任から特定の刑量を直ちに計算によって正しく導き出すことはこれもまた不可能である。その限りで、我々の合理的な認識にとって、責任刑は実際に一定の枠の中を動くものである。しかし、刑を確定するために、責任とは別の観点もまた重要であるということにはならない[22]。」と主張される。また、点の理論によれば、責任刑は一点に決まり、刑量が責任によって決定されるのであり、しかも、量刑において責任以外の予防目的を考慮する余地がないと解される。ただし、これは、予防目的が完全に責任刑から排除されたことを意味せず、むしろ責任刑の適用を通して、行為者を覚醒させ、その規範意識を強化させ、これによって予防目的を実現することができるという意味において、予防目的の実現がまさに責任刑の効果であると理解すべきである。責任から離れて犯罪予防の必要性（例えば、威嚇、再社会化、更生）を考慮することを、量刑のあり方とすべきでない。しかし、責任と密接した予防目的（例えば、行為者の改悛・自覚の養成、一般国民の規範意識の強化）は、責任刑からの必然的な帰結であると言えよう。犯罪予防の必要性それ自体は確定しえないが故に、責任の幅において予防目的をもって具体的な刑量を決定することが不可能である。点の理論は、責任が点であって、なるべくそれを具体化すべきであるが、認識能力には限界があるため、精確に点としての責任を判断しえないとはいえ、点の責任の近似値を可能な限り確定すべきであると唱えられてい

る。この点の責任の近似値としての量刑は、明らかに公平を失ったものとはいえないと思われる。

中国の刑法学者の張明楷教授は、点の理論に賛成する。[23] 彼によれば、責任刑（点）の下方において犯罪予防の必要性を考慮すべきであると解される。すなわち、責任刑（点）を確定した上、一般予防と特別予防の必要性が小さい場合なら、責任刑（点）の下方で軽く処罰すべきである。また、特別予防の必要性が小さいが、一般予防の必要性が大きい場合なら、同様に責任刑（点）の下方で軽く処罰すべきであるが、逆に責任刑（点）の下方で重く処罰してはならず、そうだとすると、被告人は他人の犯罪を予防するための道具として利用されることになる。そして、一般予防の必要性が小さいが、特別予防の必要性が大きい場合なら、責任刑（点）の下方で重く処罰すべきであるが、これは、一般予防の必要性は法定刑の規定する際すでに考慮されたからである。このように、張明楷教授は、特別予防傾向の統合刑論者であると言えよう。

段階説（Stufentheorie）は、また位置価説（Stellenwerttheorie）とも呼ばれ、量刑の過程を機能的に区分し、方向性の違う作用領域を分け、さらにそれぞれの段階において異なる刑罰目的を実現しようと解する。裁判官は、量刑の第一段階において、責任の程度をもって刑期の長さを定め、そして、第二段階において、予防目的を考慮し刑罰の類型を選択する。これは、ホルン（Horn）というドイツの刑法学者によって提唱された学説である。彼は、「刑量確定の際に量刑責任の重さのみを考慮し、他方、刑種の選択（執行可能な自由刑、保護観察のための刑の延期、罰金刑）については行為者の個別的な再社会化の必要性が決め手となる。」[24] と述べている。

現在、段階説の支持者は少なく、刑法学者は皆、主に空間活動理論と点の理論をめぐって激しく議論している。

一般予防を重視するにせよ、特別予防を重視するにせよ、統合刑論者は、責任と予防は異なる範疇であり、その間に本質的な相違が存在し、そして、予防必要性と事実上の犯罪可能性が等しいであると解する。しかし、責任と

予防には「実質的な相違」[25]があるとする以上、如何にして両者を統合するのであろうか。また、一般予防と特別予防との対立の可能性を認めた以上、両者が対立する場合、如何にしてそのいずれも犠牲せずに両者の折衷を図るのであろうか。筆者によれば、いくら巧妙な論理を採っても、統合刑論における折衷説には欠陥が存在するに違いないと思われる。

このように、機能的責任論しか、責任と予防との関係を取り扱う際に生じた統合刑論の欠陥を克服しえないと考えられる。

機能的責任論によれば、責任と予防は共通の性質を有し、しかも両者とも行為者が法規範に忠誠するか否か、またはどの程度に忠誠するかによって決定されるものであり、そして、責任と予防は1つの物事の異なる側面であると解される。行為者がかつて法規範に忠誠したか否か、または行為者が将来法規範に忠誠するか否かは、責任の問題であるが、一方、行為者が法規範に忠誠するか否かは、彼が将来犯罪を行うか否かを決定し、さらに、一般公衆の今後の法規範に対する態度にまで影響を与えうるという意味において、それは予防の問題とも言えよう。なお、機能的責任論によれば、責任は固定的でなく、行為者が犯行前後の行為によって責任を加重・減軽させることができるとされ、また、責任は社会の自治機能に応じて変動することも可能である。つまり、社会が健全であればあるほど、行為者の責任を追及せずに規範と社会の安定を実現することができ、したがって、行為者の責任もなくなると解される。例えば、高度の交通自治システムが設置された社会において、飲酒者が如何にハンドルを操作しても自動車を動かせることができない場合なら、酒酔いの運転手の責任を追及することが不要となると考えられる。

量刑の際、ある要素に対する考慮が必要であるか否か、また、必要とされる場合、当該要素が刑罰を重くさせるかそれとも軽くさせるかは、機能的責任論によって決定されるべきものである。

規範の有効性を考慮しなければ、量刑事情を正確に選択することができないと思われる。例えば、行為者が賄賂を拒否したという情状について、彼は法規範に対する如何なる態度をもって賄賂を拒否したのかを考察すべきであ

る。すなわち、今まで廉潔だった行為者は他人からの10万元の賄賂を組織に吐き出したが、友人としての情に絆され、結局1万元の賄賂を受け取った場合なら、1万元の賄賂の収受した行為の責任が、事前の10万元の賄賂を拒否した行為によって減軽されることになる。これに対して、従来から汚職・腐敗をなしてきた行為者は、10万元の賄賂を組織に吐き出したが、またこのことを隠れ蓑とし憚ることなく100万元の賄賂を受け取った場合なら、100万元の賄賂を収受した行為の責任が、事前の10万元の賄賂を拒否した行為によって加重されることになる。また、殺人後、行為者が死体をバラバラにしたという情状についても、彼は法規範に対する如何なる態度をもって人を殺し、死体をバラバラにしたのかを考察すべきである。すなわち、行為者がかつて法により彼を告発した人を殺し、死体をバラバラにしたが、その目的はただ告発者の結末を見せつけようとすることにあった場合なら、死体をバラバラという情状によって、法定刑の幅でのより重い刑罰が科されることになる。これに対して、行為者がその母親を強姦致死させた逃亡者を殺し、死体をバラバラにしたが、それが強姦犯罪者の結末を見せつけようとすることを目的とした場合なら、死体をバラバラにしたという情状によって、法定刑の幅でのより軽い刑罰が科されることになる。

　また、規範の有効性を考慮しなければ、ある情状が刑罰を重くさせる量刑事情に属するか否かを正確に判断することができないと思われる。中国人は、従来から「治乱世用重典」（乱世を治めるには厳罰を用いる——訳者注）という観念を持っており、通常、社会の治安状況が悪化したとき、一般予防の必要性が大きくなるので、犯罪を重く早く処罰すべきであると考えられている。しかし、たとえ治安状況が悪化したとしても、行為者に科される刑罰はその責任と一致すべきであり、行為者の法規範に対する態度により量刑の重さを決定しなければならない。例えば、汶川大震災後、無法者が震災ボランティアと偽り被災地で窃盗を行った場合、この被災中の窃盗行為に対して、窃盗罪でより重く処罰しなければならない。一方、村人が震災後に慌てて住所から撤退し震災を避難する途中、生存のために無人の廃墟から他人の財物

を取った行為は、犯罪としないことが一般的であるが、たとえ窃盗罪にするとしても、軽く処罰すべきである。

　さらに、規範の有効性を考慮しなければ、ある情状が刑罰を軽くさせる量刑事情に属するか否かを正確に判断することもできないと思われる。例えば、張明楷教授は、「行為者が重傷を負った場合、再犯の条件が制限されているため、特別予防の必要性が減少する」として、それを予防刑の情状として考慮し、行為者により軽い刑罰を科し、または刑罰を免除すべきであると解される。しかし、「行為者の重傷」という事情が量刑に影響を及ぼすかどうかは、やはりその規範の効力に対する影響の有無により判断すべきである。すなわち、「行為者の重傷」は、ある犯罪が行うに値せず、行為者に被害を及ぼすことを裏付けた場合、それと同時に、規範の有効性も事実的に証明され、したがって、行為者の責任が小さいので、彼により軽い刑罰を科したり、または刑罰を免除したりすることができることも証明された。その例として、交通事故犯罪などの過失犯が挙げられる。しかし、故意犯においては、状況がそれと異なる。行為者があえて重傷の危険を冒し犯罪を行ったことは、その強烈な規範違反の意思を裏づけ、たとえ彼が犯罪中に重傷を負ったとしても、軽い刑罰を科したり、または刑罰を免除したりすることは許されない。この場合、「行為者の重傷」は必ずしも「特別予防の必要性の減少」を示さず、行為者がたとえ障害者になっても、またなんとか他人を利用し再び犯罪を行い、あるいは全快後、より狡猾的に犯罪を行うかもしれないと疑われてもおかしくないと言えよう。

　たとえ事実上の再犯可能性がなくなったとしても、これを理由に行為者に軽い刑罰を科すこと、または刑罰を免除することはできない。例えば、裁判時に75歳になった者が故意殺人で起訴された場合、その事実上の再犯可能性がすでになくなったとはいえ、一律に死刑を排除してはならない。行為者は特に残虐な手段で人を死亡させたとき、その事実上の再犯可能性の消滅を考慮せず、死刑に処すべきである。なお、第二次世界大戦の終戦後、ナチスのリーダーが再びナチス活動を行うことはほぼ不可能になったにもかかわら

ず、彼らに自由刑または死刑を科さなければならない。そうでなければ、我々はナチス活動が法精神を根本的に否定したことを有力に証明できないと言わざるを得ない。

三　刑法における量刑規定

　刑法において、明確に規定される量刑の原則・量刑事情及びその適用のルール、適切な法定刑及びその幅などは、量刑格差を解消するための実定法上の基礎となる。

(一)　明確な量刑の原則を規定すること

　多くの国の刑法には、明確な量刑の原則に関する規定が設けられている。例えば、ドイツ刑法46条の「量刑の基本原則」は、「①行為者の責任が、刑の量定の基礎である。刑が社会における行為者の将来の生活に与えると予期される影響は、これを考慮しなければならない。②量刑にあたり、裁判所は、行為者に有利及び不利な事情を相互に衡量する。その際、特に考慮されるのは次の事情である。行為者の動機及び目的、犯行に表れた心情及びその際に働かせた意思、義務違反の程度、実行の態様及び犯行から生じた責めに帰すべき諸結果、行為者の前歴、人的及び経済的諸事情、並びに、犯行後の行為者の態度、特に損害を回復しようとする努力及び被害者との和解を実現しようとする努力。③すでに法律上の構成要件要素となっている事情は、これを考慮してはならない。」と規定する。また、日本の1974年の刑法改正草案48条は、「一般基準」について、「①刑は、犯人の責任に応じて量定しなければならない。②刑の適用にあたっては、犯人の年齢、性格、経歴及び環境、犯罪の動機、方法、結果及び社会的影響、犯罪後における犯人の態度その他の事情を考慮し、犯罪の抑制及び犯人の改善更生に役立つことを目的としなければならない。③死刑の適用は、特に慎重でなければならない。」と規定する。

中国刑法5条は、「刑罰の軽重は、犯人が犯した罪及びその負うべき刑事責任に適応しなければならない。」と規定し、また同法61条は、「犯人に対する刑罰を決定するにあたっては、犯罪の事実、犯罪の性質、情状及び社会に対する危害の程度に基づいて、本法律の関係規定により判定しなければならない。」と規定する。これより、中国の刑法学者は、通常、刑法5条は刑法の基本原則の1つとして、いわゆる罪責刑相適応原則(ざいせきけいそうてきおう)を規定し、同法61条は刑罰の裁量の原則、即ち量刑原則を規定していると考えている。[28]一方、刑法61条には「内容の重複、概念の曖昧さ、構成の不明確さ、論理の混乱及び全面的な配慮の欠如などの欠陥が存在し」[29]、その「致命的な問題は、行為の社会的危害性を強調しながら、行為者の人身的危険性を希薄化することによって、犯罪認定の重視・量刑の軽視及び社会的危害性の重視・人身的危険性の軽視という司法実務上の誤った傾向の長期存在へと至らせたことにある。」[30]という批判も寄せられてきた。

　私見によれば、中国刑法61条にはそれほど大きな問題がなく、一部の刑法学者に批判された欠陥は、せいぜい解釈の問題にすぎないと思われる。すなわち、同条における「情状」は犯情でなく、犯罪事実以外の犯罪前後の態度であると解すれば、同条が「行為者の人身的危険性」を希薄化させたとは言えなくなるであろう。[31]真に検討が必要なのは、むしろ量刑にあたって、人身的危険性をいかなる程度で重視すべきか、という問題である。中国において、人身的危険性は再犯可能性と解されている。ただ、再犯可能性は刑罰の分量にまで影響しうるのか、それとも刑罰の執行方式にしか影響しえないなのだろうか。また、人身的危険性は法規範に対する忠誠と一致するのであろうか。常に過失犯によって示されたように、たとえ法規範に忠誠しようとする人であっても、高い再犯可能性を持っているかもしれない。したがって、量刑にあたって、法規範への忠誠と無関係な人身的危険性を特別に重視すべきでないと思われる。[32]

(二) 量刑事情及びその適用ルールを規定すること

　量刑は、主に具体的な事件の量刑事情により判断されるものである。したがって、刑法において、具体的な量刑事情及びその適用ルールを規定することは、量刑格差の解消のための有効な措置となると思われる。

　中国現行刑法には、68種類の量刑事情が規定され、そのうち、行為者の人身的危険性を懲表する事情が30種類もある。例えば、同法17条3款は、「十四歳以上十八歳未満の者が罪を犯した場合は、その刑を軽くし、又は減軽しなければならない。」と規定し、また、同法65条は、「累犯は、重く処罰しなければならない。但し、過失犯罪又は十八歳未満の者による犯罪はこの限りでない。」と規定する。他方、中国刑法には、量刑事情の適用ルールも規定されている。例えば、同法62条は、「犯人は本法律の規定する重く処罰する情状、又はその刑を軽くする情状がある場合は、法定刑の限度内で刑を科さなければならない。」と規定し、そして、同法63条は、「①犯人に本法律の規定するその刑を減軽する情状がある場合は、法定刑の下限以下の刑を科さなければならない。②本法律が複数の量刑幅を規定する場合、その本来当たるべき法定刑の一級低い法定刑幅内で刑を科さなければならない。」と規定する。

　問題は、中国の司法実務において、刑事裁判官の考慮する量刑事情の量は、刑法によって規定される量刑事情を遥かに超えたことにある。これは、いわゆる酌量的情状の適用に関する問題であると思われる。例えば、「事件発生後、被告人が積極的に被害者に賠償したこと」、「被告人が法廷で自らの意思により罪を認めたこと」、「被害者の許しを得たこと」、「前科・悪行」、「共犯者を告発したこと」、「生産・生活のためであったこと」、「憤激に基づいたこと」、「被害者側の落ち度が存在したこと」などは、司法実務において量刑事情として適用されている。この点について、ある学者は、「刑法各則に規定される量刑事情は、刑法上の量刑事情の全体の絶対多数を占めているが、他のより大量の量刑事情はまさに司法解釈によって規定されるのである。全ての量刑事情に関する規定は、ただある事情がどの種類の量刑事情、

例えば、前述の軽く処罰する場合、重く処罰する場合、減軽する場合または処罰を免除する場合のいずれかに属するかのみを示しているが、当該量刑事情による刑罰の増減の量または比率について規定していない。このように、裁判官は、一定の量刑ランクにおいて量刑事情により刑量の増減の程度を自由に決定することができる。さて、この刑罰の自由裁量権はそれほど広すぎはせず、それと同時に、裁判官は崇高な法曹理念を堅持し、豊富な量刑の経験を持っていれば、裁判官の恣意による量刑や軽すぎたり重すぎたりした量刑を回避することができる。しかし、現実として、我国の数多くの量刑ランクが広すぎること、裁判官の選任が長期間の法曹経験を要求しなきこと、酷い司法腐敗の存在する地方が少なくないことからすれば、我国の量刑活動において、司法の不公平や恣意的な量刑は不可避な現象となると言わざるを得ない。」[34]と指摘された。このように、酌量的情状の適用を許すべきか、酌量的情状を法的情状に転換すべきか、また酌量的情状の適用を許すべきとされる場合に、酌量的情状の適用ルールを規定すべきかは、なお検討しなければならない問題であると思われる。

㈢　適切な法定刑及びその幅を規定すること

　中国刑法は、法定刑の幅を広く設けている。刑法各則上の法定刑から見れば、法により5年以下の有期刑または3年以下の有期刑、あるいは3年または5年以上10年以下の有期刑を科しうる罪名は数多く、一方、上限と下限との差が5年以上もある法定刑は、およそ270を越え、全体の40％を占めている。このように、法定刑の幅が広範である問題は、非常に深刻であり、裁判官の裁量権もかなり広い。裁判官が被告人の犯行の重さに応じて、広範な法定刑の範囲内で正確に刑罰を量定することは、極めて困難であるのみならず、不公平な量刑や不均衡な量刑などの現象をも生じさせやすいと考えられる。したがって、適切な法定刑及びその幅を規定することは、中国刑法の改正の重要な目標となる。

　確かに、現代刑法において、相対的確定刑が採用されるのは一般的であ

る。ただ、量刑格差の解消の視点からすれば、若干の絶対的確定刑を規定することも、賢明な方策として否定できない。例えば、ドイツ刑法211条は、「謀殺者は、終身刑に処する。」と規定し、また同法220a条1項は、民族謀殺罪に対し「終身刑に処する。」と規定したこともある。そして、中国刑法においても、少数の絶対的確定刑が規定されている。例えば、中国刑法121条は、「人に重傷を負わせ若しくは死亡させ、又は航空機を著しく破壊した場合は、死刑に処する。」と規定し、また、同法239条2款は、「略取された者を死亡させ又は殺害した者は、死刑に処し、財産の没収を併科する。」と規定する。しかし、中国刑法は絶対的確定的な死刑を廃除し、絶対的確定的な無期刑を適切に規定すべきであると思われる。

四　最高法院の意見

　従来から中国の司法実務において、いわゆる「估堆量刑法(グドゥイ)」が一般的に採用されている。この量刑方法の内容について、刑事裁判官はまず事件を審理し、その情状を把握し、それから、犯罪を認定した上で、過去の司法経験を参照し、関係する法定刑の規定により処すべき刑罰を大体で見積もって、さらに本件における刑罰を重くさせる情状、軽くさせる情状、減軽させる情状あるいは免除させる情状などを考慮して、最後に、犯罪者の執行されるべき刑罰を総合的に判断し、あるいはまず大体の犯罪者に処すべき刑罰を見積もらず、本件の性質と情状により犯罪者の執行されるべき刑罰を一回に総合的に判断すると解される。[35] 估堆量刑法は、大量の顕著な格差のある量刑をもたらしたといえよう。例えば、某区法院に審判された4つの事件において、甲事件と乙事件は、窃盗された財物が同じく1600元であるが、甲事件の被告人が有期刑6年に処されたのに対し、その4日後の乙事件の被告人が有期刑6ヵ月に処された。4日の間隔しかないものの、量刑には12倍の格差が出た。そして、丙事件の被告人は数回にわたり合計9800元の財物を窃盗したが、丁事件の被告人はただ1回で980元の財物を窃盗し、両事件の窃盗金額

の格差が10倍となっているものの、同様に有期刑2年に処され、さらに丙事件の被告人が罰金3000元に併科され、丁事件の被告人が罰金2300元に併科された。多くの学者は估堆量刑法を批判し、この方法は犯罪認定の事実と量刑事実とを区別せず、これによって量刑結果が不可測となり、量刑裁決に対する有効な監督も困難であると指摘している。

　量刑格差を解消し、合理的な量刑を実現するために、中国の各級法院は量刑の規範化をめぐってさまざまな試みを行った。例えば、2003年に江蘇省姜堰市人民法院は「姜堰市人民法院による量刑の規範化に関する指導意見」を公布し、2004年に山東省淄博市淄川区人民法院は「常用百種罪名に関する量刑の規範化の実施細則」を公布し、また「常用百種罪名に関するコンピュータの量刑補助システム」も開発した。そして、2004年に最高人民法院に制定された「人民法院第二次5カ年改革綱要（2004-2008）」は、我国の量刑に関する実定法上の法定刑の幅が広すぎること、量刑の基準と情状が不明確であること、手続法上の量刑手続と犯罪の認定手続が一体化されたこと、量刑活動が重視されていないことなどの現況を考えれば、実体と手続の2つのアプローチから量刑の規範化活動を展開すべきであると指摘した。2007年に、最高人民法院研究室と中国応用法学研究所は、山東省淄博市で量刑規範化試験地作業会議を開催し、北京市海淀区・上海市浦東新区・江蘇省姜堰市・陝西省西安市新城区・雲南省個旧市等5つの下級法院が山東省淄博市淄川区人民法院の量刑改革の経験を参考・検証することを決定した。数多くの法院の実践によって、むしろ定性分析と定量分析を統合するという方法による量刑が、実用性・正確性と操作可能性を兼備することが検証された。

　2010年7月に、中央政法委員会第14期全体会議暨司法体制改革第6回特別報告会において、最高人民法院による量刑の規範化改革の進展状況に関する報告が聴取・議論され、原則的に「人民法院量刑指導意見（試行）」と最高人法院、最高人民検察院、公安部、国家安全部、司法部による「量刑手続の規範化における若干問題に関する意見」が可決され、2010年10月1日から全国の法院における全面的な試行が許可された。そして、2013年12月25日、最高

人民法院は「最高人民法院による多発する犯罪に関する量刑指導意見」を公布し、2010年に公布された「人民法院量刑指導意見（試行）」に取って代わった。「最高人民法院による多発する犯罪に関する量刑指導意見」は、次の5つの部分に分けられる。その一は、「量刑の指導原則」であり、事実を根拠とし法律に準拠する原則、罪責刑相適応、寛厳相済（かんげんそうさい）及び量刑均衡原則を規定している。その二は、「量刑の基本方法」であり、量刑の順序、基準刑の調整方法及び宣告刑の確定方法を規定している。その三は、「多発する量刑事情の適用」であり、14種類の多発する量刑事情の調整の幅を明確に示している。その四は、「多発する犯罪の量刑」であり、数年の試行を経た交通事故罪、故意傷害罪、強姦罪、不法監禁罪、強盗罪、窃盗罪、詐欺罪など15種類の犯罪の量刑に対して指導意見を提出する。その五は、「附則」であり、当指導意見は上記の15種類の犯罪における有期刑又は拘役に処された事件に限り適用しうることを規定する。

㈠ 量刑の指導原則

量刑の指導原則について、「最高人民法院による多発する犯罪に関する量刑指導意見」は、以下の4点を規定する。

第一に、量刑は、事実を根拠とし、法律に準拠し、犯罪の事実、性質、情状及び社会に対する危害の程度をもって、刑罰を科さなければならない。

第二に、量刑は、被告人の罪行の軽重とともに、その負うべき刑事責任の大きさを考慮し、罪責刑相適応の要請を満たし、懲罰と犯罪予防の目的を実現しなければならない。

第三に、量刑は、寛厳相済の刑事政策を徹底し、寛大に処罰すべきものを寛大にし、厳格に処罰すべきものを厳格にするとともに、寛大さと厳格を調和させ、刑罰を罪行に相当させ、裁判の法的効果と社会的効果との統一を確保しなければならない。

第四に、量刑は、客観的・全面的に異なる時期の異なる地方の経済社会の発展及び治安情勢の変化を把握し、刑法の任務の実現を確保しなければなら

ない。同地方の同時期の情状が類似する事件に対して言い渡される刑罰は、基本的に均衡を保たなければならない。

(二) 量刑の基本方法

量刑の基本方法について、「多発する犯罪に関する量刑指導意見」において、最高人民法院は、量刑の際、性質の確定に対する分析に基づき、量の確定に対する分析を加え、量刑の起点、基準刑、宣告刑を順次確定しなければならない。

1 量刑の順序

最高人民法院によれば、量刑は次の3つの順序に従わなければならない。第一に、犯罪の基本的な構成事実により相応しい法定刑の幅の枠内で量刑の起点を確定する。第二に、他の犯罪成立に影響する犯罪の金額、回数、結果などの犯罪事実により、量刑の起点に基づき刑量を増加し基準刑を確定する。第三に、量刑事情により基準刑を調整し、全事件の状況を総合的に考慮して、法により宣告刑を確定する。

2 基準刑の調整方法

いかに基準刑を調整するかについて、最高人民法院は「多発する犯罪に関する量刑指導意見」において、次の3点を規定する。第一に、1つの量刑事情が存在する場合、直ちに量刑事情の調整の比例により基準刑を調整する。第二に、複数の量刑事情が存在する場合、一般的には、各量刑事情の調整の比例により、同方向のものを足算し、逆方向のものを引算するという方法で基準刑を調整する。また、未成年犯罪、高齢者犯罪、限定責任能力の精神病者の犯罪、聾唖者及び盲人の犯罪、過剰防衛、過剰避難、犯罪予備、犯罪未遂、犯罪中止、従犯、脇従犯、教唆犯などの量刑事情が存在する場合、まずこれらの量刑事情により基準刑を調整し、そのうえで、さらに他の量刑事情により調整する。第三に、被告人が複数の犯罪を行い、それと同時に、各犯罪に適用しうる功績又は累犯などの量刑事情が存在する場合、まずこれらの量刑事情により個別犯罪の基準刑を調整し、それぞれの科すべき刑罰を確定

し、さらに法により数罪を併合して、執行する刑罰を決定する。

3　宣告刑の確定方法

いかに宣告刑を確定するかについて、最高人民法院は「多発する犯罪に関する量刑指導意見」において、次の5点を規定する。第一に、量刑事情による基準刑の調整の結果は、法定刑の幅の枠内にあり、且つ罪責刑相適応の要請を満たす場合、直ちにそれを宣告刑として確定することができる。処罰減軽事情が存在する場合、法により法定刑の下限を下回って宣告刑を確定することができる。第二に、量刑事情による基準刑の調整の結果は、法定刑の下限を下回り、さらに法定的処罰減軽事情が存在し、且つ罪責刑相適応の要請を満たす場合、直ちにそれを宣告刑として確定することができる。軽く処罰させる事情のみが存在する場合、法により法定刑の下限を宣告刑として確定することができる。ただし、事件の特別の状況により、しかも最高人民法院によって許可された場合、法定刑を下回って量刑することができる。第三に、量刑事情による基準刑の調整の結果は、法定刑の上限を上回った場合、法により法定刑の上限を宣告刑として確定することができる。第四に、全事件の状況を総合的に考慮して、独任裁判員又は合議廷は調整の結果を20%の幅の枠内で調整し、宣告刑を確定することができる。その調整後の結果が依然として罪責刑相適応の要請を満たさない場合、審判委員会に提出し、法により宣告刑を確定すべきである。第五に、全事件の犯罪事実及び量刑事情を総合的に考慮して、法により無期刑以上の刑罰、管制、あるいは附加刑の単科、執行猶予、刑罰の免除に処するべき場合、法により適用しなければならない。

㈢　**多発する量刑事情の適用**

多発する量刑事情の適用について、最高人民法院によれば、量刑の際、各種の法定的・酌量的事情を充分に考慮して、当該事件の全ての犯罪事実及び量刑事情における様々な状況に応じて、法により量刑事情の適用及びその調整の比例を確定しなければならない。そして、重大な暴力犯罪、薬品犯罪な

ど社会の治安に重大な危害を及ぼす犯罪に対して、その寛大な処罰の幅を確定するにあたって、厳しく把握しなければならないが、犯罪の情状が比較的軽い犯罪に対して、寛大に処罰しなければならない。様々な量刑事情による調整の比例を具体的に確定するにあたって、調整の幅と実際の刑量の増減との関係を総合的に均衡し、罪責刑相適応を確保しなければならない。これより、最高人民法院は次の14点について詳しく規定している。

1　未成年者犯罪の場合、未成年者の犯罪に対する認識能力、犯罪行為を実施する動機・目的、犯罪時の年齢、初犯・偶発犯であるか否か、悔悟の態度、個人の経歴及び慣行などの状況を総合的に考慮して、寛大に処罰すべきである。

⑴　14歳以上16歳未満の未成年者が犯罪した場合、基準刑の30％～60％を減少する。

⑵　16歳以上18歳未満の未成年者が犯罪した場合、基準刑の10％～50％を減少する。

2　未遂犯の場合、犯罪行為の実行の程度、損失の大きさ、未遂に至らせた原因などの状況を総合的に考慮して、既遂犯に照らして基準刑の50％以下を減少することができる。

3　従犯の場合、その共同犯罪での地位、役割及び犯罪行為を行ったか否かなどの状況を総合的に考慮して、寛大に処罰し、基準刑の20％～50％を減少すべきである。犯罪が比較的軽い場合、基準刑の50％以上を減少し、又は法により刑罰を免除すべきである。

4　自首の場合、その動機、時間、方式、罪行の軽重、ありのままの罪行の供述の程度及び悔悟の態度などの状況を考慮して、基準刑の40％以下を減少することができる。犯罪が比較的軽い場合、基準刑の40％以上を減少し、又は法により刑罰を免除することができる。悪意で自首を利用して法的制裁を回避しようとする場合など寛大な処罰に値しないものは、この限りでない。

5　功績を上げた場合、功績の大きさ、回数、内容、由来、効果及び罪行

の軽重などの状況を総合的に考慮して、寛大な処罰の幅を確定する。

　(1)　一般的な功績を上げた場合、基準刑の20％まで減少することができる。

　(2)　重大な功績を上げた場合、基準刑の20％〜50％を減少することができる。犯罪が軽い場合、基準刑の50％以上を減軽し、又は法により刑罰を免除する。

6　自白した場合、罪行をありのままに供述した段階、程度、罪行の軽重及び悔悟の程度などの状況を総合的に考慮して、寛大な処罰の幅を確定する。

　(1)　ありのままに自己の罪行を供述した場合、基準刑の20％以下を減少することができる。

　(2)　司法機関が未だ把握していない同種類のより重い罪行を供述した場合、基準刑の10％〜30％を減少することができる。

　(3)　自己の罪行を供述し、しかもこれによって特に重大な結果の発生が回避された場合、基準刑の30％〜50％を減少することができる。

7　法廷で自らの意思により罪を認めた場合、犯罪の性質、罪行の軽重、罪の認めの程度及び悔悟の態度などの状況を考慮して、基準刑の10％以下を減少することができる。法により自首又は自白と認定された場合、この限りでない。

8　贓物を返還し又は賠償した場合、犯罪の性質、贓物返還・賠償の行為の損害結果に対する補填の程度、贓物返還・賠償の金額及び積極度などの状況を総合的に考慮して、基準刑の30％以下を減少することができる。その中、強盗など社会治安に重大な危害を及ぼす犯罪を行った場合、厳しく把握しなければならない。

9　被害者の受けた経済的損失を積極的に賠償し且つその許しを得た場合、犯罪の性質、賠償金額、賠償能力及び罪の認め・悔悟の程度などの状況を総合的に考慮して、基準刑の40％以下を減少することができる。積極的に賠償したものの、被害者の許しを得なかった場合、基準刑の30％以下を減少

することができる。賠償しなかったものの、被害者の許しを得た場合、基準刑の20％以下を減少することができる。そのうち、強盗、強姦など社会治安に重大な危害を及ぼす犯罪を行った場合は、厳しく把握しなければならない。

　10　当事者は刑事訴訟法277条により刑事和解の合意に達した場合、犯罪の性質、賠償金額、謝罪及び真摯な悔悟などの状況を総合的に考慮して、基準刑の50％以下を減少することができる。犯罪は比較的軽い場合、基準刑の50％以下を減少し、又は法により刑罰を免除することができる。

　11　累犯の場合、前後の両犯罪の性質、刑罰の執行完了又は赦免から再犯罪までの間隔の長さ及び前後の両犯罪の罪行の軽重などの状況を総合的に考慮して、基準刑の10％～40％を増加すべきであるが、一般的には3ヵ月を下回ってはならない。

　12　前科がある場合、前科の性質、時間の間隔の長さ、回数、処罰の軽重などの状況を総合的に考慮して、基準刑の10％以下を増加することができる。前科の犯罪が過失犯罪又は未成年犯罪の場合はこの限りでない。

　13　未成年者、高齢者、障害者、妊婦などの弱者層を犯罪対象とした場合、犯罪の性質・重さを総合的に考慮して、基準刑の20％以下を増加することができる。

　14　重大な自然災害又は突発的な伝染病の疫病の予防・抑制などの災害時において犯罪を犯した場合、事件の具体的な情状により基準刑の20％以下を増加することができる。

㈣　多発する犯罪の量刑

　「最高人民法院による多発する犯罪に関する量刑指導意見」の適用範囲は、数年の試行を経た交通事故罪、故意傷害罪、強姦罪、不法監禁罪、強盗罪、窃盗罪、詐欺罪、奪取罪、業務上横領罪、恐喝罪、公務妨害罪、多衆集合乱闘罪、挑発混乱惹起罪、犯罪所得・収益仮装隠匿罪及び薬物密輸販売運搬製造罪など15種類の犯罪における有期刑又は拘役に処された事件に限る。法に

より無期刑以上の刑罰又は法により共同犯罪の主犯に無期刑以上の刑罰に処すべき事件、故意傷害・強姦・強盗などの故意致死事件は、当該指導意見の適用範囲に属さない。

上記の15種類の犯罪における有期刑又は拘役に処されたものに対して、「最高人民法院による多発する犯罪に関する量刑指導意見」はその量刑の起点及び基準刑の確定の原則を具体的に規定している。以下は、故意傷害罪、強姦罪と強盗罪を例として説明を加えよう。

1 故意傷害罪

故意傷害罪の量刑について、「最高人民法院による多発する犯罪に関する量刑指導意見」は次のように規定する。

第一に、故意傷害罪を構成した場合、次に掲げる諸事情により相応する幅で量刑の起点を確定することができる。

(1) 故意傷害により1人に軽傷を負わせた場合、2年以下の有期刑又は拘役の幅で量刑の起点を確定することができる。

(2) 故意傷害により1人に重傷を負わせた場合、3年から5年までの有期刑の幅で量刑の起点を確定することができる。

(3) 特に残虐な手段により1人に重傷を負わせ、且つ6級の障害に至らせた場合、10年から13年までの有期刑の幅で量刑の起点を確定することができる。ただし、法により無期刑以上の刑罰に処すべき場合は、この限りでない。

第二に、量刑の起点に基づき、傷害結果、障害のレベル、手段の残虐さその他の犯罪の構成に影響を与える犯罪事実により刑量を増加し、基準刑を確定することができる。

故意傷害により人に軽傷を負わせた場合、障害のレベルを量刑の起点を確定する際に考慮し、又は基準刑を調整させる量刑事情とすることができる。

2 強姦罪

強姦罪の量刑について、「最高人民法院による多発する犯罪に関する量刑指導意見」は次のように規定する。

第一に、強姦罪を構成した場合、次に掲げる諸事情により相応する幅で量刑の起点を確定することができる。

(1) 1人の女子を強姦した場合、3年から5年までの有期刑の幅で量刑の起点を確定することができる。

1人の幼女を姦淫した場合、4年から7年までの有期刑の幅で量刑の起点を確定することができる。

(2) 次に掲げる情状の1つを有する場合、10年から13年までの有期刑の幅で量刑の起点を確定することができる。即ち、女子を強姦し又は幼女を姦淫し、情状が悪質であること、3人の女子を強姦し又は3人の幼女を姦淫したこと、公共の場所において女子を公然と強姦したこと、2人以上で輪姦したこと、被害者に重傷を負わせたこと又はその他の重い結果を生じさせたこと。ただし、法により無期刑以上の刑罰に処すべき場合は、この限りでない。

第二に、量刑の起点に基づき、女子の強姦・幼女の姦淫の情状の重さ、強姦の人数、致傷結果その他の犯罪の構成に影響を与える犯罪事実により刑量を増加し、基準刑を確定することができる。

多数人を多数回にわたり強姦した場合、強姦の人数を刑量を増加させる事実とし、強姦の回数を基準刑を調整させる量刑事情とする。

3　強盗罪

強盗罪の量刑について、「最高人民法院による多発する犯罪に関する量刑指導意見」は次のように規定する。

第一に、強盗罪を構成した場合、次に掲げる諸事情により相応する幅で量刑の起点を確定することができる。

(1) 強盗を1回行った場合、3年から6年までの有期刑の幅で量刑の起点を確定することができる。

(2) 次に掲げる情状の1つを有する場合、10年から13年までの有期刑の幅で量刑の起点を確定することができる。即ち、住居に侵入して強盗したこと、公共交通機関内において強盗したこと、銀行又はその他の

金融機関に対して強盗したこと、強盗を3回行い又は強盗した金額が巨大な金額の起点に達したこと、強盗により1人を重傷を負わせたこと、軍人又は警察官と偽り強盗したこと、銃器を携帯して強盗したこと、軍用物資又は緊急対策・災害救助・救済のための物資を強盗したこと。ただし、法により無期刑以上の刑罰に処すべき場合は、この限りでない。

第二に、量刑の起点に基づき、強盗の情状の重さ、強盗の回数、金額、致傷結果その他の犯罪の構成に影響を与える犯罪事実により刑量を増加し、基準刑を確定することができる。

ある見解によれば、最高人民法院による量刑規範化の改革は、顕著な効果をもたらし、より均衡的・公正的な量刑を実現し、また、判決の服従・訴訟の終息の比率を明らかに高めたため、事件の終局に有効に作用し、そして、より公開的・透明的な量刑過程を実現しため、有効にいわゆる「人情事件、コネ事件、金銭事件」を防ぎ、さらに、人民群衆をより満足させため、人民法院の公信力と権威性を一層高めることなった[40]。

しかし、一部の刑事訴訟法学者は量刑規範化の改革の効果に対して懐疑的な態度を示し、量刑手続の改革において、量刑事情と量刑証拠の提出が明らかに変化しなかったこと、量刑手続の改革の前後の量刑効果の差異もそれほど大きくないこと、改革後の量刑手続がかえってより大量の司法資源を消耗するものの、裁判の効率が大幅に低下することを指摘した[41]。また、量刑規範化の改革の実体法の基礎も反対され、「量刑基準論」を根拠とする量刑規範化の改革は、量刑の公正を保障することができず、さらに、「量刑基準論」は量刑格差の新しい源泉となると主張されている[42]。

量刑格差を解消し、合理的な量刑を実現するには、実務界や理論界を含め、中国は依然として極めて複雑な局面に直面していると言わなければならない。

注

1) 量刑とは何かという問題について、理解が多岐に分かれている。最狭義の量刑（刑量の決定、即ち自由刑の刑期または財産刑の金額を決定すること）、狭義の量刑（刑量の決定及び刑種の選択）、広義の量刑（刑量の決定、刑種の選択及び刑の免除或いは執行猶予の可否の決定）、最広義の量刑（刑量の決定、刑種の選択及び刑の免除或いは執行猶予の可否の決定のほか、さらに付随的な処分、例えば売春防止法における補導処分と公職選挙法における公民権停止処分も含む）（城下裕二『量刑基準の研究』（成文堂、1995年）9頁以下参照）。ただ、勾留日数の通算は量刑の内容ではない（Vgl. Hans-Jürgen Bruns, das Recht der Strafzumessung, 2. Aufl. 1985, S.5.）。

2) ドイツにおいて、「量刑（Strafzumessung）」は、法律による量刑（gesetzliche Strafbemessung）と裁判官による量刑（richterliche Strafzumessung）とに分けられ、前者は立法者による法定刑及び刑の加重・減軽事由の決定を指すのに対し、後者は裁判官が具体の行為に対する評価に応じ法定刑から最終刑を導き出す過程を指す（Vgl. Hans-Jürgen Bruns, Strafzumessungsrecht, 2. Aufl., 1974, S. 36ff.；Hans-Heinrich Jescheeck, Lehrbuch des Strafrechts, Allgemeiner Teil, 4. Aufl., 1988, S. 777ff.）。

3) Vgl. Hans-Jürgen Bruns, Das Recht der Strafzumessung, 2. Aufl., 1985, S. 19 ff.

4) 中国において、「不公平な量刑」は、「量刑失衡」とも呼ばれている（龍光偉「論量刑失衡及其対策」吉林大学社会科学学報2003年第2期58頁参照）。

5) Adolf Wach, die Reform der Freiheitsstrafe. Ein Beitrag zur Kritik der bedingten und der unbestimmten Verurteilung. 1890, S.41.

6) Vgl. Helmuth von Weber, Die richterliche Strafzumessung, 1956, S. 19.

7) Bruns, Strafzumessungsrecht. Gesamtdarstellung, 2. Aufl., 1974, S. 507.

8) ［米］バルトルス・クレメンス著・孫曉靂等訳『矯正導論』（中国人民公安大学出版社、1991年）75-76頁。

9) ［米］ドナルド・ブラック著・郭星華等訳『社会学視野中的司法』（法律出版社、2002年）3-4頁。

10) Franz Exner, Studien über die Strafzumessungspraxis der deutschen Gerichte, 1931, S.49.

11) Vgl. Franz Streng, Strafrechtliche Sanktionen, 1991, S.155.

12) 陳灝珠「建議細化我国〈刑法〉量刑的幅度」前進論壇2000年第4期9頁参照。

13) 劉家琛編『当代刑罰価値研究』（法律出版社、2003年）7頁。

14) 同上。

15) 団藤重光『刑法綱要総論（第3版）』（創文社、1990年）541-542頁。

16) BGHSt 7, 32. 原文：Welche Strafe schuldangemessen ist, kann nicht genau bestimmt werden. Es besteht hier ein Spielraum, der nach unten durch die schon schuldangemessene Strafe und nach oben durch die noch schuldangemessene Strafe begrenzt wird. Der Tatrichter darf die obere Grenze nicht überschreiten. Er darf also nicht eine Strafe verhängen, die nach Höhe oder Art so schwer ist, daß sie von ihm selbst nicht mehr als schuldangemessen empfunden wird. Er darf aber nach seinem Ermessen darüber

entscheiden, wie hoch er innerhalb dieses Spielraumes greifen soll.
17) BGHSt 24, 132. 原文：Grundlage der Strafzumessung bildeten die Bedeutung der Tat für die Rechtsordnung und der Grad der persönlichen Schuld des Täters (BGHSt 3, 179 ; 7, 214, 216). Innerhalb des Spielraums der schuldangemessenen Strafe konnte der Richter auch andere Strafzwecke berücksichtigen. Diese durften aber nicht dazu führen, daß der Rahmen der gerechten Strafe überschritten wird (BGHSt 20, 264, 267). Insbesondere war es unzulässig, dem Sicherungsgedanken eine derartige Bedeutung beizumessen, daß die notwendige Schuldangemessenheit der Strafe nicht mehr beachtet wird (BGH, Urteil vom 9. Oktober 1962 - 1 StR 364/62). Die bisherige Rechtsprechung ist somit davon ausgegangen, daß eine Abweichung der Strafe vom schuldangemessenen Rahmen nicht zulässig ist.
18) BGHSt 24, 132. 原文：Der Schuldgrundsatz, nunmehr ausdrücklich im Gesetz verankert (§ 13 Abs. 1 Satz 1 StGB), gebietet, klar zwischen den Aufgaben der Strafe und der Maßregel zu unterscheiden. Grundlage für die Zumessung der Strafe unter Berücksichtigung ihrer verschiedenen Funktionen ist die Schuld des Täters. Von ihrer Bestimmung als gerechter Schuldausgleich darf sich die Strafe weder nach oben noch nach unten inhaltlich lösen.
19) ［独］ハンス・ハインリッヒ・イェシェック＝トーマス・ヴァイゲント著・徐久生訳『ドイツ刑法教科書』（中国法制出版社，2001年）31頁以下。
20) 同上，1049頁以下参照。
21) Arthur Kaufmann, Das Schuldprinzip, 1961, S. 66. なお、日本語訳として、甲斐克則訳『責任原理——刑法的・法哲学的研究——』（九州大学出版会，2000年）76頁参照。
22) Arthur Kaufmann, a. a. O. (Anm. 21), S. 261. なお、日本語訳として、甲斐・前掲注21）399頁参照。
23) 張明楷「責任主義與量刑原理——以点的理論為中心」法学研究2010年第5期137頁参照。
24) イェシェック＝ヴァイゲント著・徐訳・前掲注19）1051頁参照。
25) 張明楷『外国刑法綱要』（清華大学出版社，1999年）418頁。
26) 張・前掲注23）140頁参照。
27) 中国刑法49条2款は、「裁判時に七十五歳に達した者には、死刑を適用しない。但し、特に残虐な手段を用いて人を死亡させたときは、この限りでない。」と規定する。
28) 王作富編『刑法（第五版）』（中国人民大学出版社，2011年）21頁、186頁参照。
29) 趙廷光『中国量刑改革之路』（武漢大学出版社，2014年）33頁。
30) 同上，35頁。
31) 「第61条における『情状』は、罪を認定する情状以外の、行為の社会的危害性の程度及び行為者の人身的危険性の程度を懲表する主観的・客観的事実を指すので、当然、犯罪者の個人的事情、例えば犯罪者の悔悟の態度や慣行などを含めている」という見解は主張されている（高銘暄『中華人民共和国刑法的孕育誕生和発展完善』（北京大学出版社，2012年）243頁）。

32) ある学者は、「犯罪に対する応報は刑罰の正当化の基礎であるが、犯罪者の人身的危険性は犯罪予防の要素として刑事責任の大きさ及び刑罰の軽重を微調整するという機能しか果たさない。」と解されている（郝川『中国量刑指導制度研究』（人民出版社，2013年）67頁）。
33) 趙・前掲注29）24頁参照。
34) 皮勇=王剛=劉勝超『量刑原論』（武漢大学出版社，2014年）285-286頁。
35) 石経海「量刑思維規律下的量刑方法構建」法律科学2010年第2期41-42頁参照。
36) 謝鵬程「論量刑公正的程序保障」法制日報2001年8月5日第3版参照。
37) 皮=王=劉・前掲注34）288頁参照。一方、量刑法は、我国の国情に適する点、我国の刑法の特徴に相応する点及び裁判官の知恵の発揮に有利にする点において合理性を持っているとする見解も主張されている（喩偉編『量刑通論』（武漢大学出版社，1993年）111-112頁参照）。
38) 「量刑の規範化」とは、量刑の方法、手続などを改善することによって、量刑活動をより規範化させ、量刑結果をより公正化させることをいう。
39) 熊選国編『〈人民法院量刑指導意見〉與〈両高三部〉〈関於規範量刑程序若干問題的意見〉理解與適用』（法律出版社，2010年）5-12頁参照。
40) 同上，15頁参照。
41) 左衛民「中国量刑程序改革：誤区與正道——基於比較與実証研究的反思」法学研究2010年第4期151-152頁参照。
42) 趙・前掲注29）121頁以下参照。

2 量刑論

慶應義塾大学法学部准教授

小池　信太郎

はじめに

　量刑とは、刑種、刑期、執行猶予の許否など、被告人に言い渡す刑事処分の内容及びそれを決める作業のことをいう。自白事件が9割を占める日本の刑事裁判では、関係者の関心が専ら量刑に向けられることが少なくない。

　本稿の役割は、日本における量刑論の現状を伝えることにある。その際、実務・学界の関心に沿って、2009年に始まった裁判員制度の下での運用を中心に据える。裁判員制度は、裁判官（3名）と一般国民から選ばれる裁判員（6名）が1つの合議体を組んで、殺人、傷害致死、強盗致死傷といった重大事件の審理を行い、有罪・無罪及び量刑を判断する制度である。

　論述の順序は、次の通りである。第1に、日本の刑罰制度の概観に続いて、量刑に対する法的規制が緩やかであることを示す。第2に、そうした状況の下でいかにして適正・公平な量刑を目指すかに関し、裁判員制度の導入を契機に活性化した議論の成果としての「平成21年度司法研究」[1]を紹介する。とりあげるのは、①行為責任を基礎とした「量刑の基本的考え方」、②その下での量刑事情の考慮の在り方、③刑の数量化を「犯罪行為の社会的（刑事学的）類型」ごとの量刑傾向を目安として行う手法である。第3に、制度施行後の裁判員裁判の量刑及びそれに対する控訴審査の動向をみる。すなわち、量刑の幅が広がっていること、量刑不当による破棄判決は少数で、それらは第一審の量刑事情の認定、評価に誤りを見出していることを確認す

る。そして第4に、昨年（2014年）7月に登場した、裁判員裁判を量刑不当により破棄した初の最高裁判決に言及する。同判決は、同種事案の量刑傾向のとりわけ量刑評議の場面における意義を示したものとして注目される。

なお、日本では死刑が存置されており、死刑選択判断の在り方は、量刑論における最重要テーマの1つである。本年（2015年）の2月には、裁判員裁判の死刑判決を量刑不当により破棄した2つの控訴審判決が最高裁により維持された。そこでは、死刑選択に関する量刑評議や死刑判決に対する上訴審査の在り方に関し、基本となる考え方が示されており、注目される。しかし、このテーマの検討は割愛せざるをえない。

1　刑罰・量刑制度の概要

(1) 刑罰制度の概観

刑法が定める主刑（刑法9条）のうち、特に重要なのは、①死刑、②懲役、③罰金である。

①　死刑は、刑事施設内で絞首して執行する（刑法11条1項）。死刑の言渡しは、実務上、殺人（刑法199条）と強盗殺人（刑法240条後段）に限られる。年に数件から多くても十数件で、量的意義は小さいが、最も重大な犯罪に対する刑として、世論は存置支持が多数を占める。

②　懲役は、作業義務を伴う自由刑である（刑法12条2項）。懲役は、公判を経て言い渡される刑の大半を占める。

懲役には、無期及び有期がある。有期懲役の上限は原則として20年であるが、死刑・無期刑を減軽する場合及び併合罪・累犯による加重の場合、30年に引き上げられる（刑法12条以下、47条、56条、57条）。

法律上、無期刑では10年、有期刑では刑期の3分の1の執行後に、行政官庁（法務省の地方支分部局である地方更生保護委員会）の判断により、仮釈放がなされうる（刑法28条、更生保護法16条、33条以下）。ただし、無期刑の仮釈放は、近年の運用上、著しく狭き門となっている。服役期間が10年以上の無期刑受

刑者は1000名程度に及ぶが、仮釈放が認められる者は年に数名にとどまる。仮釈放が認められる者も、それまでの服役期間は平均30年を上回る。有期刑に関しては、満期釈放と仮釈放の割合は、半々ないし後者がやや上回る程度である。刑期の7割未満の執行での仮釈放はほとんどない[8]。

　3年以下の刑については、服役終了から5年以内の前科がある場合を除き、「情状により」執行猶予を付しうる（刑法25条1項）[9]。自由刑の6割程度が執行猶予付きで言い渡されている。運用イメージは罪種により大きく異なる[10]。窃盗罪（刑法235条）で被害額が大きくない場合や覚せい剤の自己使用罪（覚せい剤取締法41条の3）など、比較的軽く、大量に生起する犯罪では、初めての公判請求であれば、ほぼ定型的に執行猶予とし、次回以降は実刑とする[11]「段階的量刑」と呼ばれる慣行が定着している[12]。それに対し、重大犯罪の代表である殺人罪（刑法199条）について猶予の余地があるのは、事実上いくつかの社会的類型に限られる。無理心中、介護疲れ殺人、DV被害者による加害者殺害などである。

　③　罰金は、金銭を支払わせる刑であり、支払うべき総額のみが言い渡される（刑法15条）。量的には刑全体の8割以上を占めるが、大半が、書面審理に基づく略式命令（刑訴法461条）による科刑である。道交法上の罪や悪質性の低い過失運転致死傷（自動車運転死傷行為処罰法5条）がかなりの割合を占める。2006年に、窃盗罪（刑法235条）及び公務執行妨害罪（刑法95条）の法定刑に罰金が追加され、活用されている。

(2)　量刑に対する法的規制の緩やかさ
ア　法定刑の広さ・酌量減軽・執行猶予を付しうる刑の上限の高さ

　量刑は、認定された罪の法定刑から出発して、科刑上一罪の処理（刑法54条）、刑種の選択、各種の加重減軽を経て導かれた処断刑の範囲内で、裁判所の裁量により宣告刑を決定するという過程を経る[13]。

　現行刑法の特徴は、裁判所が選択しうる刑量の幅が広いことにある。主要な犯罪の構成要件・法定刑が、重さに応じて細分化されず、包括的かつ広範

であること、裁量により法定刑の（上限及び）下限を半分にできる酌量減軽規定（刑法66条）があること、執行猶予を付しうる刑期の上限が3年と高いこと（刑法25条1項）が特に重要である。裁判官の裁量を広くとる現行刑法の背景には、制定（1907年）に際し、旧刑法（1880年）の構成要件・法定刑が窮屈に過ぎたことへの反省が出発点とされたこと、また、当時有力であった新派刑法学の影響があるといわれる。

具体例を示すと、殺人罪（刑法199条）は、故意殺人の大部分をカバーしており、例えばドイツ刑法のような謀殺（加重殺人）と故殺（単純殺人）の区別はない。[14] 殺人罪の法定刑は、死刑又は無期若しくは5年以上の懲役である。酌量減軽をすると、処断刑の下限は2年6月となり（刑法66条、68条3号、71条）、執行猶予も可能となる。強盗致傷罪（刑法240条前段）は、強盗犯人が人を負傷させた場合に成立する。その法定刑は、無期又は6年以上の懲役であり、同じく酌量減軽により執行猶予が可能である。[15] このように、執行猶予から死刑や無期刑という広い幅の中での選択が、裁判所の裁量に委ねられるのである。

イ　併合罪の量刑

刑の適用過程における法的規制が緩やかであることの一例として、ここで併合罪の量刑をとりあげよう。

併合罪について有期刑を科す場合につき、刑法47条は、最も重い罪の法定刑の上限の1.5倍を上限とすることのみを定めている。例えばドイツのような、各罪について法定刑の範囲内で個別刑を量定した上、その合算を上限として併合罪全体の刑を定める手続は存在しない。もとより併合罪の実際の量刑は、仮定的な個別刑の合算よりも軽くなるのが一般的ではある（「併合の利益」といわれる）。例えば、懲役1年相当の窃盗行為を3回行ったとして、懲役3年を上回ることは考えられず、むしろそれを大きく下回る刑にしかならないのが通常である。しかし、それは法的な制約ではなく、事案によっては例外も認められるということが、平成15（2003）年の最高裁判決により明らかにされた。[16]

同判決の事案は、犯人が9歳の少女を略取の上、9年もの間自室に監禁し、足の筋力低下の傷害を負わせたというセンセーショナルなもので、社会の大きな注目を集めた。監禁致傷罪（刑法221条）の当時の法定刑の上限は懲役10年であったが、それでは刑が軽すぎると考えた検察官は、犯人が商店で少女に着せる下着を万引きしたという窃盗罪（刑法235条・法定刑の上限は懲役10年）を追起訴し、両罪の併合罪として処断されることとなった。処断刑の上限は、刑法47条により、懲役15年となる。もっとも、監禁致傷罪を法定刑の上限である懲役10年、窃盗罪を被害の軽微性に応じてせいぜい懲役1年程度と仮定し、これらの個別刑の合算が量刑の上限とみるならば、懲役11年程度が上限となるはずであり、控訴審判決はそうした解釈を支持した。しかし、最高裁は、刑法47条が「併合罪を構成する各罪についてあらかじめ個別的に刑を量定することを前提に、その個別的な刑の量定に関して一定の制約を課していると解するのは、相当でない」「処断刑の範囲内で刑を決するについて、法律上特段の制約は存しない」として、原判決を破棄し、第一審の懲役14年の量刑を是認した。併合罪全体に対する処断刑がいったん設定された以上、その中で、何にも妨げられることなく、全体的犯情を考慮して相当な刑を量定すればよいというわけである。それに対しては、いわゆる併科主義の過酷さを緩和するという併合罪の科刑ルールの趣旨を逸脱するとの批判が多く向けられている。

2　量刑判断・評議の在り方

(1)　裁判員制度の導入を契機とする議論の活性化
ア　「ブラックボックス」としての従来の量刑判断
　上述のように、現行刑法の特徴は、裁判所の量刑裁量の広さにある。もっとも、日本の実務を大局的にみれば、広い裁量を、各裁判体の方針に応じて自由に行使してきたわけではない。
　犯罪行為についての責任（行為責任）に応じた刑を基礎に、一般予防・特

別予防を副次的に考慮するという「相対的応報刑論」に基づく量刑は、長きにわたり定着してきた。例えば、1974年の改正刑法草案 (48条) は、「一般基準」として、「①刑は、犯人の責任に応じて量定しなければならない。②刑の適用にあたっては、犯人の年齢、性格、経歴及び環境、犯罪の動機、方法、結果及び社会的影響、犯罪後における犯人の態度その他の事情を考慮し、犯罪の抑制及び犯人の改善更生に役立つことを目的としなければならない」と定めたが、これは実務で妥当する考え方を明文化したものと説明されている[17]。

そうした考え方を背景に、犯罪類型ごとにいかなる事案であればどの程度の刑とするのかについても、安定した「量刑相場」が形成されてきた。相場を外れた刑が控訴審により量刑不当として破棄されることを通じて、全体として、おおむね適正・公平な量刑が実現されてきたといわれる。地域的な格差も、裁判官の定期的な転勤や、同じく定期的に転勤する検察官による全国統一の（非公式な）基準による求刑の慣行によって抑えられてきた。

もっとも、上記草案の条文に書かれた程度を超えて、量刑の基本的考え方やそれに基づく量刑事情の範囲・重みづけをめぐり、理論的・体系的な整理は行われず、裁判所が量刑に関する法的ルールを意識することは少なかった[18]。量刑相場の内容も、実務家だけが体験的感覚により把握しており、刑事法研究者を含む外部者にとっては「ブラックボックス」であった。それゆえ、実務における量刑判断の在り方の理論的検証に、学説はアプローチしにくく、実務も必要性の欠如からそれを特に期待しないという「量刑理論における学説と実務の没交渉状態」[19]が続いた。

イ　裁判員制度の導入に伴う課題—量刑判断の透明化と合理化(理論的検証)

ところが、今世紀の初頭に裁判員制度の導入が決定されたことにより、状況が一変した。裁判員制度は「司法の国民的基盤の強化」のために、「国民の視点や感覚と法曹の専門性とが常に交流することによって、相互の理解を深め、それぞれの長所が生かされるような刑事裁判の実現を目指すもの」である[20]。裁判員裁判において、法の解釈や訴訟手続に関する判断は裁判官だけ

が行うが、事実認定、法の適用及び刑の量定については、裁判官と裁判員が同等の権限で合議する（裁判員法6条）。比較法的にみて、裁判員制度は、非法律家が職業裁判官と1つの合議体を組む点で本質的には参審制に属するが、基本的に無作為に選ばれる者が1件のみの審理に関与するという点で陪審制に典型的な特徴を備えている。この後者の特徴にもかかわらず、陪審制の主な国々と異なり、裁判員を量刑に関与させることは、大きな困難を伴う挑戦といえる。[21]

裁判員裁判の量刑の運用イメージとして、裁判員に「裸の市民感覚で」判断させることを前提に、彼らが不当に重い刑を主張すれば、裁判官が、評決の特則（裁判員法67条）―被告人に不利な判断は、裁判官及び裁判員各1名以上の賛成がなければなしえない―を用いて阻止するという「対立的」な見方は、制度趣旨に沿わない。そうではなく、あるべき判断の枠組みの共有を前提とした、裁判官の専門性と裁判員の市民感覚の「協働」が望ましいとすれば、裁判員に「ブラックボックス」の中身を示し、理解できる説明を加える必要がある。こうして、実務家の間で、量刑判断を透明化し、合理化する（理論的検証を加える）作業の必要性が認識され、[22]刑事法学者との交流をも伴いつつ、活発な議論が行われるようになったのである。[23]

(2) 裁判員との量刑判断・評議の在り方

ア 平成21年度司法研究

そうした議論の大きな成果として、現在、裁判実務に大きな影響力を有しているのが、2012年に公刊された平成21年度司法研究である。[24]これは、3名の現役判事及び1名の刑法学者が、最高裁の委嘱を受けて、裁判員裁判に相応しい量刑判断の在り方についてまとめたものである。本稿では、その中核をなす、①行為責任を基礎とした「量刑の基本的考え方」、②その下での量刑事情の考慮の在り方、③広い法定刑の中での刑の数量化を、「犯罪行為の社会的（刑事学的）類型」ごとの量刑傾向を目安として行う手法をとりあげる。

イ　行為責任を基礎とした「量刑の基本的な考え方」[25]

　司法研究によれば、量刑の本質的な任務は、当該の犯罪行為に相応しい刑事責任（行為責任）を明らかにすることにある。それゆえ、第1次的に考慮されるのは、犯行それ自体に関する情状（犯情）である。主に特別予防などの刑事政策的目的に関わる一般情状は、犯情に応じた刑の枠内における調整要素として第2次的に考慮される。前提とされる刑罰理論は、刑罰制度の主目的は（とりわけ積極的）一般予防を通じた法益保護にあるというものである。そうした刑罰目的の反映として、又は、刑罰目的をどう解するにせよ、個々の処罰は正当な応報としてのみ認められることを理由に、刑は行為責任に応じたものでなければならないとされる（相対的応報刑論）。量刑学説でいえば、責任に応じた刑の幅の中で予防目的をも考慮する「幅の理論」に近い考え方である。

　量刑理論の発展という見地からみた司法研究の功績の1つは、「行為責任」の構造について、学説の動向をも踏まえつつ、明快に説明したことである。すなわち、行為責任の重さの評価は、処罰の根拠となる①法益侵害の結果及び②それを惹起した行為の評価、並びに、③当該行為に出た意思決定への非難可能性の評価による。[26] 司法研究が強調するのは、各評価の際、当該犯罪の保護法益を意識すべきことである。例えば、性犯罪の量刑では、「そんなことをする人間はとにかく許せない」という市民の嫌悪感を刑に直結させるのではなく、性的自由という法益の相対的重要性及び当該事案における侵害の程度を評価すべきであり、市民感覚はそうした枠組みの中で活かされるというのである。

　司法研究は、こうした基本的考え方を裁判官と裁判員が共有することが、裁判員制度の趣旨を活かしながら適正・公平な量刑を行うために不可欠であるとする。基本的な考え方は、現行刑法の解釈の問題であり、その内容は裁判官が判断し、裁判員に説明し理解を求めるべきものとされる（裁判員法6条2項1号、66条5項参照）。

ウ　量刑事情の考慮の在り方[27]

上述の基本的考え方からすれば、量刑事情の中で中心的な役割を演じる犯情要素は、何より法益侵害の結果や行為態様であり、さらに犯罪類型により、計画性、犯行動機や犯行に至った経緯が大きな意味を持つ。

司法研究が強調するのは、各犯情要素は孤立的にではなく、あくまで、上述した行為責任の構造の中で意味を持つことである[28]。例えば、計画性についていえば、一方で、犯行の準備が周到であることは、その程度に応じて、行為の危険性を高める意味を持つ。他方で、偶発的・衝動的な犯行であることは、冷静な判断を困難にする具体的事情により犯行への意思決定が影響されたといえる限りで、責任非難を弱める。犯行に至る経緯の中で、例えば「被害者の落ち度」は、被害者の法益の要保護性、従って違法性を減少させる意味を持つ場合と、被害者の言動から、犯人が恐怖、驚愕、狼狽といった精神状態を介して、責任非難を減少させる場合がある。大切なことは、行為責任の全体構造の中で、諸事情をトータルで評価すべきことである。

その他、注目されるのは、犯情（行為責任）との関連性や一般情状として考慮することの可否及び理論的根拠が問題となる量刑事情について、近時の学説の動向をも踏まえて、検討が加えられていることである。犯罪行為の社会的影響、被害者・遺族の被害感情—犯行により生じた精神的ダメージと犯人に対する処罰感情—[29]、被害回復、前科などである。しかし、本稿では、個々の量刑事情をめぐる議論には立ち入らない。

エ　「犯罪行為の社会的（刑事学的）類型」ごとの量刑傾向を目安とした刑の数量化[30]

量刑判断の中で特に難しいのが、事案の評価を特定の刑量にいかに変換するかである。従来の実務では、裁判官の体験的感覚により認識される、犯罪類型ごとの「量刑相場」が、事実上の拘束力を持った基準として妥当し、量刑の公平性に大きく寄与してきた。ところが、裁判員制度の導入に際し、その趣旨からすれば、量刑相場を押しつけることはできないという問題意識が生じた。最高裁は、量刑要素の入力により、2008年4月以降の同種先例の量

刑傾向を示すグラフと事例一覧表が出力されるデータベース(「裁判員量刑検索システム」)を準備したが、当初は、その利用に対して懐疑的な意見も述べられた。しかし、裁判員裁判でも公平性の要請はあるし、何らの手がかりがなければ裁判員も判断に窮する。そこで、「当然に従うべきもの」というニュアンスを伴う「量刑相場」を、よりマイルドな「量刑傾向」の概念に改め、何らかの形で利用する方向性が有力となった。[31]

　司法研究は、量刑傾向を目安とした刑の数量化の方法論について、次のように説明する。法定刑の広い現行刑法の下では、数量化の前提として、動機・行為態様・結果などの主要な犯情事実に着目し、「犯罪行為の社会的(刑事学的)類型」を把握することが有益である。例えば、殺人罪であれば、身の代金目的での誘拐殺人、保険金殺人、無理心中、介護疲れ殺人など、強盗罪であれば、銀行強盗、路上強盗など、様々な類型がある。そうした諸類型の存在を意識しながら、当該類型の他の類型との比較における軽重を考えることで、法定刑の中での大まかな位置づけをイメージできる。そして、評議においては、上述のデータベースにより認識される、当該類型における大まかな量刑傾向を目安として、刑を絞り込んでいく。その際、犯情の中で当該の社会的類型の把握に際し考慮されていない事情及び一般情状を参照しながら、当該事案の当該類型の中での比較における軽重を考える。[32]「類型間の比較から同一類型内での比較へ」という段階的思考がポイントである。

　注意を要するのは、数量化に際して目安とされる同種事案の量刑傾向の意義である。司法研究は、一方で、犯罪行為に相応しい刑ということには、他の事案との比較の上で相応しいという要請が含まれているから、量刑傾向は、拘束力を持たないものの、責任刑の目安として一定程度尊重すべきものとする。他方で、事件には常に個性があるし、その種事案の評価も社会情勢に応じて変動しうるという意味で、量刑傾向は絶対的・固定的でないし、裁判員が関与する以上、従来とは異なる量刑もありうることは織り込み済みであるとして、合理的理由があれば、傾向と異なる量刑も許容されるとする。そして、大切なことは、裁判員がこのような量刑傾向の意義や限界を理解し

た上で判断することであるとしている。

3 裁判員裁判の量刑と控訴審査の動向

(1) 第一審の量刑―裁判官裁判との対比
ア 裁判員裁判の実施状況

裁判員裁判は重い事件を対象とする。統計資料[33]によれば、制度施行（2009年5月）から2014年5月までの期間で有罪人員が最も多い罪名は、強盗致傷（刑法240条前段）（1449名）及び殺人（刑法199条）（1433名）である。これに傷害致死（刑法205条）（643名）、現住建造物等放火（刑法108条）（602名）が続く。性犯罪、すなわち、強姦致死傷、強制わいせつ致死傷及び集団強姦致死傷（刑法181条1ないし3項）をまとめると815名となる。量刑区分別の有罪人員及び割合は、死刑が21名（0.3％）、無期懲役が139名（2.1％）、懲役20年超30年以下が162名（2.5％）、懲役10年超20年以下が993名（15.3％）、懲役5年超10年以下が2605名（40.1％）、懲役5年以下の実刑が1531名（23.5％）、執行猶予（懲役3年以下）が1047名（16.1％）である。

イ 量刑の幅の広がり―罪種ごとの傾向[34]

裁判官のみによる裁判と裁判員裁判の量刑を罪名ごとに比較した資料（→本稿末尾の添付資料）[35]によれば、大局的には、裁判員裁判において、従来の裁判との連続性がおよそ感じられないような量刑が行われている罪種はなく、おおむね安定的な運用である。それでも、罪名により、量刑の幅が従来よりも広がっていることが確認できる。

量刑の幅が上下に広がっているのは、殺人と強盗致傷である。

殺人は、軽重様々な社会的類型を含むため、量刑が広範囲に分布する犯罪である。それでも、裁判官裁判では、殺人既遂の刑の39.1％が、懲役9年超15年以下（3区分）の幅に収まっていた。裁判員裁判では、より拡散している。一方で、1ランク重い懲役15年超17年以下の割合が増えたことで、懲役9年超17年以下（4区分）を合わせて、ようやく上記に匹敵する割合

（40.0％）となる。他方で、執行猶予の割合が、裁判官裁判の4.7％から、裁判員裁判では8.6％へと上昇している。執行猶予だけではなく、3年以下の実刑の割合が、裁判官裁判での1.3％から、裁判員裁判では4.8％に上昇していることも注目される。

強盗致傷では、一方で、裁判官裁判では懲役3年超5年以下であった最頻値が、裁判員裁判では懲役5年超7年以下と重い方に移動している。他方で、執行猶予率も上がっている。

こうした「重い事案はより重く、軽い事案はより軽く」という傾向は、裁判員の特性によるものであろう。すなわち、裁判員は、被告人に有利な情状にみるべきものが乏しい事案では、手加減なく、厳しい非難を加える。しかし、介護疲れからの殺人のように動機・経緯が同情を呼ぶ事案や、罪名・法定刑は重くても、具体的事案における実害が小さく、被害回復・示談も済んでいる事案では、刑事責任の評価は寛大となり、むしろ被告人の更生を重視するものと推察される[36]。[37]

これに対し、量刑の幅が上方に広がったのは、傷害致死と性犯罪である。

傷害致死に関して、裁判官裁判では、懲役3年超5年以下に全体の40％が集中していたが、裁判員裁判ではその区分の割合が半減し、その代わりに、懲役7年を超える刑の割合が、19.3％から35.2％へと顕著に上昇している。裁判員裁判における立証の負担に鑑み、検察官が、従来であれば殺人で起訴していた事案の一部を傷害致死で起訴していることも想定されうるが、それだけでは説明しきれないであろう。殺意はなくとも意図的な暴行により死亡結果を惹起したことに対する評価が、裁判員においてはより厳しいとみるべきである。

性犯罪の代表として、強姦致傷罪について、最頻値は裁判官裁判の懲役3年超5年以下から裁判員裁判では懲役5年超7年以下に動き、懲役7年を超える刑の割合は、33.5％から48.4％に上昇した。執行猶予率も低下している。裁判官裁判時代から、性犯罪の量刑は長期的に上昇してきたが、裁判員裁判により拍車がかかっている。被害感情の重視、別の言い方をすれば、性

犯罪が被害者に与える深刻な精神的ダメージへの理解が広まったことで、性的自由という保護法益の重要性がより高く評価されるようになったことがその原因と考えられる。

ウ　求刑超え

裁判員裁判では、量刑の幅が少なくとも上方に広がっている傾向は、検察官の求刑と裁判所の量刑の関係にも反映されている。

法律上は、求刑はあくまで参考意見にすぎず、裁判所を拘束するものではない。しかし、俗に量刑は求刑の8掛けなどと言われ、求刑超えは稀有な例外であった。裁判員裁判でも大きな傾向は変わらないが、例外が増えている。上記の比較資料の対象罪名について、求刑超えの割合は、裁判官裁判では0.1％（2290名中2名）であったが、裁判員裁判では1.0％（4316名中43名）である。[38] 割合が高いのが、傷害致死（2.2％）と強姦致傷（1.8％）であり、それらはまさに量刑の幅が上方に広がった罪名である。

(2) 控訴審査の動向

ア　第一審の尊重

従来、第一審は量刑相場の比較的狭い幅の中で判断することを前提に、相場から外れると控訴審で破棄されることが多かった。裁判員制度の導入に際し、上訴制度の改正はなされなかったから、職業裁判官のみによる控訴審が、裁判員裁判の第一審判決を、量刑不当を理由に破棄することは可能である（刑訴法381条、397条1項）[39]。しかし、それが頻繁に行われれば、国民感覚の反映という制度趣旨が脅かされる[40]。そこで、上述の平成21年度司法研究に先立ち、2009年に公刊された平成19年度司法研究[41]は、重要な量刑事実を見落としている、その評価を大きく誤っている、犯情を軽視し一般情状を過度に重視しているなど、「よほど不合理であることが明らかな場合」を除き、第一審の判断を尊重すべきであり、刑量について、控訴審として許容すべき第一審の裁量の幅は、従来よりもかなり広がるとの見解を示した。

現実の運用も、そうした見解に沿うものとなっている。前述した量刑の幅の広がりにも関わらず、量刑不当を理由とする検察官控訴は稀にしか行われ

なくなり、量刑不当を理由とする被告人控訴を控訴審が認めて原判決を破棄する例も激減した。主要な裁判員裁判対象罪名に関する控訴審の終局人員のうち、量刑不当による破棄の人員及びその割合は、第一審が裁判官裁判の場合（控訴審終局が2006年から2008年まで）は2455名中129名（5.3％）であった。これに対し、第一審が裁判員裁判の場合（制度施行から2014年5月末まで）は1582名中13名（0.8％）にとどまる。
[42]

 イ 量刑不当による（一項）破棄判決

　裁判員裁判を量刑不当により破棄した数少ない控訴審判決は、第一審の量刑事情の認定ないし評価の誤りを指摘している。量刑の結論の不当性を直接に問題とするのではなく、量刑理由の中に「基本的考え方」からして誤っている判断を見出し、その誤りに起因して、不当な量刑に至ったことを問題視する傾向にある。[43]刑量について、控訴審として許容すべき第一審の裁量の幅が従来よりもかなり広がるという理解との関係上、量刑不当の審査ないし説明の重点が、量刑評価の誤りに置かれたものと考えられる。

　具体的に指摘された誤りは、①客観的な犯情の不当な評価[44]、②犯行動機の形成に影響を与えた精神の障害や責任非難の程度を軽減するその他の事情の過小評価[45]、③犯罪事実以外の行動やそこからうかがえる被告人の性格傾向に許される以上のウェイトを置いて行為責任の評価をした疑い[46]、④一般情状としての被告人の謝罪・反省の態度の過小評価[47]などである。

　②の例として、アスペルガー症候群の男性が姉への逆恨みを募らせて殺害に及んだ事案では、第一審が、犯行動機の形成に影響したこの精神障害を責任評価に際して重視しない旨述べた上で、障害の影響もあり反省が十分でないから再犯防止のために長期の服役が必要として、検察官の求刑（懲役16年）を大きく上回る懲役20年を言い渡し、各方面からの批判を招いた。控訴審は、こうした量刑事情の認定、評価は誤っているとして、懲役14年に減じている。[48]

　最近では、第一審の量刑が軽すぎると主張する検察官控訴を是認する例も登場している。被告人が弁護士である被害者を逆恨みして殺害した事案で、

第一審の懲役30年は罪質の悪質性や計画性等の過小評価に起因する不当な量刑だとして、検察官控訴を容れて無期懲役を言い渡した控訴審判決がある[49]。また、被告人に共犯者と大きく異なる刑を科した第一審を、立場や役割の重要性に関する量刑事情の認定、評価の誤りに起因する不均衡な量刑であるとして破棄するものもみられる[50]。

4　最高裁平成26年7月24日判決

(1)　問題の所在と本判決の概要

　法的に誤った評価による量刑ならば、職業裁判官のみの控訴審で破棄することに抵抗感が小さい。より悩ましいのが、少なくとも書かれた量刑理由は誤っているとまではいえないが、同種事案の量刑傾向から大きく外れた量刑にどう対処するかである[51]。そこでは、量刑傾向にいかなる意義を認め、そこから踏み出すことの許容性をどう考えるべきかが問題となる。

　裁判例の中には、量刑傾向は参考資料にとどまり、無用にとらわれるべきではないことを強調するものもある[52]。しかし、文字通り「参考資料」であり、一応把握しさえすれば、あとは裁判体の判断で実質上無視してもよいのだろうか[53]。前出の平成21年度司法研究は、それを否定している。そこでは、犯罪行為に相応しいとは、他の事案との比較において相応しいという面もあるから、量刑傾向は、責任刑の目安として一定程度尊重されるべきだが、事件には個性があるし、社会情勢も変動しうる以上、量刑傾向は絶対的・固定的でなく、合理的理由があれば、傾向と異なる量刑も許容されるとされている。

　平成26（2014）年7月、最高裁はこの問題について重要な判断を行った[54]。事案は、大阪府寝屋川市で、両親が1歳児を継続的に虐待する中で傷害致死に至ったというものであった。同種事案の量刑傾向は、筆者の知る限り、おおむね懲役6年から10年前後といったところであった。検察官は懲役10年を求刑したが、第一審は、本件犯行の危険性・悪質性等を強調した上で、同種

事案の量刑傾向については、データベースへの登録数も限られるなどの限界を指摘しつつ、児童の生命尊重要求の高まりを含む社会情勢の変化に鑑み、より厳しい刑を科すべきであるとして、懲役15年を言い渡した。控訴審も、量刑傾向はあくまで参考にすぎず何らの拘束性もないとして、これを是認した。しかし、最高裁は、甚だしい量刑不当（刑訴法411条2号）を理由にこれらの判決を破棄し、懲役10年及び8年を言い渡した。判断の概要は次の通りである。

本判決は、①同種事案の量刑傾向の意義について、「それ自体は直ちに法規範性を帯びるものではないが、量刑…の目安とされるという意義をもっている。量刑が裁判の判断として是認されるためには、量刑要素が客観的に適切に評価され、結果が公平性を損なわないものであることが求められるが、これまでの量刑傾向を視野に入れて判断がされることは、当該量刑判断のプロセスが適切なものであったことを担保する重要な要素になる」とした。そして、そうした一般論は裁判員裁判でも妥当するとした上で、②裁判員との量刑評議の在り方に関し、「これまでのおおまかな量刑の傾向を裁判体の共通認識とし…出発点として当該事案にふさわしい評議を深めていくことが求められている」と述べた。さらに、そうした評議を経て、③従来の傾向と異なる量刑をすることは許されるのかという問題に関しては、「これまでの傾向を変容させる意図を持って量刑を行うことも、裁判員裁判の役割として直ちに否定されるものではない。しかし、そうした量刑判断が公平性の観点からも是認できるものであるためには、従来の量刑の傾向を前提とすべきではない事情の存在について、裁判体の判断が具体的、説得的に判示されるべきである」とした。そして、本件ではそうした根拠が示されているとはいい難いとしたのである。

(2) 分 析

本判決は、同種事犯の量刑傾向に「それ自体としての法規範性」は認めない一方で、「具体的、説得的な根拠」が存在しない限り、そこから大きく踏み出した量刑を行うことは許されないというのであるから、量刑傾向に一定

の（緩やかではあっても）規制機能を認めるものと解される。そうした規制機能の理論的説明は、筆者としては興味深い課題である[59]。

　もっとも、本判決の関心は、むしろ量刑評議の在り方に向けられている[60]。それがよく表れているのが、白木裁判官による補足意見である。同意見は、量刑傾向を裁判体の共通認識とした上でふさわしい評議を深めるべきとの法廷意見を敷衍して、「裁判員に対し，同種事案においてどのような要素を考慮して量刑判断が行われてきたか，あるいは，そうした量刑の傾向がなぜ，どのような意味で出発点となるべきなのかといった事情を適切に説明する必要がある。…量刑の傾向の意義や内容を十分理解してもらって初めて裁判員と裁判官の実質的な意見交換…が可能になる」と述べ、さらに、本件第一審では「量刑評議が必ずしも在るべき姿に沿った形で進められていないのではないか」という苦言まで呈している。

　これに筆者なりに理解すれば、次のようになる。すなわち、適正・公平な量刑を、裁判員制度の趣旨を活かしながら実現するためには、裁判官が裁判員に、一方で、「量刑傾向は全くの参考にすぎないから、一応参照の上、あとは自由に判断して下さい」というのは不適切であり、他方で、「本件は量刑傾向から外れる理由がない事案なので、その中で判断して下さい」などと直接的に誘導するのも、あるべき姿とはいえない。むしろ、従来の量刑傾向が、同種事案にみられるいかなる量刑要素にどの程度の重みを置いて判断してきた結果なのか、そうした重みづけの背景にはどのような考え方があるかといったことを説明し、理解を得た上で、判断を求めなければならない。例えば、本件第一審は犯行の危険性・悪質性を強調し、本件を傷害致死と殺人の境界事例と位置づけた上で、殺人の量刑傾向まで参照して判断しているが、その際、裁判官は、虐待による傷害致死の量刑傾向を形作る先例には本件に匹敵しうる悪質事案も含まれていることや、殺人の量刑傾向を参照するのはあくまで参考のためで、刑法は殺意の有無に応じてはっきりとした評価の差を設けていること及びその根拠を適切に説明し、理解を求めただろうか[61]。それは評議の秘密ゆえに検証不能だが、そうした「当該事案にふさわし

い評議」が行われていれば、本件で量刑傾向から大きく踏み出す「具体的、説得的な根拠」がないことはおのずから理解されたはずだというのが、本判決及び補足意見の含意であろう。

「ふさわしい評議」を尽くすことと結論レベルでの誘導が場合によっては紙一重となりうることは否定できない。それでも、本判決は、裁判員制度の趣旨を活かしながら適正・公平な量刑を実現するために、少なくとも第1次的に目指されるべき量刑評議のイメージを確認したものとして、今後の量刑実務を導く意義を有するものと思われる。

[追記]
　筆者が本稿脱稿後に執筆した最高裁平成26年7月24日判決及び最高裁平成27年2月3日両決定の理論分析を中心とした論考として、小池信太郎「量刑判断の在り方」刑法雑誌55巻2号掲載予定がある。併せて参照していただければ幸いである。

注
1) 司法研修所編『裁判員裁判における量刑評議の在り方について』(2012)。
2) 最判平成26年7月24日刑集68巻6号925頁（寝屋川事件）。担当調査官の解説として、楡井英夫「判解」法曹時報67巻8号（2015）297頁以下。
3) 最決平成27年2月3日刑集69巻1号1頁、同99頁。両決定の担当調査官の解説として、石田寿一「判解」ジュリスト1481号（2015）68頁以下。
4) 全般について、法務省法務総合研究所編『平成26年版犯罪白書』(2014)を参照。
5) 作業義務がない自由刑として、禁錮がある（刑法13条2項）。適用のほとんどは、悪質性が低い過失犯に対してである。
6) 仮釈放期間は残刑期間と同じであり、その間、必要的に保護観察が付く（更生保護法40条）。
7) 「無期刑の執行状況及び無期刑受刑者に係る仮釈放の運用状況について（平成26年10月）」（法務省ウェブサイト）参照。
8) 満期釈放が少なくなく、仮釈放される場合も多くの場合に刑期の大半を終えてからであることは、実刑を受けた者が、施設内処遇の後、十分な社会内処遇（保護観察）なしに社会に復帰することを意味し、再犯防止・改善更生の観点から問題がある。これに対応すべく、2013年の改正で、3年以下の刑について「一部執行猶予」が導入された（刑法27条の2以下）。一部執行猶予は、刑期の一部を執行後、残部を猶予することを、判決により言い渡す処分である。同改正法は2016年6月の施行が見込まれる（同制度の運用に関し、小池信太郎「刑の一部執行猶予と量刑判断に関する覚書」慶應法学33号〔2015〕265頁以下及びその引用文献を参照）。

9) 裁量的に保護観察を付すことができる（刑法25条の2第1項）。
10) 小池信太郎「刑の執行猶予の判断」法律時報87巻7号（2015）40頁以下を参照。
11) 窃盗罪の場合、公判請求に至る前に、微罪処分（刑訴法246条但書）、起訴猶予（同法248条）、さらに略式命令（同法461条）による罰金刑を経ることが少なくない。
12) なお、執行猶予中の再犯に1年以下の刑を科す場合、「情状に特に酌量すべきものがあるとき」には、再度の執行猶予をなしうる（刑法25条2項）。その適用は例外的である。
13) 加重減軽は、①累犯加重（刑法56、57条）→②法律上の減軽（例えば、未遂〔刑法43条〕、従犯〔刑法62、63条〕、過剰防衛〔刑法36条2項〕、限定責任能力〔39条2項〕）→③併合罪加重（刑法47条）→④酌量減軽（刑法66条）の順による（刑法72条）。
14) ただし、強盗犯人が人を死亡させた場合、強盗殺人・強盗致死（刑法240条後段）として、死刑又は無期懲役という重い法定刑となる。無期懲役に酌量減軽を行った場合の下限は、懲役7年である（刑法68条2号）。
15) それを可能にすべく、2004年の刑法改正により、下限が7年から引き下げられた。
16) 最判平成15年7月10日刑集57巻7号903頁（新潟女性監禁事件）。担当調査官の解説として、永井敏雄「判解」『最高裁判所判例解説刑事篇（平成15年度）』（2006）383頁以下。
17) 法務省刑事局編『改正刑法草案の解説』（1975）93頁。なお、刑法典の全面改正は結局頓挫したことから、現行刑法は今なお量刑の一般原則に関する規定を持たない。
18) 比較的早い時期に確立された手続法上の量刑ルールとして、余罪処罰の禁止がある（最大判昭和41年7月13日刑集20巻6号609頁、最大判昭和42年7月5日刑集21巻6号748頁）。それによれば、起訴され有罪認定された犯罪事実以外の犯罪事実（余罪）を、実質上処罰する趣旨で考慮することは、不告不理の原則・適正手続（憲法31条）から許されない。余罪は、不良な素行や犯行前後の行動一般と同じように、犯行の動機・目的・方法や被告人の性格・経歴といった情状を推知するための資料として用いることができるにとどまる。裁判員裁判の第一審判決をこのルールへの抵触を理由に破棄した控訴審判決として、東京高判平成27年2月6日LEX/DB25505813（三鷹ストーカー殺人事件）。
19) 遠藤邦彦「量刑判断過程の総論的検討」大阪刑事実務研究会編著『量刑実務大系1』（2011）7頁。
20) 最大判平成23年11月16日刑集65巻8号1285頁（裁判員制度合憲判決）。
21) ゆえに批判的なのは、浅田和茂「裁判員裁判の量刑の基本問題」刑弁66号（2011）26頁以下。松宮孝明「控訴審における量刑審査の展望」刑弁74号（2013）25頁も参照。
22) 原田國男『量刑判断の実際〔第3版〕』（2008）353頁、同『裁判員裁判と量刑法』（2011）16頁を参照。
23) 岡上雅美「量刑研究の進展」犯罪と刑罰24号（2015）105頁以下を参照。裁判官らによる質・量ともに圧倒的な共同研究として、大阪刑事実務研究会編著『量刑実務大系1〜5』（2011、2013）。
24) 司法研修所編・前掲注1）。その実践イメージについて、特集「裁判員裁判における

量刑と弁護活動」刑弁80号（2014）15頁以下、特集「裁判員裁判研修—模擬評議—実施報告」第一東京弁護士会会報500号（2014）46頁以下、司法研修所刑事裁判教官室『プラクティス刑事裁判』（2015）32～36、69～72頁参照。
25）　司法研修所編・前掲注1）3～15頁、138頁以下参照。
26）　犯罪体系論的には、①②は違法性、③は責任に関わるものとみるのが自然であるが、司法研究は、犯罪体系論的整理にはできる限り中立的な態度をとっている（司法研修所編・前掲注1）5頁、152頁参照）。
27）　司法研修所編・前掲注1）31頁以下。
28）　従来の運用では、検察官及び弁護人は、被告人に不利又は有利と思われる量刑事情をできる限り多く主張し、裁判所もそれらをもれなく判決に盛り込んでいた。そこでは、各々の事情がいかなる意味で有利・不利で、どの程度の重みを持つのか不透明であった。司法研究は、行為責任の構造化により、各事情の意味づけを明確化し、当事者の主張立証を、裁判所の判断の在り方に沿ったものへと誘導することで、裁判員裁判を機能させることを意図している。
29）　1990年代後半以降、犯罪被害者（及びその遺族）の保護が刑事政策上の重要な課題とされ、同時に、個人に深刻なダメージを与える犯罪類型の量刑水準も上昇した。そうした中、2000年には、被害者等が事件に関する心情を陳述することができる制度（意見陳述制度。刑訴法292条の2）が、2007年には、被害者等が手続に直接関与し、一定の範囲内で証人尋問や被告人質問を行い、科刑意見を述べることができる制度（被害者参加制度。刑訴法316条の33以下）が、それぞれ導入されている。
30）　司法研修所編・前掲注1）18頁以下。
31）　原田・前掲注22）『裁判員裁判と量刑法』79頁以下を参照。
32）　当該社会的類型そのものを特徴づける要素、例えば、銀行強盗が計画的であること自体は、すでに当該類型の量刑傾向を目安とすることで考慮されるから、その中での判断を左右する要素としては機能しない。
33）　「制度施行後5年の裁判員裁判の実施状況について〔第25回裁判員制度の運用等に関する有識者懇談会配付資料〕」（裁判所ウェブサイト）図表51。
34）　全般について、原田國男「裁判員裁判における量刑傾向」慶應法学27号（2013）161頁以下を参照。
35）　前掲注33）で示した資料の図表52-1ないし8。
36）　強盗致傷で財産的被害及び負傷が軽い場合のほか、放火で焼損面積が狭い場合が典型である。
37）　その1つのあらわれが、裁判員裁判では、執行猶予の半分以上に保護観察が付されていることである。対応する罪種に関する裁判官裁判では35％程度であり、有意な差がある（前掲注33）で示した資料の図表51を参照）。現行法上、保護観察中の再犯については再度の執行猶予を付しえない（刑法25条2項但書）。裁判官は、この不利益に配慮して保護観察を躊躇しがちであり、また、保護観察の効果にそもそも懐疑的な面もある。それに対し、裁判員は、目の前の被告人をなんとか更生させることに強い関心を抱き、そのための選択肢としての保護観察に期待するのであろう。

38) 前掲注33)で示した資料の図表53を参照。
39) いわゆる一項破棄。その他、原判決後の情状(例えば、損害回復・示談)により第一審の量刑が正義に反することとなった場合のいわゆる二項破棄(刑訴法393条2項、397条2項)もあり、件数は一項破棄よりも多い。本稿は、二項破棄の問題には立ち入らない。
40) 前掲注3)最決平成27年2月3日①②の千葉勝美裁判官の補足意見は、「国民参加の趣旨に鑑みると、控訴審は、第1審の認定、判断の当否を審査する事後審としての役割をより徹底させ…量刑不当については、国民の良識を反映させた裁判員裁判が職業裁判官の専門家としての感覚と異なるとの理由から安易に変更されてはならない」と述べる。
41) 司法研修所編『裁判員裁判における第一審の判決書及び控訴審の在り方』(2009)113頁。
42) 前掲注33)に示した資料の図表79を参照。
43) 本庄武「量刑審査」刑事弁護68号(2011)70~71頁参照。なお、死刑選択の当否が問題となった事案は別論とする。
44) 高松高判平成23年10月11日LEX/DB25500361(強姦致傷等・懲役24年→懲役18年)。連続強姦事犯で、一部の被害者に対しては姦淫を遂げているものの、一部は何らのわいせつ被害にも至らず、致傷も軽いことを十分考慮しない犯情評価が問題とされた。
45) 比較的多いパターンである。後述のアスペルガー事件のほか、例えば、東京高判平成23年3月10日LEX/DB25500626(傷害致死・懲役12年→懲役8年)、福岡高判平成23年5月26日LEX/DB25472704(傷害致死等・懲役6年→懲役4年)、東京高判平成25年11月15日LEX/DB25502359(殺人・懲役5年→懲役3年)、東京高判平成26年2月25日LEX/DB25503239(傷害致死・懲役6年→懲役5年)、名古屋高判平成26年4月17日LEX/DB25503678(現住建造物等放火・懲役3年6月→懲役3年執行猶予5年)。
46) 広島高判平成26年6月10日LEX/DB25504232(危険運転致傷等・懲役8年→懲役6年)。
47) 広島高判平成23年5月26日LEX/DB25443472(強盗強姦等・懲役11年→懲役8年)。
48) 大阪高判平成25年2月26日判タ1390号375頁(アスペルガー事件)。
49) 仙台高判平成26年9月24日LEX/DB25504834(殺人等)。
50) 東京高判平成26年12月18日LEX/DB25505530(傷害致死等・懲役11年→懲役15年〔検察官控訴を是認〕)、大阪高判平成26年10月3日LEX/DB25505292(傷害致死等・懲役3年6月→懲役3年執行猶予5年)。
51) 本庄・前掲注43)71頁は、法的誤りに着目する審査は、量刑理由を巧く書かれると介入できなくなるという限界を指摘する。
52) 例えば、東京高判平成22年6月29日判タ1387号380頁、東京高判平成24年6月5日高検速報平成24年3475号。東京高判平成23年6月16日判タ1395号379頁も参照。
53) 上に引用した裁判例は、いずれも、従来の傾向からすればやや重いとしても、それを極端に外れるような量刑が問題となった事案ではないから、その点の理解は不明である。

54) 前掲注2)最判平成26年7月24日。
55) 上告審での量刑不当を理由とする破棄自体、非常に珍しい(原田・前掲注22)『量刑判断の実際』283頁以下参照)。裁判員裁判の量刑について行われたのは初めてである。
56) 被害者を投げつける暴行を加えた父親に対して。
57) 当該暴行については共謀をしたにとどまる母親に対して。
58) 本判決が、量刑傾向から踏み出す「具体的、説得的な根拠」が「示されているとはいい難い」としたことについて、本件の事案で、第一審裁判所はそうした根拠を示すことも可能で、そうしていれば懲役15年の量刑も是認されえたというように理解するとしたら、誤りだろう。幼児虐待による傷害致死の量刑傾向を形成してきた先例の中には、危険性・悪質性において本件に匹敵するような事案も含まれる。その中で、本件においてのみ突出して重い刑を科すことを許容する「具体的、説得的な根拠」は、示されていないだけではなく、存在しないからである。そうだとすると、「量刑傾向から大きく踏み出すならば、具体的、説得的な根拠を示さなければならない」旨の判示は、「具体的、説得的な根拠が存在しないならば、量刑傾向から大きく踏み出してはならない」という意味で理解されなければならない(小池信太郎「判批」法律時報86巻11号〔2014〕3頁も参照)。
59) 量刑相場(量刑傾向)に、判例の事実的拘束力に準じた規制機能を認めるものとして、小池信太郎「裁判員裁判における量刑評議について」法学研究82巻1号(2009)629頁以下。さらに、量刑傾向の規制機能が国民感覚の反映という裁判員制度の趣旨に内在するものとの理解も可能であることにつき、小池・前掲注58)3頁。
60) 原田國男「判批」刑ジャ42号(2014)46頁参照。
61) 「傷害致死の殺人化」を警戒するものとして、原田・前掲注60)51頁、城下裕二「裁判員裁判と『同種事犯の量刑傾向』」札幌学院法学31巻2号(2015)488頁。

「制度施行後5年の裁判員裁判の実施状況について〔第25回裁判員制度の運用等に関する有識者懇談会配布資料3〕」(裁判所ウェブサイト)より転載

図表52-1　量刑分布の比較（殺人既遂）

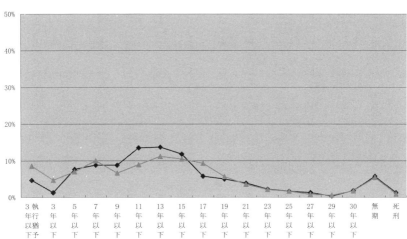

図表52-2　量刑分布の比較（殺人未遂）

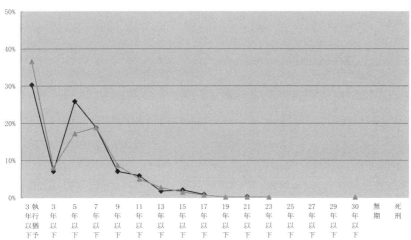

図表52-3　量刑分布の比較（傷害致死）

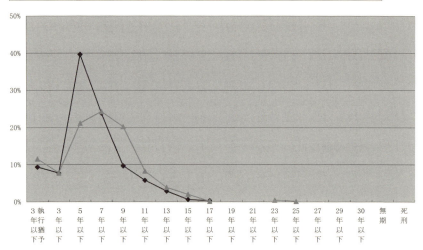

図表52-4　量刑分布の比較（(準)強姦致傷）

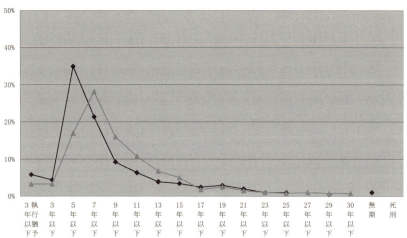

図表52-5　量刑分布の比較（(準)強制わいせつ致傷）

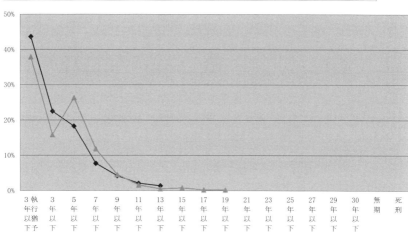

図表52-6　量刑分布の比較（強盗致傷）

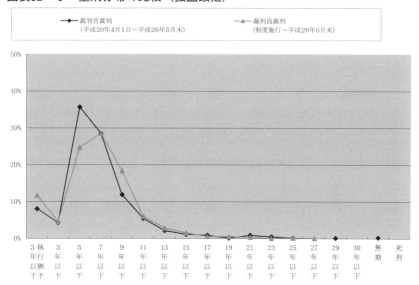

図表52-7　量刑分布の比較（現住建造物等放火）

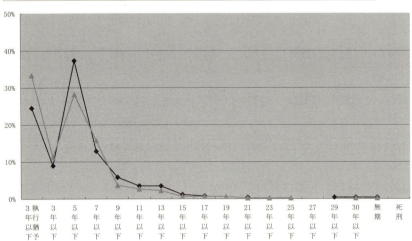

図表52-8　量刑分布の比較（覚せい剤取締法違反）

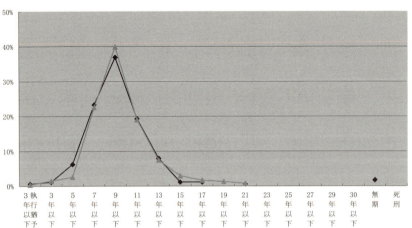

第2セッション

3 日本における中止未遂論の現状と課題

駒澤大学法学部教授

原 口 伸 夫

一 はじめに

「犯罪の実行に着手してこれを遂げなかった」(43条本文)[1]場合のうち、「自己の意思により犯罪を中止した」(43条ただし書)行為が、日本の中止未遂(中止犯)である。中止未遂に関するわが国の議論は、近年、この分野のモノグラフィーが何冊も公刊されていることからもうかがわれるように[2]、活発に議論され、議論に新たな動きがみられるように思われる。以下、「中止未遂の処分・効果」(二)、「中止未遂の認められる根拠」(三)、「自己の意思により(任意性)」(四)、「中止した(中止行為)」(五)、「既遂の中止」(六)、「予備の中止」(七)、「共犯と中止未遂」(八)、「裁判員制度の影響」(九)の順に検討する。

二 中止未遂の処分・効果

43条ただし書の要件が充たされた場合、当該犯罪の既遂罪(たとえば、殺人未遂罪の場合、199条)の刑に照らして、その刑が必ず減軽または免除されなければならない(必要的減軽・免除)[3]。

中止未遂の認められるA罪(たとえば、殺人未遂罪、強盗未遂罪)の中に、その実行行為により生じたB罪の既遂にあたる事実(たとえば、傷害、暴行・脅迫の事実)が含まれていても、それはA罪の中で評価されており、別にB罪を構成しない。そこで、たとえA罪の刑が中止未遂により免除されたとしても、

免除の判決も有罪判決の一種であり（刑事訴訟法333条、334条参照）、A罪成立の点で変わらないので、A罪の「刑の免除」によりB罪が成立することもない。予備行為を行い、進んで実行に着手した後で自己の意思により犯罪を中止した場合の予備罪についても同様である。このような解釈の背景には、わが国の中止未遂の限定的な効果（必要的減免）を減殺するのは妥当ではないという実質的な考慮もあるように思われる。

三　中止未遂の認められる根拠

(1)　前述のように、中止未遂の場合には刑が必要的に減免される。それに対して、通常の未遂犯（障害未遂）の場合には刑の任意的減軽にとどまる。このように、中止未遂が、障害未遂と比較して、なぜ有利に扱われるか、その根拠が問われてきた。

　従来、とりわけ1950年代以降の根拠論において、自己の意思により事態を未遂にとどめたことにより、主観的違法要素の消滅もしくは危険状態を消滅させた点に違法性の減少・消滅を認め（違法性減少説）、または、規範的意識の具体化、行為者の積極的な人格態度等の点に責任の減少・消滅を認める（責任減少説）というように違法性・責任に関連づけて説明する「法律説」と、実行の着手まで事態を進展させた犯罪者に立法者が引き返すための橋を架けたものだという意味での刑事政策説（黄金の橋の理論、奨励説）とを対置するかたちで議論の整理がなされてきた。もっとも、中止未遂の法効果が寛大なものとはいえ、必要的減軽・免除にとどまることから、いずれか一つの観点のみで説明するのは難しいと考えられ、複数の観点を併用して説明する見解が多数であった（違法性減少・責任減少説、違法性減少と刑事政策説、責任減少と刑事政策説、すべての観点を考慮する総合説など）。

　(2)　それに対して、説明の重点を「刑事政策」に置く見解は、かつては少数であったが、近時では、ややその支持者を増やしつつあるのが注目される。もちろん、その説明の仕方や重点の置きどころはさまざまである。たと

えば、「中止犯は、未遂犯の成立により危険にさらされた具体的被害法益を侵害の間際で救助するために、既遂の具体的危険の消滅を行為者自身に奨励すべく定められた純然たる政策的なものである」と説明する見解や、刑罰目的からみた一般予防ないし特別予防の必要性が小さくなることを根拠とする刑罰目的説が代表的といえる。後者は、より詳しくは、「任意の中止行為に出た者については、その法益敵対的態度の消滅によって改善・教育の必要性が低下するとともに、一般人の法益尊重意識の覚醒という意味での一般予防の必要性も低下するため、当該未遂行為の要罰性が低下する」等と説明される。さらに、犯罪論の中に「可罰性」や「可罰的責任」というカテゴリーを設けて、前述のような刑事政策的な考慮を犯罪論体系中に組み入れようとする見解も主張され、議論は多様化の傾向にあるといえる。中止未遂の認められる根拠を論ずる意味、それと中止未遂の体系的位置づけとの関係について、改めて整理し直す必要も生じてきているように思われる。今後の課題といえよう。

四　「自己の意思により」(任意性)

(1)　43条ただし書の要件は、「自己の意思により」という任意性の要件と、「中止した」という中止行為の要件に分けられる。

　「自己の意思により」という要件に関しては、大きく分ければ、主観説、客観説、限定主観説が対立してきている。主観説は、外部的障害が行為者の認識を通じて内部的動機に強制的な影響を与えたのか否かを問題とし、とりわけ「やろうと思えばできたがやらなかった」(任意性あり)のか、「やろうと思ってもできなかった」(任意性なし)のかというフランクの公式を用いて任意性を判断する見解であり、客観説は、犯罪を遂げない原因(行為者の認識した事情)が、社会一般の通念に照らして、通常障害と考えられるべき性質のものでないとき、「自己の意思により」といえるとし、限定主観説は、反省、悔悟、憐憫、同情などの広義の後悔(これは「たいへんなことをした」、「かわいそ

うに」といった感情でもよい）に基づいて中止行為が行われた場合に限定する見解である。

その対立の構図は現行刑法制定以降大きくは変わっていないといえる。限定主観説は、古くから現在まで有力な論者の支持があるものの、「自己の意思により」との現行の規定以上のことを要求することになるとか、つねに広義の後悔を必要とするのは刑の必要的減免事由にすぎない法効果に照らして厳格に失するなどと批判され、少数説にとどまっている。一方、客観説は、後述する最高裁判例の影響もあり、以前は通説とも位置づけられたときもあったが、「自己の意思による」かどうかの判断は行為者（の主観・判断）を基準とすべきであり、一般的経験を標準とするのは妥当ではないという批判が向けられてきた。これらの見解に対して、主観説が、現在では、相対的に優位にあるといえよう。しかし、主観説に対しても、(ア)AがBを射殺しようとBに拳銃の狙いをつけたところ、警察官が近づいてきたという状況で、Aは「逮捕を覚悟すればBを射殺できる。」と考えたが、逮捕されたくなかったので発砲することをやめ逃走したという場合、主観説によれば「殺害しようと思えばできたが、やらなかった」場合ではないか。また、(イ)「自己の意思により」といえるために広義の後悔に基づく中止であることを要しないが、広義の後悔に基づいて中止した場合には、主観説の論者であれ、客観説の論者であれ、「自己の意思により」といってよいとするのが一般的であるところ、殺害にとりかかったCが（致命的ではない）傷害を負い痛がるDをみて「かわいそうでこれ以上とてもできない。」と考えて、それ以上の行為を遂行しなかった場合、本人を基準とする主観説によれば、「やろうと思ってもできなかった」というべきではないか。しかし、(ア)で中止未遂を認め、(イ)で中止未遂を認めないとすれば、その結論は疑問であると指摘されてきた。結論の適否も意識して、判断（基準）の客観性を要求し、外部的表象に伴う行為者のうけとり方を客観的に評価する、主観的表象にもとづく動機形成過程を客観的に判断するなどと考えるならば、その「主観説」と客観説との距離は狭まることになろう。

(2) 任意性に関する「判例」の評価は難しい。最判昭和24年7月9日刑集3巻8号1174頁は、強姦未遂事件において、血の付着をみて驚愕したことが本件犯行中止の動機であるが、「その驚愕の原因となつた諸般の事情を考慮するときは、それが被告人の強姦の遂行に障礙となるべき客観性ある事情である」と判示して、中止未遂を認めなかった原判決を是認し、最決昭和32年9月10日刑集11巻9号2202頁は、母親Aを殺害して自らも服毒自殺しようと考えたXが、就寝中のAの頭部をバットで殴打し、自室に戻ったが、その後、Aが自分の名を呼ぶのを聞き、Aの部屋に戻ったところ、頭部から流血し痛苦するAの姿をみて驚愕恐怖し、その後の殺害行為を続行することができなかったという事案において、本件の場合「Xにおいて更に殺害行為を継続するのがむしろ一般の通例であるというわけにはいかない」。すなわち、Xは、Aの流血痛苦の様子をみて驚愕恐怖するとともに当初の意図どおりの殺害の完遂ができないこと知り、殺害行為続行の意力を抑圧せられ、また、右意力の抑圧が「Xの良心の回復又は悔悟の念に出でたものであることは原判決の認定しないところであるのみならず」、外部からの侵入者の犯行であるかのような偽装行為に徴しても首肯しがたい。本件の「事情原因の下にXが犯行完成の意力を抑圧せしめられて本件犯行を中止した場合は、犯罪の完成を妨害するに足る性質の障がいに基くものと認むべき」であり、「自己の意思により犯行を止めたる場合に当らない」と判示した。その後、最高裁の判断はなく、これらが判例変更されていない現時点では、形式的には「判例」は客観説に立っているといいうるようにも思われる。もっとも、その後(1957年以降)約半世紀間、下級審の判断は必ずしも統一的ではなく、その意味で、前述の最高裁の判決・決定が、先例としての拘束力を事実上どれだけもっているかは疑わしいとの見方もあるかもしれない。「現在の判例では、広義の反省などを必要とする、ゆるやかな限定主観説が圧倒的主流を占めているといってよい」という評価も有力である。ただ、中止の動機として反省・悔悟・憐憫の情等を重視しない旨判示する判決も現れており、任意性に関する「判例」は、揺れ動いているというべきかもしれない。

最後に言及した判決は次のようなものである。ホテルの一室で被害者Aを姦淫しようとしたXが、強姦の遂行に実質的障害がなかったのに、Aの「警察を呼ぶ」などの言葉を聞き、「咄嗟に正気に戻り、このまま強引に姦淫すれば警察に通報されてしまう、警察に捕まって刑務所に行きたくはないなどと思って（最近までの受刑体験を想起したようでもある。）」犯行を中止したという事案において、東京高判平成19年3月6日高等裁判所刑事裁判速報集（平成19年）139頁[12]は、「Xが姦淫を止めた主たる動機が、Aへの憐憫の情や真摯な反省から出たものではなく、自らの逮捕、その後の刑務所への服役を覚悟してまで強引に犯行を継続したくないとの点にあったとしても、なお、姦淫についてはXが自らの意思によりこれを中止したと認めるのが相当である」と判示している。

判例の評価が必ずしも定まらない中で、近時の次のような判例の分析も注目される。すなわち、「判例は、①行為者の認識した事情が一般的に犯罪遂行の障礙とならないものか、及び、中止の動機に規範的価値が認められるか、という2つの責任減少要素を考慮し、②これら2要素の値を合算して必要的減免に相応しいといえる一定の基準値に達するとき任意性を肯定し、③その基準値は2要素がそれぞれ単独でも達しうるものとしている」。「客観説と限定主観説の基準の併用ともいうべきこの任意性判断は……責任減少の下に統一的な把握が可能で」あり、「動機を考慮するため客観説の難点を、逆に動機の限定をしないため限定主観説の難点を、いずれも回避できる」[13]との分析である。

(3) 任意性に関する最高裁の新たな、法令解釈を統一する判断が待たれるとともに、任意性に関する「判例」の評価・位置づけ（適切な分析）が今後の重要な課題となろう。

五　「中止した」（中止行為）

(1) 中止行為に関しては、古くから、着手未遂の中止は行為者がそれ以上

の行為をやめること、不作為で足りるのに対して、実行未遂の中止は積極的な既遂阻止行為、作為を要すると一般に説明され、そのような「着手未遂」と「実行未遂」とで異なる中止行為の内容をもたらすことから、その区別に関して、かつては多くの議論がなされてきた。しかし、現在では、既遂を阻止するためにいかなる行為が必要なのかという観点を重視し、行為者の当初の計画のいかんにかかわらず、中止行為の時点で、行為者がそれ以上の行為をしなくとも、因果関係の進行だけで結果発生の可能な状態が生じているか否かに着目する点で広い一致がみられるといえ、判例の立場も同様といえよう。

　ただ、細かくは、中止時点での実際の事態と、それに関する行為者の認識に食い違いがある場合、その判断を客観的になすべきか、行為者の認識をも考慮に入れて行うべきかは議論がある。たとえば、行為者が、実際には軽傷の被害者に致命傷を負わせたと考え、㋐それ以上行為しなかった場合、㋑被害者を病院に搬送した場合、要求される中止行為が問題になる。行為者の認識も考慮して必要な中止行為を判断する見解によれば、いずれも積極的な中止措置が要求され、㋐の場合それが欠け、中止未遂が否定される。その状態を客観的に判断すべきだと考えれば、客観的には結果発生の可能な状態に至っていないことから、中止行為としては不作為態様の中止で足りることになるが、その判断とは別に「中止故意」（中止意思、中止行為の認識）を要求することにより、㋐の場合、中止故意を欠き、中止未遂が否定され、㋑の場合、不作為を超える積極的な行動を理由に「中止した」と考えることになろう[14]。

　(2)　中止行為の内容として積極的な既遂阻止措置が要求される（実行未遂の）場合、そのために他人の協力を得る場合も多く、むしろ他人（とくに医師、消防士などの専門家）の協力を得た方が確実かつ迅速に結果を回避できる場合が少なくなく、行為者が自らどのような行動をとらなければならないのかが問題となる。放火した後、現場から離れる際に他人に「よろしく頼む」と行って立ち去り、自らは消火にあたらなかったという放火未遂の事案において、大判昭和12年6月25日刑集16巻998頁は、結果発生防止は必ずしも犯

人単独で行う必要がないのはもちろんであるが、自らそれを行わない場合には、少なくとも犯人自身が防止にあたったのと「同視スルニ足ルヘキ程度ノ努力」を払う必要があると判示し、中止未遂を否定した。その後の下級審判例も、この判例に依拠し、自らそれにあたったのと同視しうる真剣な努力を要するとしてきた。

通説は判例を支持してきたのに対して、近時の学説においては、「努力の真摯性」という要件が倫理的な、過大な要求につながりかねないとして、真剣な努力という表現を避け、結果発生防止に適切な努力、客観的にみて結果を防止するにふさわしい積極的な行為、犯罪実現の回避が十分に見込まれる行為など、「真剣な努力」を必要とする見解よりも広く中止行為を認めていこうとする傾向にある。[15]

議論のある判決をいくつかみてみると、たとえば、Xが、殺意をもってAを包丁で刺し、傷害を負わせた後、Aを病院に搬送したため未遂に終ったという事案において、大阪高判昭和44年10月17日判例タイムズ244号290頁は、Xが、犯人は自分ではなく、誰に刺されたかわからないなどの虚言を弄し、病院到着前に凶器を川に投棄し犯跡を隠蔽しようとするなどしており、「病院の医師に対し、犯人が自分であることを打明けいつどこでどのような兇器でどのように突刺した」かを告げたり、「医師の手術、治療等に対し自己が経済的負担を約するとかの救助のための万全の行動を採つたものとはいいがたく、単に被害者を病院へ運ぶという一応の努力をしたに過ぎ」ず、「この程度の行動では……真摯な努力をしたものと認めるに足りない」と判示し、中止未遂を認めなかった。しかし、この結論や論拠に対して学説の批判が強い。

もう一つ議論のあるものとして、娘Aを包丁で刺し、家に火を放ち、自らも自殺を図ったXが、しばらくしてAの声を聞きかわいそうになり、Aを助けだそうという気持ちになり、Aを自宅の外まで引きずっていったが、自らも重傷を負っていたため意識を失いその場に倒れ込んでしまったところ、付近を偶然通りかかった通行人がAを発見して、Aを病院に搬送し、Aは一命

をとりとめたというものがある。これについて、東京地判平成7年10月24日判例時報1596号125頁は、夜間の人通りのほとんどない住宅街での事件であった等の、当時の時間的・場所的状況等に照らすと、Xの「右の程度の行為が結果発生を自ら防止したと同視するに足りる積極的な行為を行った場合」とはいえず、Aの救助は「偶然通り掛かった通行人の110番通報により病院に収容され……た結果によるものであった」と判示し、中止未遂を認めなかった。学説の多くはこの判決を支持するが、Xは置かれた状況下においてなしうる限りの力を尽くし、結果的に未遂にとどまったのだから中止未遂を認めるべきではなかったかとの見方もある。

(3) なお、「着手未遂の中止行為は不作為で足りる」と解する通説的理解に対する異論もある。たとえば、殺人未遂事件で、致命的ではないが、相当な程度の傷害を負わせたあと、自己の意思によりそれ以上の行為をやめ、しかし、傷の手当てなどは一切せず立ち去ってしまったような場合に関して、既遂を阻止するために客観的、事後的にみれば不作為で足りる場合であるとしても、「殺人の過程で傷害が生じたのであれば、たとえ軽微であっても、治療行為（作為）に出て初めて」中止行為を認めるべきだとする。[16]

(4) 事態に関して錯誤がある場合に要求される中止行為、着手未遂の中止はつねに不作為で足りるのか、積極的な（作為態様の）中止行為の具体的内容に関して、今後その判断基準の一層の明確化が期待されよう。

六　既遂の中止
——中止行為が功を奏さなかった場合の43条ただし書類推適用の可否——

　中止未遂は未遂犯の一態様であり、既遂に至れば（43条本文の充足を前提とする）43条ただし書は適用されず、類推適用もされるべきではないというのが通説であるが、中止しようとしたものの、それが功を奏さず、意に反して結果発生に至ってしまった場合に、中止しようとした努力を評価して43条ただし書を類推適用すべきとする少数説もある。

七　予備の中止

(1)　犯罪準備後実行の着手に至る前に犯罪の続行を中止し、または実行を開始する意思を放棄した場合、43条ただし書が類推適用されうるのか否かが争われてきた。なお、予備罪の規定において「情状による刑の免除」を規定しているものもある（113条、201条参照）ことから、この議論の実益は、情状による刑の免除を認めない強盗予備罪（237条）などの場合にある。

判例は、最大判昭和29年1月20日刑集8巻1号41頁が、強盗予備の事案において、「予備罪には中止未遂の観念を容れる余地のないものであるから、被告人の所為は中止未遂であるとの主張も……採ることを得ない」と判示するなど、一貫して消極説に立ってきた。学説において、判例を支持する見解は少数説にとどまっているが、予備罪の規定には情状による刑の免除を規定するものと規定しないものとがあり、これは「免除」に関して立法者が意識的に区別して規定したものと考えるのが合理的であり、また、未遂犯ほど法益侵害の危険性が切迫していない予備段階においては刑の減免により中止を奨励する必要性は高くはないなどの理由から、近時、消極説の支持者がやや増加している[17]のが注目される。

しかし、現在でも多数説は積極説に立っている。その大きな理由は、もし43条ただし書の類推適用を認めないと、実行に着手してから中止すれば刑を免除される可能性があるのに、それより前の予備段階で中止する場合には刑の免除の可能性がなくなってしまい、刑の不均衡が生じ、ひとたび予備行為をなした以上は、そこで中止するよりも実行に着手してから中止した方が有利になってしまうという点にある。また、予備・未遂・既遂という犯罪の発展段階において未遂の前段階に位置づけられるべき予備の性質も指摘される。

(2)　予備の中止の場合の43条ただし書の類推適用を積極に解する場合、減軽・免除の対象となる刑が既遂罪の法定刑なのか、予備罪の法定刑なのかも

争われてきた。積極説の中での多数説は、予備罪は既遂罪の修正形式であるとの理解から、予備の刑はすでに減軽されていると考え、法律上の減軽を1回に限定している68条の趣旨に照らして、減軽の対象を、予備罪の法定刑ではなく、既遂罪の法定刑に求める。これに対して、予備の刑を基準に減軽・免除を認めるべきだとする見解も有力である。

(3)予備の中止をめぐる議論において、前述のように消極説が勢力を増しつつあり、また、163条の4（支払用カード電磁的記録不正作出準備罪）のように「情状による減軽・免除」がなく、しかもその未遂処罰規定（163条の5）をも有する比較的近時の立法もあり、今後、各見解の立論に用いられている根拠論等の是非も含めて、さらなる議論が予想される。

八　共犯と中止未遂

(1)　共犯と中止未遂の問題について、㋐共犯者（共同正犯者も含む。以下同じ）が、正犯者の実行の着手後既遂に至る前に、正犯者の実行行為を妨げ、もしくは結果の発生を阻止した場合、すなわち、犯罪行為の既遂を阻止した場合に、43条ただし書が類推適用されうるということ、㋑中止の効果が一身的にしか作用しないということについて、現在、見解の一致がみられる。もっとも、問題がないわけではない。㋐に関して、43条ただし書は43条本文の意味で「実行に着手し」た者を前提としているところ、教唆者・幇助者は43条の意味で実行行為をする者ではなく、そのことから、狭義の共犯者には厳密にいえば中止未遂はないのではないかという問題がある。しかし、共犯者が自分の寄与をなし終えたとしても、犯罪の既遂に至るまでは単独正犯者の実行未遂と同様の状況にあり、狭義の共犯者についても、自己の意思により積極的な犯罪防止措置をとるなどして犯罪行為の既遂を阻止した場合には、実質的に考えれば同様に扱ってよいと考えるのが通説である。

共犯者について43条ただし書の類推適用を認める場合、任意性・中止行為の要件は単独犯の場合と同じである。ただ、共犯者の中止が問題となる状況

は、他の共犯者がなんらかのかたちですでに活動しはじめている状況であろうから、積極的な中止措置が求められる場合が多いといえよう。求められる中止行為は、正犯者と共働したものでもよく、第三者による助力を受けてもよい。たとえば、被害者毒殺のための毒薬を正犯者に調達した共犯者が、自ら被害者に解毒剤を飲ませたのであれ、彼が医者を呼んだのであれ、正犯者を説得して正犯者をして中止措置をとらせたのでもよい。真剣な努力でなければならないのか、適切な努力でよいのか等について、単独犯の場合の議論と同様である。

(2) なお、かつては、共犯と中止未遂の問題（共犯者への43条ただし書の類推適用の問題）と、共犯からの離脱の問題（離脱者が離脱後の共犯者の行為および結果について責任を負うのか否か）とが必ずしも区別して論じられず、中止未遂論の共犯への応用により議論が展開されていたが、とくに1980年代以降、共犯からの離脱に関する議論が大きく進展し、（共同正犯を含めた）共犯の処罰根拠を構成要件該当事実の実現に対する因果性に求める因果的共犯論への支持の広がりを背景として、現在では両者の問題を区別し、ある共犯者が、離脱することにより、離脱後の残余の共犯者の行為・結果に対する自己の寄与の物理的・心理的な因果的効果を解消したか否かを問題にする因果性遮断説が通説的地位を占めるに至った。近時の判例も基本的に因果性遮断説に立っていると理解されている。[18]

近時の最決平成21年6月30日刑集63巻5号475頁が重要である。[19] これは次のような事案であった。Xらは強盗を共謀し、被害者A方の下見などをした後、共犯者YらがまずA方に侵入し、共犯者の侵入口を確保したが、見張り役Zが現場付近の状況から犯行発覚をおそれ、Yらに電話をかけ、「危ないから待てない。先に帰る。」などと伝え、Xとともに現場を去ってしまった。YらはいったんA方を出て、Zらの立ち去りを知ったが、残っていた共犯者とともに強盗に及び、Aに傷害を負わせたというものである。最高裁は、「Xにおいて格別それ以後の犯行を防止する措置を講ずることなく待機していた場所から見張り役らと共に離脱したにすぎず、残された共犯者らがその

まま強盗に及んだものと認められる。そうすると、Xが離脱したのは強盗行為に着手する前であり、たとえXも見張り役の……電話内容を認識した上で離脱し、残された共犯者らがXの離脱をその後知るに至ったという事情があったとしても、当初の共謀関係が解消したということはできず、その後の共犯者らの強盗も当初の共謀に基づいて行われたものと認めるのが相当である」と判示し、Xに強盗致傷罪の共同正犯を認めた。単なる立ち去りだけでは、Xの（共謀）参加により与えられた（促進的な）影響・効果は解消されず、なお残存する効果が強盗の中にまで及んでいたと考えられたといえよう。

やや講壇事例ともいえるが、たとえば、Xが窃盗を企図するYに合鍵を渡し、Yがその合鍵を用いて倉庫の扉を開けたが、同行したXはそこで後悔し、Yから合鍵を取りあげ倉庫の扉も再び閉めたところ、Yは念のために携行した道具によってその扉を壊して中に侵入し、財物を取得して窃盗を既遂に至らしめた場合、その合鍵の提供以外の共犯行為（犯罪計画策定、情報提供や心理的な強化等）もなかったと仮定すれば、因果的共犯論の立場から、Xは、合鍵での扉の開扉までしか因果的に寄与していない以上、合鍵を取り戻し扉を閉めた後のYの行為について責任を負わず、窃盗未遂の幇助（または共同正犯）の責任にとどまることになろう。共犯からの離脱に関して、因果性遮断説は、犯罪行為に一旦関与した共犯者も、その犯罪が既遂に至る前に翻意して犯罪事象から離れ去る場合、その共犯者は、自分の寄与の因果的効果を解消すれば、その犯罪事象の段階を問わず、他の共犯者による以後の行為および結果について責任を問われないと考える。その場合、その離脱者の責任は犯罪の未遂にとどまり、43条ただし書の要件を充たしていれば、つまり、自己の意思により、自分の寄与の因果的効果を解消するという中止行為をすれば、中止未遂による減免を受けることができると考えることになろう。

九　裁判員制度の影響

わが国では2009年8月より裁判員裁判が実施され、すでに6年以上経過し

た。制度の実施に伴い、裁判員に対して法律上の概念を分かりやすく説明する必要性が生じ、そのための説明案が検討されてきた。中止未遂も例外ではない。[22]

　もちろん、裁判員裁判においても法解釈は裁判官の専権事項であり（裁判員の参加する刑事裁判に関する法律6条2項参照）、「裁判員制度が導入されたからといって刑法解釈学が変わる必要はない」という指摘には留意を要しよう。たとえば、佐伯教授は、「裁判員裁判と刑法解釈学の関係一般について……従来の刑法解釈学は精緻すぎて法律の素人には理解できないので、裁判員制度のもとではよりわかりやすいものに変わる必要があるとの意見もある。しかし、参審制度をとるドイツにおいて精緻な刑法解釈学が発展してきたように、裁判員制度が導入されたからといって刑法解釈学が変わる必要はないと思われる。刑法理論と裁判員に対する説明は別ものである」[23]と指摘している。このような理解に立ったうえで、なお、裁判員裁判が判例（さらに刑法理論）に影響を与える事実上の可能性が問題となろう。

　この関係で、大阪地判平成23年3月22日判例タイムズ1361号244頁[24]が興味深い。これは、母親（62歳）が、自宅に火をつけて娘（2名）・孫（2名）を殺害し、自らも自殺する無理心中を企てたが、娘1名の絞殺後孫らが起きてしまい、すでに火種を置いていたもののその火を消し、殺人・放火の遂行を断念し、110番通報をするなどしたという事案であり、殺人未遂罪（199条、203条）・現住建造物放火未遂罪（108条、112条）につき中止未遂が成立するかどうかが問題になった。大阪地方裁判所は、「中止未遂の判断基準」という判示項目のもとで、「中止未遂が成立するためには、①犯人が『自己の意思により』その犯罪をやめたこと（自発性）と、②犯人がその犯罪を『中止した』こと（中止行為）が必要であるが、各要件の解釈については各種の考え方があり得るものの、本件において、裁判所が、公判前整理手続において当事者と合意の上で設定し、かつ、公判と評議の際に使用した各要件の判断基準は、以下のとおりである。まず、①（自発性の要件）については、当時被告人の周囲に起こった出来事を前提にしながら、被告人が殺人・放火の犯行をそ

のまま続けることにつき、『やろうと思えばやれたが、やらなかった』場合、被告人は自発的に殺人・放火を中止したものと認められるが、殺人・放火の犯行を引き続き『やろうと思っても、やれなかった』場合には自発性が認められないと判断する」と判示し、これを事案にあてはめ任意性を否定した。

　前述四(2)のように、任意性に関する「判例」が必ずしもはっきりせず、主観説に親近性のあると考えられる判決があるのも確かである。しかし、「主観説が判例である」とまではいえず、フランクの公式を基準として明示し、事案にあてはめた判決は公刊物ではみられないように思われる。そうだとすると、大阪地裁平成23年判決は、これまでの判決よりも踏み込んだ判断を示したものとの評価もありえよう。当該事案での裁判員への説明のしやすさ、あるいはわかりやすさという観点から、フランクの公式に依拠する判断が、「自己の意思により」の法解釈として（当事者の合意のうえで）選択されたのだとすれば、それは裁判員制度が刑法の解釈に影響を及ぼしたものといえるのではないであろうか。もっとも、具体的な処理の当否については、意見が分かれるものと思われる。

　本判決の理解の仕方や本判決の判示内容の是非も含め、裁判員制度が中止未遂の解釈（さらに刑法の解釈）に及ぼす影響について[25]、今後も注視する必要があるように思われる。

十　まとめ

　日本の中止未遂論の現状と課題について論じてきたが、最後に簡潔にまとめれば、中止未遂の認められる実質的な根拠に関して中止の奨励や刑罰目的の減少を重視する見解の増加や、それに伴う議論の多様化が指摘でき、中止未遂の認められる根拠を論ずる意味や、それと中止未遂の体系的位置づけとの関係について、改めて整理し直す必要も生じてきているように思われる。中止未遂の要件に関しては、とりわけ任意性に関する判例をどのように位置づけ、評価するのかが今後の重要な課題であるといえる。中止行為の判断基

準の一層の明確化も必要であろう。予備罪の中止については「論じ尽された」といわれることもあったが、さらなる議論が予想される。さらに、裁判員裁判の時代に入り、中止未遂論への影響も注視していく必要があろう。

注
1) 法令名の記載のない条文は、「刑法（明治40年＝1907年法律第45号）」の条文である。
2) 2000年以降に公刊された中止未遂のみを扱ったモノグラフィーを発行年順にあげると、山中敬一『中止未遂の研究』（成文堂、2001年）、町田行男『中止未遂の理論』（現代人文社、2005年）、金澤真理『中止未遂の本質』（成文堂、2006年）、野澤充『中止犯の理論的構造』（成文堂、2012年）があり、これらより以前のものとなると、香川達夫『中止未遂の法的性格』（有斐閣、1963年）まで遡らなければならない。
3) なお、中止未遂の問題は、理論的に興味深いが、「実務的にはそれほど重要でないように見える。わが国の刑法は、法定刑の幅が極めて広く、しかも、懲役３年まで執行猶予をつけることができるので、減軽を行わなくとも適切な量刑ができる場合が多いし、減軽が必要な場合でも、刑法43条本文による減軽を行えば足りるからである。さらに、検察官には起訴猶予の権限が認められているので、刑の免除が適当であるような事件が起訴されることは極めて稀だと考えられる。窃盗の中止犯を認めた裁判例を見ないのは、以上のような事情のためであろう」（佐伯仁志『刑法総論の考え方・楽しみ方』368頁［有斐閣、2013年］）との指摘もある。これに対して、「中止未遂は、障害未遂とは異なって、刑の必要的減免事由に該当するものであり、実務上においても、これが成立するとしないとでは、量刑の面において、相当程度違った形で考慮されるケースが多いように見受けられる」（池田修・杉田宗久編『新実例刑法（総論）』291頁〔佐伯恒治〕［青林書院、2014年］）との見方もある。なお、免除が認められた事例は、和歌山地判昭和35年８月８日下刑集２巻７・８号1109頁（強姦未遂）、和歌山地判昭和38年７月22日下刑集５巻７・８号756頁（放火未遂）が知られているくらいである。
4) それに対して、中止した犯罪と併合罪（45条）の関係にある罪はもちろん、科刑上一罪（観念的競合・牽連犯、54条１項）の関係の別罪についても、中止未遂の効果は及ばない。なお、わが国の罪数論に関しては、第４回日中刑事法シンポジウム報告書の中の、只木誠「罪数論・競合論」『21世紀日中刑事法の重要課題』73頁以下（成文堂、2014年）を参照。詳しくは、只木誠『罪数論の研究（補訂版）』（成文堂、2009年）。特殊な立法であるが、明文の規定により未遂と既遂を同じく処罰するものがある。たとえば、盗犯等ノ防止及処分ニ関スル法律２条の常習特殊強窃盗罪などである。この場合、43条は適用されないと解されている。
5) 山口厚『刑法総論（第２版）』279頁以下（有斐閣、2007年）。また、西田典之ほか編『注釈刑法第１巻』669頁以下〔和田俊憲〕（有斐閣、2010年）。中止未遂制度の意義として黄金の橋の理論の意味での刑事政策を強調するのは、野澤充「中止犯の理論的構造について」刑法雑誌49巻２・３号31頁以下（2010年）、松宮孝明『刑法総論講義（第

4版）』245頁（成文堂、2009年）。
6）　松原芳博『刑法総論』319頁以下（日本評論社、2013年）。また、城下裕二「中止未遂における必要的減免について——『根拠』と『体系的位置づけ』——」北大法学論集36巻4号224頁（1986年）も参照。主たる理由を社会心理的衝撃性（実体的には特別予防・一般予防の必要性）の減少に、従たる理由を政策的妥当性に求めるのは、斎藤信治『刑法総論（第6版）』211頁、226頁（有斐閣、2008年）。原口伸夫「刑法43条ただし書における『中止した』の解釈について」刑法雑誌51巻2号72頁（2012年）も参照。
7）　高橋則夫『刑法総論（第2版）』397頁（成文堂、2013年）、山中敬一『刑法総論（第3版）』806頁以下（成文堂、2015年）。
8）　そもそも「行為者について判断するのに行為者を『標準』とすることなどできないはずで、現に止めている以上、中止犯は常に否定されてしまう」（葛原力三ほか『テキストブック刑法総論』253頁〔塩見淳〕〔有斐閣、2009年〕。また、林幹人『刑法総論（第2版）』368頁〔東京大学出版会、2008年〕）との批判もある。
9）　なお、井田良『講義刑法学・総論』430頁（有斐閣、2008年）、今井猛嘉ほか『刑法総論（第2版）』339頁以下〔橋爪隆〕（有斐閣、2012年）、佐伯・前掲注3）365頁なども参照。
10）　それ以前に、大判昭和12年9月21日刑集16巻1303頁も、保険金詐取目的での放火未遂事件において、被告人が「放火ノ媒介物ヲ取除キ之ヲ消止メタルハ放火ノ時刻遅ク發火拂暁ニ及フ虞アリシ爲犯罪ノ發覺ヲ恐レタルニ因ルモノ」であり、「犯罪ノ發覺ヲ恐ルルコトハ經驗上一般ニ犯罪ノ遂行ヲ妨クルノ事情タリ得ヘキモノ」であり、障害未遂であると判示している。
11）　西田典之『刑法総論（第2版）』321頁（弘文堂、2010年）。なお、判例が「中止犯を肯定する際に基準として限定主観説から任意性を判断している、というよりは、むしろ『中止犯の成立を認めるべき（と裁判所が判断した）事例において、限定主観説の観点から任意性が認められるであろうような事情を事実認定した上で、中止犯の成立を認めている』」（野澤充「中止行為の任意性」山口厚・佐伯仁志編『刑法判例百選Ⅰ総論（第7版）』141頁〔有斐閣、2014年〕）との評価もある。
12）　この判決の評釈として、佐藤拓磨「判例批評」刑事法ジャーナル10号115頁以下（2008年）。この事件では、Aに傷害が生じているため、強姦致傷罪（181条2項）が成立し、43条ただし書の適用はなく、中止したことが情状として考慮されている。なお、浦和地判平成4年2月27日判例タイムズ795号263頁。後述九も参照。
13）　西田ほか編・前掲注5）698頁〔和田〕。なお、斎藤・前掲注6）227頁も参照。
14）　参照、斎藤信治「実行未遂と着手未遂」西田典之ほか編『刑法判例百選Ⅰ総論（第6版）』142頁以下（有斐閣、2008年）、西田・前掲注11）318頁、原口・前掲注6）76頁以下。不作為態様の中止を問題とするならば、主観面として行為の続行必要性および可能性の認識、客観面として行為の継続可能性が問われ、それらのいずれかが欠ければ中止未遂の成立が否定されるように思われる。また、「中止行為」と認められるために、その行為と既遂阻止結果との間の因果関係が必要であるとの理解に立つならば、

その「積極的行為」をもって「中止行為」とみることは難しくなろう。この問題は、行為者が、殺意をもって、実際には致死量に足りないが、致死量であると考えていた毒物を被害者に投与した後で翻意し、被害者を病院に搬送したといった場合（不能な未遂の中止）にも問題になり、改正刑法草案24条2項は「行為者が結果の発生を防止するに足りる努力をしたときは、結果の発生しなかったことが他の事情による場合であつても」、「その刑を軽減し、又は免除する」という規定を提案していた。

15) 判例・学説の詳細については、原口伸夫「実行未遂の中止行為」桐蔭法学11巻1号1頁以下（2004年）参照。
16) 塩見淳「中止行為の構造」『中山研一先生古稀祝賀論文集第3巻』259頁（成文堂、1997年）。また、西田ほか編・前掲注5）676頁〔和田〕。なお、原口・前掲注6）刑法雑誌51巻2号77頁以下も参照。このような場合そもそも着手未遂というべきかどうか、「結果発生の可能な状態」を事後的・客観的に考えるべきかどうかが問われるべきであるように思われる。この点で、①殺意をもって千枚通し様のたこ焼きピックで被害者の頸部等を数回突き刺したものの、目的を遂げなかったという事案において、東京地判平成14年1月22日判例時報1821号155頁が、「既遂に至る具体的危険」の有無は「事前の一般人の立場からの判断を基準とすべきであり、事後的な客観的判断を基準とすべきではない」と判示しているのが注目される。また、②長崎地判平成16年6月30日LEX/DB文献番号28095541は、殺人未遂の事案で、「一般的にみれば、このままでは被害者の生命に危険を生じかねない状況」であるとし、119番通報などの「一連の救護措置は、結果発生回避のための真摯な努力と評価できる」とし、③岡山地判平成21年10月9日LEX/DB文献番号25460191は、殺意をもって果物ナイフで被害者の左胸部を突き刺したが、殺害するに至らなかったという事案において、「犯行直後の状況からすると……被害者に死の危険性があったことは、一般人の目から見て明らかであ」り、その後も「一般人は、そのままの状態では何がおこるかわからず、被害者は死んでしまうかもしれないと思うものであり、なお被害者には死の危険性が認められる」にもかかわらず、被害者を病院へ連れて行く等「被害者に生じた死の危険性を除去するに足る行為を何もしていない」と判示して、中止未遂を否定している。②③の判決につき、西田眞基・木山暢郎・福島恵子「中止未遂（下）」判例タイムズ1382号59頁〔判例番号A-4〕、67頁〔判例番号B-3〕（2013年）においてその要旨が紹介されている。
17) 野澤・前掲注5）刑法雑誌49巻2・3号45頁以下、山口・前掲注5）288頁以下、和田俊憲「中止犯論――減免政策の構造とその理解に基づく要件解釈――」刑法雑誌42巻3号7頁（2003年）など。
18) 参照、原口伸夫「共犯からの離脱、共犯関係の解消」（斎藤信治先生古稀記念論文集）法学新報121巻11・12号201頁以下（2015年）。
19) これ以前にも、最決平成元年6月26日刑集43巻6号567頁。
20) 窃盗罪の実行の着手が認められるのかどうかは問題となりうる。通常の住居侵入窃盗の場合、住居に侵入した時点ではまだ窃盗罪の実行の着手は認められず、物色行為を必要とするのが判例・通説といえる。しかし、倉庫や土蔵へ侵入しての窃盗の場合、財物の性質・形状、占有の状態なども考慮し、物色行為に至らなくても、窃盗の目的

で侵入を始めたときに着手を認めることができよう。参照、名古屋高判昭和25年11月14日高刑集3巻4号748頁など。
21) 裁判員の参加する刑事裁判に関する法律は、平成21年5月21日から施行され、裁判員裁判第1号事件（殺人事件）は、同年5月22日に起訴、同年8月3日から5日まで3日間公判審理、8月6日に判決の言渡しがなされた。東京地判平成21年8月6日判例タイムズ1325号68頁参照。
22) 参照、西田眞基・木山暢郎・福島恵子「中止未遂（上）」判例タイムズ1380号75頁以下（2012年）、同・前掲注16）52頁以下。
23) 佐伯仁志「裁判員裁判と刑法解釈の在り方」ジュリスト1417号110頁（2011年）。また、高橋則夫「裁判員裁判と刑法解釈」刑事法ジャーナル18号7頁（2009年）、橋爪隆「裁判員制度のもとにおける刑法理論」法曹時報60巻5号8頁（2008年）など。
24) この判決の評釈として、小田直樹「判例批評」刑事法ジャーナル33号89頁以下（2012年）。この事件では、3名に対する殺人未遂罪、現住建造物放火未遂罪とともに、娘1名に対する殺人既遂罪が成立している。
25) 中止未遂の成否の判断の中での量刑的な考慮も否定できず（注12も参照。なお、中止未遂を法定の量刑事由と考えるのは、西田・前掲注11）316頁）、具体的な事件の判断において、「このような場合に寛大な扱いを認めるべきではない」という裁判員のやや感覚的な判断、または、一般人の意識といってもよいかもしれないが、それらが要件の解釈に影響してくる可能性も否定できないように思われる。今後、たとえば、功利的または打算的な理由から犯行の継続をやめたような場合に、中止未遂の成否、とりわけ任意性がどのように判断されるのかも注目される。

4 中止の任意性判断における規範的主観説

清華大学法学院教授
周　光　権[1]
(蔡　芸琦　訳)

概要　行為者が自己の意思により犯罪を放棄し、あるいは結果発生を防止した場合には、行為者の責任の減少、及び予防の必要性の低下を理由として、行為者の刑を減免すべきである。刑の減免根拠における「刑罰目的責任減少説」は、責任減少及び刑事政策的観点の双方を考慮に入れるものである。中止犯の刑の減免根拠は、任意性の判断内容に必然的に影響を及ぼす。中止の任意性の判断に関する見解において、主観説は、客観説及び限定主観説よりも妥当な見解といえる。主観説は、倫理的動機としての悔悟ないし規範意識の覚醒を要求するものとして理解されるべきではなく、(我が国の学者が理解している) 心理学的な行為者の認識を問題とするものとして理解されるべきでもない。主観説は、規範的に理解されるべきであり、すなわち「規範的主観説」をわが国の刑法学において主張しなければならない。この見解からは、行為者の犯罪を放棄する意思は、動機の逆転と規範的に評価される (つまり、行為者の刑の減免が、特別予防及び一般予防目的の実現にとって役に立つ) 場合にのみ、任意性が肯定されることになる。中止犯の任意性判断を心理学的主観説から規範的主観説に転換することによって、中止犯の成立範囲が縮小することが予想されるが、規範的主観説は、積極的一般予防及び特別予防の目的達成に適合するものであり、責任論と刑罰論の一体性を維持することができる。

キーワード：中止犯　責任減少　刑罰目的　主観説　規範評価

はじめに

　中国刑法24条1項は、「犯罪の過程において、自ら犯罪を中止し、又は犯罪結果を有効に防止したときは、犯罪の中止とする」と規定し、2項は、「中止犯に対しては、損害の結果が生じなかったとき、その刑を免除しなければならない。損害の結果が生じたときは、その刑を減軽しなければならな

い」と定められている。

　中止犯の法律効果は原則的には「刑の減免」であり、その意味で中国刑法24条と日本刑法43条の規定は類似している。両者の異なる点は、まず、中国刑法は犯罪の中止と犯罪の未遂を分けて規定しているのに対して、日本刑法は、中止未遂と障碍未遂をともに未遂犯の下位概念とする点である。さらに、予備段階の中止は認められるのかが日本刑法において問題となるのに対して、中国刑法においてはこの問題は生じない。とはいえ、中止犯に関する、中日両国に共通する問題は多く存在する。中止犯と（障碍）未遂犯の区別、中止犯の刑の減免根拠、中止の任意性（自主性）、中止行為の判断基準などがそれである。本論文は、中止犯の減免根拠から出発して、中止の任意性（自主性）の判断方法を論ずる。

　本論文の核心的な主張は以下の通りである。中止の任意性判断に関して、心理学的考察に重点を置く伝統的な主観説を採用すると、多くの場合に妥当な結論を導き出すことができる。中国の司法実務も、主観説を採用している[2]。しかし、任意性を判断する際に、中止犯の立法政策的考慮（刑罰の予防目的）をも念頭に置くのであれば、行為者の中止意思につき心理学的な分析を行うだけでは足りず、規範的判断を行うことも必要である。「刑罰目的的責任減少説」と「規範的主観説」は、表裏の関係に立っているといえる。

一　中止の任意性に関する学説の整理

㈠　中止の任意性に関する論争

　犯罪の中止の「任意性」をどのように理解すべきかについて、中国では以下の3つの見解が主張されている。

1　主観説

　本説は、中止犯の成否を判断するにあたって、本人の認識に基づいて犯罪が既遂に達しうるものなのかということを考慮しなければならないとする。すなわち、行為者が認識した事実が、犯罪をやめる動機の形成に影響を与え

たかどうかが問題となる。本説は、行為者が悔悟に基づき犯罪をやめたのか、あるいは、犯罪を最終的にやめる意思があったかなどを問わない。行為者はいかなる理由であれ、自ら犯罪をやめることを決意したのであれば、中止犯の成立は肯定される[3]。主観説において、外部的障碍も考慮されるが、行為者本人の主観的な判断を基準とする。フランクの公式の「やろうと思ってもできなかったのは犯罪未遂であり、やろうと思えばできたがやらなかったのは犯罪の中止」という命題は、主観説を正確に要約したものである。

2　限定主観説

本説は、行為者が自らの行為を否定する規範を意識した上で犯罪をやめた場合にのみ、中止犯と評価されうると主張する。このような主張によると、行為者が規範意識の覚醒ないし広義の後悔など、内心の、主観的な目的に基づいて犯罪を止めた場合にのみ、中止犯の成立する余地を肯定できる[4]。

3　客観説

本説は、外部の事実的障碍と行為者の中止行為が併存する場合においては、行為者本人が置かれた客観的状況を判断対象とし、一般人を判断基準として、行為者が遭遇した障碍が犯罪を止めさせるほどのものかどうかを判断する。行為者が遭遇した障碍が一般的に犯罪を止めさせるほどのものであれば、犯罪の未遂となり、障碍が犯罪を止めさせるほどのものでなければ、犯罪の中止となる[5]。例えば、強盗の犯人が銀行員に犯行の意思を表明した後、銀行員が犯人を無視し続けていたため、犯人はカウンターの前に5分間立ち続けた後に自ら立ち去った場合、客観説によると、銀行のセキュリティーシステムが完備していること、銀行職員は威嚇に怯えないことなどは経験上通常であるため、行為者が犯行をやめて現場から立ち去ったのは、未遂犯と評価される。

上述の三つの学説において、限定主観説の問題点は明らかである。まず、この説は倫理的要素を刑法の規範的判断に持ち込み、中止犯の成立可能性を縮減するため、この説を採用すると、犯罪意思に基づき犯行に着手した行為

者を社会復帰へと誘導するという目的は達成されにくい。これは、法益の保護にとって役に立つことではない。さらに、我が国の刑法24条によると、行為者が「自ら犯罪を中止し」または「犯罪結果を有効に防止」すれば、犯罪の中止と評価される。「自ら」という文言は、行為者が自らの意思に基づいて犯罪を放棄し、または犯罪結果の発生を防止することしか要求せず、犯罪を中止する動機について何らの限定を加えていない。そのため、限定主観説は現行刑法の規定と整合しない。

　客観説の問題点は、以下のようなものがある。(1)本説は、自主性を客観的に判断しようとする方法論上の誤りを犯している。本人の意思に基づいて犯罪を止めたかどうかを判断する際に行為者本人の意思を考慮せず、もっぱら中止の原因となる状況が経験上、行為者に中止させるほどのものであるかを判断するのは、主観と客観の限界を曖昧なものにする。この点について、張明楷教授も、経験的判断を用いて行為者本人の意思を判断すること、あるいは、事実の客観的な性質に基づいて主観的な任意性を判断するのは方法論上の誤りであると指摘する。[6] (2)未遂犯と評価するためにはどの程度の外部的障碍が必要か、外部的障碍と内心的意思を区別するのは可能か、などのことも実務上の問題となる。客観説は、以下の結論に至る可能性がある。すなわち、比較的軽微な障碍により行為者が犯罪を止めた場合においても、未遂犯の成立が肯定される――例えば、乙を強姦する犯行に着手した甲は、乙に怒りのこもったまなざしで睨まれたため、慌てて現場から逃げた場合においても、甲は未遂犯と評価される可能性がある。(3)客観的な判断の対象が明らかではない。例えば、乙の殺害を計画した甲は、ナイフで乙の胸に突き刺したが、大量の出血を見て恐怖を感じて犯行を止めた、という一連のプロセスにおいて、果たしてどの部分が客観的な判断の対象となるのだろうか。仮に中止の動機を、恐怖を感じた事実とするのであれば、客観説によると、大量出血の事実と、それに対する行為者の認識を判断対象として、一般人の経験的判断によりそれが殺人の意思に強制的な影響を与えたかが問題となるように思われる。したがって、大量出血の事実と、それに対する行為者の認識

が、経験的判断の対象となる。しかしながら、この事実に対する反応は、人によってさまざまである。家畜を殺すことを業とする人、外科医、臆病者、大胆な人のこの事実に対する反応は全く異なる。このように、「いわゆる一般的経験的判断は、あるひとりの経験を平均的標準とすることであり、判断の公平性を保つことは困難である」[7]。言い換えれば、客観説は「一般的社会経験」による判断により犯罪の中止と未遂を区別し、行為者が社会通念上障碍と思われる事由により犯罪をやめた場合に未遂犯の成立を認めるが、いわゆる「一般的社会経験」による判断の内実は不明確であるため、同じく客観説をとっても、判断者によって、異なる結論が導き出される恐れがある。

(二) 主観説の問題点

中国の現在の多数説は、任意性判断において主観説を採用すべきであるとしている[8]。筆者も、フランクの公式に代表される主観説は、個人の自由な選択と中止の自主性との関連性を考慮するものであり、簡潔かつ明快な基準を示していると考える。中止犯において責任が減少するという現実な状況を念頭に置くのであれば、中止の自主性を判断するにあたって主観説を堅持するのは、合理的である。すなわち、行為者が、自身は犯罪を最後まで遂行できると認識した上で犯行を止めると決意したのであれば、犯行を止めることは広義の悔悟に基づく行動でなくても、犯罪の中止と評価される。

しかし、我が国の多数説としての主観説は、中止の任意性の判断をもっぱら心理学的な判断によって行い、犯罪を放棄した本人の内心の意思ないし動機しか考慮に入れないものである。このような主観説は、以下のような問題を有する。(1)中止の任意性判断が不完全なものとなり、中止犯の成立範囲を過度に拡張することになる。すなわち、主観説は以下の結論を導く可能性がある。行為者本人が犯罪を止めることを決意したのであれば、（犯罪を止めるという内心的な動機が認められるため）直ちに中止と評価される。つまり、行為者が犯罪を継続しないことを納得していなかった場合においても、中止の任意性が肯定される。しかしこのような行為者を奨励することは、当該行為者

の将来の犯罪を防止することができず、一般市民に模範を示すこともできない。(2)中止の任意性の心理学的な基準は必ずしも明確ではなく、安定した結論を導き出すことはできない。例えば、行為者が一定の外部の圧力を受けて犯罪を停止した場合、心理学的主観説によると、当該外部の事実による圧力は、行為者の自主性に影響を与えたかが問題となる。しかし、外部の事実から生じた圧力の程度を量ることは、実際上不可能である。自主性を有し犯罪を止めた行為者の態度と、自主性を有せず犯罪を止めた行為者の態度の境目は曖昧なものであり、両者を明確に区別することはできない。それゆえ、被害者の首を締めた後、被害者の顔面の歪みを見て恐怖を感じて現場から逃げた殺人犯人ないし強盗犯人について、実務においては、未遂犯とした判決と、中止を認めた判決両方が存在する。これは、心理学的主観説の難点である。(3)もっぱら行為者が犯罪をやめる際の内心的意思を根拠に中止の成否を判断するのは、被害者の供述に依存する問題性がある。この問題は、法治国家へ向かって発展し続けている中国においては特に意識されるべきものである。我が国の学者は、犯罪中止の自主性判断は、行為者の（犯罪を最後までやり遂げることができる）認識を前提とする。任意性は、あくまでも行為者の主観的な認識により判断され、客観的な状況に影響されることはないとするのが一般的である[9]。しかし、任意性の判断内容をもっぱら行為者の主観的な認識と理解するのであれば、行為者の供述の内容が行為者の責任を左右することになってしまい、（検察側が）脅迫行為により行為者供述を変えようとする事態が生じることは避けられない。同じく警報を聞いたため窃盗の現場から逃げた場合であっても、逮捕されることを恐れて犯罪を止めたと供述した窃盗犯人を未遂犯とし、ただ単に念のため自主的に犯罪を止めたと供述した犯人を犯罪中止とするのは、まさに西田典之教授が批判する、功利主義から出発した、被告人の供述を全面的に依存する純主観説の当然の帰結である[10]。任意性を判断するにあたって、行為者の認識は判断の基礎ないし参考資料にすぎないというべきである。任意性は、行為者の認識と客観的な状況をあわせて考慮し、外部的障碍と行為者の内心の意思との関係性を規範的に判断した

上で得られた結論である。このような判断を経てはじめて、行為者が任意的に犯罪を止めたという評価を下すことができる。そうであれば、中止の任意性は、「客観的状況に影響されることはない」のではなく、客観的な状況を考慮に入れつつなされた規範的評価の結論である。主観説に規範的判断を導入するのであれば、多くの場合、行為者が何を考えていたかという供述はさほど重要でないものとなる。何も考えずに犯罪を止めた被告人も、場合によっては自らの意思に基づき犯罪を中止した者と評価される。

　心理学的主観説の根本的な問題は、心理要素としての行為者の意思決定のみを重視するところにある。それは、任意性の判断と中止犯の刑の減免根拠との関連性を看過するものである。心理学的主観説において、中止犯の減免根拠論と、任意性の判断内容とは切り離されている。次に、中止犯の刑の減免根拠による、任意性判断に対する制約について検討する。心理学的主観説から出発し、任意性を肯定する範囲を規範的に制限しようとする見解は、「規範的主観説」と呼ばれる。

二　刑罰の予防目的と中止の任意性の規範的判断

㈠　中止犯減免根拠に関する論争

　任意性の判断基準は、中止犯の刑の減免根拠に対する理解によって変わるというべきである。したがって、中止犯の減免根拠は、中止の自主性の判断基準の指導原理かつ制約原理である。

1　政策説

　本説は、犯罪中止が刑事政策的思想に基づく制度であると考える。政策説は、さらに以下の三つの学説に分けられる。⑴リスト（Liszt）が提唱した「黄金の橋」理論。それによると、「立法者は刑事政策的観点から出発し、犯罪を行った行為者に犯罪中止の黄金の橋（eine goldene Bruecke）を提供することができる」。しかし、この理論は現実とかけ離れている（元々犯罪を決意した行為者が刑法の中止犯規定を考慮に入れたため、犯罪を遂行し続けなかった事例は、実際

上殆ど存在しないであろう)。犯罪を中止した者を全く処罰しないのであればま
た別として、我が国の刑法は中止犯を処罰しないのではなく、刑の必要的減
免を認めるにすぎない。したがって、犯罪を行った者に後戻りをさせる効果
は限られている。(2)「奨励説」。本説は、立法者が中止の規定を設けるのは
結果発生を防止するよう行為者に褒賞を与えるためであると考える。しか
し、本説は、条文の文言の言い換えにすぎず、規範的な減免根拠を説明して
いない。それと同時に、本説は、既遂に達した行為者が贓物を返却する場
合、あるいは犯罪を行った後に被害者に賠償する場合に、なぜ行為者に褒賞
を与えることはできないのかということを説明できない。(3)刑罰目的説。本
説は、中止犯の刑が減免される理由は、一般予防及び特別予防の観点から、
処罰の必要性の低下が認められる点にあると説く。一方、行為者は犯罪を中
止することにより、その特別予防の必要性の低下を明らかにした。他方、行
為者が犯罪遂行を放棄したことから、一般人も規範の効力を実感できたた
め、一般予防の観点からも、行為者に刑を課す必要性が低下しており、その
ため、刑罰は減免されるべきである。言い換えれば、中止の場合において
は、刑罰を用いて、将来、行為者が行うかもしれない犯罪を阻止し、一般人
を威嚇し、損なわれた法秩序を再建する必要性が低下ないしは存在しなくな
る。刑罰目的説は、中止犯の立法政策的考慮を前面に出した理論であるとい
えよう。

　我が国の多くの学者は、「黄金の橋」理論という意味で、政策説を理解し
ている。それゆえ、「政策説は犯罪の中止の具体的成立要件に直接影響しな
いが、犯罪中止の認定基準を緩める方向に働く」、と主張する論者もいる。
しかし、政策説の内容を総体的に理解しようとすれば、より具体的な内容を
有する刑罰目的説に言及しなければならない。

2　法律説

　法律説に属する違法性減少説の支持者から、2つの主張がなされている。
一つは、既遂犯に対して、中止犯は「既遂に至る具体的危険を消滅させた」
ため違法性が減少するという主張である。もう一つは、故意を違法要素と解

し、爾後の中止意思は違法性の評価に影響を与えるため、違法性の減少が認められるという主張である。違法性減少説に対する批判は以下の通りである。犯罪の遂行を放棄する時点より前の時点に違法状態がすでに形成され、行為者によって引き起こされた危険状態は事実として存在しているため、その違法性が行為者の中止行為によって遡及的に減少することはありえない。また、主観説を違法性減少説と結合させることも可能である。すなわち、行為者が主観的違法要素としての故意を撤回することにより、その行為の違法性を減少させたとするのである。このようにすれば、中止が成立するかどうかは、行為者がその犯罪を行う故意を放棄したかどうかという基準により判断されるべきだ、ということになる。

法律説に属するもう一つの見解である責任減少説は、通常、規範的責任論の観点から、犯罪を実行する決意は責任要素であることを強調し、行為者が爾後にその決意を撤回した場合、行為者に対する非難可能性が低下すると説く。主観説と、規範的責任論を基礎に置く責任減少説との関係は、より密接的なものである。なぜなら、責任減少説は、責任減少の基準は行為者の認識に求め、行為者の主観面に基づいて任意性を判断するからである。

3 折衷説

中止犯の減免根拠を論ずる政策説、法律説(違法性減少説、責任減少説)はそれぞれ一定の合理性を有する。しかし、一つの主張のみによって全てを説明しきることは困難であり、多くの学者に受け入れられやすいのは、政策説と法律説を併用し、両者の任意性判断への制約をともに肯定する見解である。

4 本論文の主張:刑罰目的的責任減少説

(1) **違法性減少説の欠陥**　我が国の学者は、中止犯の刑を減免する理由は、中止犯の社会的危害性ないし客観的危害性が明らかに減少した点にあると主張する[15]。また、行為者は犯罪遂行を放棄し、結果を生じさせなかったため、客観面において中止犯の違法性は減少したと主張する学者もいる[16]。しかし、犯罪の中止が違法性を減少させると主張するこれらの見解は、批判に耐えられるものではないように思われる。その理由は以下の通りである:第一

に、違法阻却事由がない限り、すでに形成された違法性が遡及的に減少することはありえない。第二に、違法性は連帯的に作用するため、仮に中止に違法性を減少させる効果があるとするならば、全ての犯罪の関与者の刑罰はともに減免されるはずである。しかし、中止は一身専属的な「個人の処罰減免事由」であり、共犯の場合に、正犯者が犯罪を中止したとしても、共犯者（教唆犯・幇助犯）の刑罰がそれにより減免されることはない。したがって、違法性の減少を認めることは、中止犯の本質と矛盾し、共犯従属性原理にも反することである。第三に、もし一部の結果無価値論者のいうように、故意はもっぱら責任要素であるとするならば、違法性減少説はますます認められるべきではない。なぜなら、未遂犯の故意を違法要素としない限り、中止の決意という主観的な要素が違法性を減少させると主張することは不可能だからである。第四に、中止犯の違法性が減少したかどうかは、既遂犯と比較して決められるものではなく、未遂犯と比較して決められるべきものである。我が国の刑法は、未遂犯の処罰は、既遂犯の刑に照らしてその刑を軽くし、又は減軽することができると規定する（第23条第2項）のに対して、中止犯の処罰は、刑の必要的免除ないし減軽である。したがって、未遂犯の刑も、中止犯の刑も、既遂犯の刑より軽い。しかし中止犯の受ける制裁は、未遂犯が受けるそれよりさらに軽い。そうすると、同じく未遂結果を生じさせた中止犯と未遂犯とを比較して、既遂結果が生じなかった場合に、なぜ、損害の結果を生じさせなかった中止犯の刑を「免除しなければなら」ず、損害の結果を生じさせた中止犯の刑を「減軽しなければならない」のに対して、未遂犯の処罰は、損害の結果を生じさせた場合も、そうでない場合も「既遂犯に照らしてその刑を軽くし」又は減軽することが「できる」にすぎないのか、という問題を検討しなければならない。したがって、未遂犯処罰を検討する際に、比較の対象となるのは既遂犯————未遂犯の処罰は、既遂犯のそれより軽い。それに対して、中止犯の規定を検討する際に、比較の対象は未遂犯にほかならない。そうすると、法益に対する危険性が同じ程度のものであった場合、なぜ中止犯は未遂犯より寛容的に取り扱われるのだろうか。「任意の中

止行為が当該未遂犯の要罰性ないし当罰性を低下させる」[17]、すなわち、未遂犯の処罰は既遂犯のそれより低いことを前提としつつ、中止の奨励のためにさらなる刑の減免を行うことは認められてよい。その意味において、未遂犯より、中止犯の違法性はより低下していると認めることはできない。

(2) 「**刑罰予防目的的責任減少説**」**を肯定する理由**　行為者が任意性、自主性に基づいて中止行為を行った場合、行為者の責任は確かに減少しているというべきである。責任は刑罰と密接な関連性を有するものであるため、責任減少が肯定される場合に刑罰を減免するのは合理的である。「行為者が着手後自主的に犯罪を中止することは、行為者の改悛の情を明らかにし、行為者が法の価値を再び承認したことの現れであり、行為者は犯罪行為を最後までやり遂げるほどの法を敵視する意思を有しないことの表明でもある」[18]。責任減少説のほか、刑罰目的の観点から中止犯の処罰の減免根拠を理解することも必要と思われる。黎宏教授によると、「中止犯に関しては、立法者は行為者に自ら犯罪を止めることを推奨する側面もある。そうすると、責任減少説と政策説を併用する総合説の立場はより妥当なものである」[19]。この点について、イタリアの学者も以下の通り主張する。すなわち、犯罪がまだ既遂の段階に達していない段階において行為者に褒賞を与えることは、法益に対する危険を減少させられるため、法秩序の全体の利益の促進にとっては役に立つことである。中止行為は、特別予防という刑罰目的も排除ないし減少させている。遅いとはいえ、行為者は自由に中止行為を選択したため、その責任は確かに減少している。上述の各見解は、刑罰の作用を説明するものであり、また各見解はお互いの論拠を補強し合うものであり、相容れない存在ではない[20]。

　しかし、筆者は、責任減少説を政策説の一種である黄金の橋理論、ないし奨励理論と結合させることを主張するつもりはない。刑罰の予防目的の観点から、刑事政策を理解した上で、予防目的に基づく責任減少説を採用すべきであると考える。予防目的に基づく責任減少説も、政策説＋責任減少説の見解ではあるが、一般的に理解されている政策説（黄金の橋理論、奨励理論）と比

べて、より具体的な規範的内容を有するものである。しかも、予防目的に基づく責任減少説は、中止犯の任意性判断の指導原理として機能し得るものであり、中止の任意性判断に制約を課すことができる。林鈺雄教授によると、刑罰の目的に関する学説がすでに予防理論の時代に移行した以上、刑法体系の統一性を保つためには、中止犯の処罰の減免根拠に関する多くの学説の中で、刑罰目的理論（予防理論）がより優れているという。この学説によると、「行為者は自発的、真摯に犯罪を放棄する行為（ないし結果を防止する努力）を行ったのであれば、特別予防の観点から、行為者を隔離ないし矯正する手段として刑罰を用いることは必要ではなく、一般予防の観点からも、当該行為者を処罰しなくても、公衆の模倣行為を引き起こすことにはならない」[21]。

㈡　中止犯減免根拠及び任意的規範的主観説

中止犯の処罰の減免根拠は「予防目的に基づく責任減少」であり、そして、中止の任意性は責任の減少を説明する際の重要な指標である。規範的責任論からすると、責任減少の有無は規範的に判断されるべきであって、任意性の判断も当然規範的評価となる。そうであれば、中止の任意性判断は、主観説をベースとした上での規範的判断となる。すなわち、行為者の内心の犯罪を放棄する意思が、規範的に「動機の逆転」と評価されうるかが問題となる。特に、行為者がなお「欲する」か「欲しない」かの間に明確な決着がついてないまま犯罪を止めた場合、主観説だけでは任意性を判断することができない。この場合、さらに規範的に任意性を確定しなければならず、主観説（心理学上の行為者判断）は役に立たない。この点について、Roxin教授は正当にも、中止は特定の刑事政策的問題であると指摘する。「中止においては『任意』という概念があり、この概念は規範的なものである。精確にいうと、それは刑罰目的的観点から解釈されるべきものである」[22]。中止犯の任意性判断が処罰減免根拠（予防目的に基づく責任減少説）によって制限されるという理解からすれば、行為者の責任が低下し、また、行為者が結果の発生を防止するための努力をしたが、一般予防ないし特別予防の観点から、当該行為者に

褒賞を与えることは適切ではないと考えられる場合においては、政策論的観点から、当該行為者の任意性を否定し、その行為の性質を未遂とすべきであろう。要するに、責任減少説により得られた最初の結論は、予防的・政策的考慮に基づいて再び検討されなければならない。「自らの意思に基づく」[23]かどうかは、純粋に行為者の内心的意思によって決められるものではない。仮に犯罪を止める行為が、公衆の規範への信頼の回復にとって明らかに役に立たないものであれば、中止の任意性は肯定し難い。この場合、心理学的主観説により得られた最初の結論は、規範的評価を経て、最終的に任意性を否定する結論に至る。

　中止犯の処罰減免根拠による任意性に対する影響を肯定するならば、我が国の刑法学において、褒賞に値する責任減少の有無により任意性を判断する「規範的主観説」の提唱が必要である。伝統的な心理学的主観説と一線を画する必要があると思われる。すなわち、中止の任意性を肯定するためには、以下の二つの条件を満たさなければならない。一方で、行為者が内心での（犯罪を止めるないし結果発生を防止するという）自由な意思選択を行い、その主観的な意思は、一定程度の責任減少と評価するに値するものであること。これは、任意性判断の心理学的尺度である。他方で、その内心の意思を「自らの意思に基づいてなされたもの」と評価するために、予防目的の実現にとって役に立つものであること。これは、任意性判断の規範的次元での基準である。上述の二つの条件が満たされてはじめて、行為者の犯罪を止める行為が「自らの意思に基づいて犯罪を中止した」と評価されうる。言い換えれば、行為者の心理的事実は、任意性判断の判断基礎となる事実であるにすぎず、任意性の肯定という結論を導くためには、さらに心理的事実を基礎とした上での規範的判断が要請される。規範的主観説は、責任減少が認められはするが、予防目的の要求を満たすことのできない犯罪を止める行為の任意性を否定し、それを未遂犯として処罰することができる。

三　規範的主観説の展開

㈠　規範的主観説の基本的な内容

1　行為者が自らの意思に基づいて犯罪をやめたといえるかどうかを判断する際には、行為者の内心の意思と外部の障碍となる事実との関係に対して規範的衡量を行わなければならない。「自律的行為」と「他律的行為」とを区別することが必要である。

張明楷教授は、心理学的主観説だけで判断を行うと、多くの事件では妥当な結論を導き出すことができないと指摘する。例えば、甲は銃で乙を殺害するつもりだが、甲から100メートルくらい離れた距離にいた警察が「止めろ」と叫んだため、甲は発砲することを止めた。この場合、心理学的主観説からすると、甲が、警察が甲のいるところに到達する前に乙を殺害することができ、甲もその事実を認識していたため、甲は、目的を達成できたにもかかわらず止めたと評価できるため、犯罪の中止が成立する。しかし、この結論は受け入れ難い。したがって、この事例を解決するにあたっては、客観説を採用し、未遂犯とすべきであるようにも思われる。もう一つの例を挙げると、故郷から離れているところでアルバイトをしているAは、深夜に強盗行為を行おうとしたが、被害者のBが自らの兄弟であることに気づいたため強盗行為を止めた。客観的ないし物理的観点からすると、Aは引き続き強盗行為を行うことができたが、それを行わなかったため、犯罪の中止は成立するように思われる。しかしながら、心理的に、Aが強盗行為を継続することができなかったともいえるため、Aの行為を未遂犯と評価すべきようにも思われる。「仮にAの行為を犯罪の中止と解したければ、Frankの公式を適用すれば足りる。しかしこれに対して、Aの行為を未遂犯と解したければ、客観説を採用することが必要となろう」。このようにして、張明楷教授は、「主観説を採ると適切な結論を導けない場合においては、客観説の合理的な内容を取り入れることが必要である。なぜなら、心理は一種の複雑な現象であり、純

粋な心理的意義において『自主性』を認定・評価するのでは、適切な結論を導き出すことができないからである」[24]と主張する。

　しかし、任意性を判断する際に行為者の内心の事実のみを考慮し、外部的障碍と内心の動機との関係を考慮に入れないのは、主観説の正しい理解の仕方ではない。また、主観説を採ると不合理な結論が導き出される場合に客観説をも併用する点にも問題がある主張である。なぜなら、任意性の判断に関する「客観説」とは、それ自体が実際存在しているか疑わしいからである。行為者の心理状態を探求するために、経験法則に基づいて実在する事実について分析を行う、という実務上の「客観説」の主張は、実質的には主観説と矛盾しない見解である。言い換えれば、外部的な事実がなお、行為者の意思決定を強制的に抑止する程度に達せず、行為者が自らの意思に基づいて自由に選択することができたのであれば、その犯罪の中止行為は行為者の内心の意思によるものであることは否定できない。理論上、上述の事例の取り扱いが困難に思われた理由は、規範的な判断を行わない主観説を採用したからである。張明楷教授が挙げた前述の2つの事例において、逮捕される現実的な危険性が大きいため行為者が犯罪を止めた場合、たとえその行為者の内心には自ら犯罪をあきらめる意思があったとしても、犯罪を停止する前と、犯罪を停止した後の行為者の態度（他人を殺害したい、ないし、強盗したいという動機）の「逆転」が存在しない。規範的評価の観点から、その責任減少は極めて限定され、行為者の行為を犯罪の中止と評価することは、予防目的の実現にとって役に立たない。そのため、任意性を肯定するのは適切ではない。

　規範的主観説の論理によれば、行為者の心理的事実と、外部的事実としての障碍との関係について規範的判断を行い、「自律的行為」と「他律的行為」を区別することは、客観説を導入することなく可能である。このような判断は、なお規範的判断を強調する主観説の内部にとどまる。任意性は、外部的障碍の有無に左右されるものではなく、一種の強制としての外部の事実が、犯罪を継続することは困難であると行為者に思わせて、行為者に選択させたかどうか、ということにより左右されるのである。強姦犯人・奪取犯人が、

被害者は親しい人であることに気付き、相手に告発されることを恐れたため犯罪を止めたということは、行為者が、外部的事実による圧力を受けたため、やむを得ず犯罪を止めたということを意味する。そのため、中止犯の成立を肯定し難い。これに対して、傷害、窃盗ないし強姦犯人が、被害者の叫び声により犯罪を停止した場合においては、その中止の任意性を一律に否定することはできない。被害者の叫び声が行為者に恐怖を感じさせた場合、あるいは、被害者の叫び声により助け人がくることを怯えて現場から逃げた場合には、犯罪の未遂と評価されるべきである。しかし、被害者の叫び声が行為者に過ちを犯したことを気付かせたため、行為者が犯罪を止めた場合には、中止犯の成立する余地が残される。例えば、行為者は「深夜、人気のないところ」で被害者に強姦行為を行おうとしていたが、被害者が叫びながら極力に反抗し、さらに、強姦されたら自殺するだけではなく、母親が警察に通報する旨を行為者に表明したため、行為者が怯えて犯罪を止めた。この事例について、裁判所は、犯行当時の状況からすると、被害者が犯罪を継続することの障碍は存在せず、犯罪を止めたのは行為者の任意的選択であると判断し、犯罪中止の成立を認めた。[25] 思うに、裁判所の判断は正しい。確かに、犯罪の継続にとって多少の事実的障碍が存在し、被告人も恐怖を感じていたが、逮捕される現実的な危険は存在しておらず、外部的障碍が行為者に与えた圧力も小さいため、本事例の被告人が犯罪を止めたのは、自らの意思に基づく決定といえる。主観説の心理学的基準による判断からも、規範的判断からも、中止の自主性は存在する。

2 自らの意思に基づいて犯罪を止めたかどうかを判断する際には、任意性を肯定し、行為者に褒賞を与えることが犯罪の予防にとって有益かを考慮しなければならない

山口厚教授は、行為者が危険を消滅させる意思に基づいて危険消滅行為を行った場合には、原則的には中止犯の成立を認めるべきであるとする。任意性が欠けるのは、中止行為が強制された行為であるといった例外的な状況に限る、と主張する。その意味において、任意性要件の意義は相当限られる。[26]

一方、このような観点は中止犯の処罰の減免根拠論と任意性との密接な関係を断絶させる。他方で、理論面においても現実面においても、危険消滅意思に基づいて危険消滅行為を行っていても、規範的な観点、特に予防目的の観点から、行為者に褒賞ないし恩恵を与えるに値するほどの心理状態が存在しない場合が多く存在すると考えられる。そのような場合において任意性を肯定することは、合理的ではないように思われる。「自らの意思に基づいて中止した」というのは、責任減少の基礎をなしうるものでなければならない。そのため、行為者の自由意思に基づく選択が肯定されなければならない。また、中止犯の減免根拠としての刑罰予防目的も考慮に入れるならば、行為者の自由な意思決定が肯定されるだけでは足りず、さらに規範的な評価により任意性を確定しなければならない。多くの場合に、最終的な結論にとって決定的なのは、心理状態そのものではなく、むしろ行為者の態度に「180度の方向転換」があったか、あるいは、行為者に動機の「逆転」があったか、という規範的評価である。

　予防目的を考慮するならば、心理学的基準により得られた任意性の存在という結論は、規範的な判断により否定されることもある。この点、Roxin教授は多くの事例を挙げて分析を行った。例えば、前妻乙及び乙と交際中の丙を殺す計画を立てた甲は、まず丙に傷害を負わせた。しかし、乙が現れた途端、甲は丙を傷害する行為を止めて乙を殺す行為に移った。その結果、乙が死亡し、丙は生き残った。心理学的基準によると、甲は、丙との関係では犯罪中止と評価される。なぜなら、甲は丙を殺害できたにもかかわらず、自由意思に基づいて丙を殺さないことを選択したからである。しかし、規範的評価によると、丙の殺害行為を止めたことの任意性は否定される。なぜなら、乙を殺すことは行為者にとってより重要であるため、丙の殺害をあきらめた点に、甲の態度に変化が認められないからである。甲は、犯罪性を有する目標設定から抜け出すことがなかったため、その行為を中止と判断するのは刑罰の目的に合わない。もう一つの例を挙げると、甲は乙を強姦するために乙に暴力を振る舞い、力弱い乙は甲に、「無理してやる必要はない。ひと休み

してからしましょう」と言ったため、甲は侵害行為を中断した。その後、通行人が通りかかったため、乙は通行人に助けを求め、甲は現場から逃げ去った。心理学的主観説によると、この事例の甲の任意性も肯定される。なぜなら、甲は強制されることなく性行為を行うための暴力行為を止めたからである。しかし、規範的観点からすると、甲の、乙と性行為を行おうとする態度に変化は見られず、具体的犯罪行為を行うこととは異なる「反対動機」を形成していないため、甲は自動的に犯罪を止めたとはいえない。このように、多くの事例において、規範的観点から任意性を判断することにより、心理学的基準を採用する場合と比べて、中止犯の成立範囲はより制限されると思われる。[27]

心理学的主観説を採用する我が国の学者によると、(1)犯罪の意思を徹底的に放棄していない場合、例えば、驚愕、恐怖により犯罪を止めた場合、そして、相手は親しい人であることに気づいて奪取犯罪を止めた場合、あるいは、後日に告発されるないし逮捕されることに怯えて犯罪を止めた場合など、これらの場合において、犯罪を中止する内心の意思が肯定されれば、中止犯として扱われるべきである。(2)強姦行為を計画したが、その後奪取行為を行うことがより自らの利益になると考え、強姦行為を止めた場合に、強姦罪の中止が肯定される。(3)被害者の出血が止まらないことに気づき、恐怖により傷害行為を止めた場合においても、強姦犯人が被害女性は生理中であることに気づき侵害行為を止めた場合においても、中止の任意性は肯定される。[28]

しかし、上述の事例の中で、被害者が親しい人であることに気づいたため奪取行為を止めた事例においては、犯行が発覚するおそれがあるため、心理学的基準によっても、任意性は必ずしも肯定されるわけではない。このほか、行為者の行為を犯罪の中止とすることは一般予防ないし特別予防の観点からは適切かどうかをも判断しなければならない。予防目的を考慮すると、上述の行為者（心理学的主観説からは犯罪の中止が認められる各事例の行為者）を未遂犯とすることが、実際上より適切であるかもしれない。我が国の実務にお

いて、行為者が、外部的障碍があると誤認し、自らの意思に基づいて犯罪を止めた場合について、中止の任意性は認められない。例えば、古墳を盗掘する行為者は、古墳を保護する石炭層を切り株と間違い、間違った場所を掘っているのではないかと勘違いして、途中で犯行を止めた事例について、裁判所は、犯罪の中止の成立を否定した[29]。司法実務上の論理は、行為者が自らの意思に基づいた犯罪を止めた場合であっても、特別予防の必要性があれば、犯罪の中止を肯定すべきではない、というものである。この点について、以下のことを指摘する学者もいる。すなわち、「強盗犯人は被害者の財布の中に5ドルしか見つけられなかったという場合を想定する。行為者は、財布を被害者に返し、『このことを忘れよう。あなたは私よりお金を必要としている』と言った。この場合、行為者には有効な放棄があったといえるだろうか。あるドイツの判例によると、戦利品に興味を持っていないため犯罪を止めた場合においては、奪取未遂の責任は否定されない」[30]。また、銀行で奪取行為を行おうとする行為者が、被害者が電話で警察に通報するのを見て、怯えて現場から逃げ去ったという事例もある。弁護人は犯罪の中止が成立すると主張したが、裁判所はその主張を認めなかった[31]。上述の事例において、中止の任意性が否定されるのは、行為者に犯罪を止める意思がなかったからではなく、そのような行為者を奨励するのは犯罪の予防にマイナスの効果を与えることになるからである。

㈡　規範的主観説の実務での応用

1　中止の任意性の判断において、行為者の規範意識の覚醒を要求しない

任意性の判断においては、犯罪の停止を支配する内心の決意を要求すると同時に、犯罪を止めた時点において規範意識の覚醒、悔悟が生じたため、行為者が犯罪を中止しまたは犯罪結果を有効に防止したことまで要求する、と解する学者もいる[32]。それゆえ、この見解において、中止の任意性とは、自らの意思により犯罪を止めた時に、行為者が「事態を合法的状態ないし原初状態に回復する意思」を有することを意味することになる。韓国の学者は、こ

の意味での任意性を「合法性へ回帰する」意思表示と解する。「合法性への回帰は、法敵対意思を徹底的に放棄することを意味する。それは、行為者が心底から合法的な世界へ復帰することを願うことを指す。言い換えれば、それは、(法敵対意思により危険にさらされている法益を侵害する) 結果を防止する意思である。その内容として、犯行意思の最終的な放棄が含まれる[33]」。

しかし、たとえ中止犯の減免根拠と任意性との関連性を肯定し、前者の後者に対する制約を認めたとしても、規範意識の覚醒を有する場合にのみ行為者に任意性を肯定できることを意味するわけではない。まず、規範意識の覚醒を要求することは刑法第24条の規定と整合しない。さらに、行為者が結果を防止する意思に基づいて犯罪を中止することは、未遂の無価値や公衆の法意識へのマイナスの影響を打ち消し、処罰の必要性を減少させることを意味する。なぜなら、行為者が自らの意思に基づいて犯罪の意思を撤回することは、一般予防ないし特別予防を根拠に行為者を処罰する必要性の減少を表すからである。行為者による犯罪意思の撤回は、「処罰が、行為者に今後犯罪行為を行わせないようにすること、他人に警告を与えること、そして、侵害された法秩序の再建にとって、もはや必要ではない[34]」ことを表している。行為者の自らの意思による中止行為により、社会における規範が動揺させられた印象はすでに部分的に解消され、行為者が公衆の法意識に与えたマイナスの影響も修復された。中止行為それ自体は、社会に良い模範を示し、ある程度規範の存在とその効力を確証した。そのため、行為者を未遂犯として処罰しなくても、行為者が将来再び犯罪行為を行わないことは予想され、損なわれた法秩序の回復も予想される。中止の任意性判断に関する規範的主観説を採用した上で、さらに規範意識の覚醒という要件を要求することは、蛇足の嫌いがある。[35]

2 次回の犯罪意思を留保にする者も、中止犯と評価される可能性がある

また、犯罪の中止に徹底性を要求する学者もいる。「徹底性とは、犯罪者が今後すでに放棄した犯罪活動を引き続き行わないことを決心することである。犯罪者が (犯行が成功する) 条件が揃っていないことやタイミングが悪い

ことから犯罪活動をしばらく中断し、チャンスがきたらまた犯罪を行おうとするのは、犯罪の一時的中断を意味することにすぎず、犯罪の中止とならない」[36]。しかし、この観点はなお検討の余地がある。

　規範的主観説によると、今回の犯罪を停止したが次回の犯罪意思を留保にする者に、犯罪の中止を肯定することもありうる。犯罪を中止した者を処罰し、特別予防目的を実現する必要性の有無は、将来、行為者が再び犯罪を行う可能性により判断されるべきではなく、行為刑法の一般原理に基づいて、現実に生じた事実（すなわち、行為者の行為）に基づいて判断されるべきものである。犯罪の中止が肯定される者は「行為の時点で」法に回帰したため、その者の行為を処罰し、特別予防を実現する必要性は存在しない[37]。例えば、甲は、乙の家を侵入し窃盗をすることを計画したが、乙の家に電気がついているのを見たため、乙の家に誰もいない時にまた犯罪を行おうと考えて現場から立ち去った。この事例において、行為者の今回の窃盗の計画を実行する意欲がすでに打ち消されたため、犯罪の中止を肯定できる。これに対して、乙の財物を奪取する行為に着手した甲は、乙の（後に財物を甲に渡すという）言葉を信じて奪取行為を止め、その後、現場に到着した警察に逮捕された。この事例において、甲は犯罪を一旦やめたが、その犯罪意欲は存在しているままであった。甲には今回の犯罪行為を通じて被害者の財物を奪取しようとしていることは明らかである。そのため、規範的評価からすると、甲に犯罪の中止を肯定することはできない。

3　実務は規範的主観説を採用し、中止犯の成立範囲を限定すべきである

　我が国の実務においては、主観説に基づいて犯罪の中止の成立範囲を拡大する傾向がある。例えば、被告人は、向かい側の部屋に住んでいる被害者のドアに鍵が差したままであったことから、犯罪を行う意思を生じさせた。被告人は、ナイフを持って被害者の部屋に入って、被害者と性行為を行おうとした。最初は極力抵抗した被害者は、被告人に対し、後に被告人の家に行く旨を伝えた。それにより被告人は暴力行為を止め、被害者に警察に通報してはならないことを告げた後に自分の部屋へ帰った。その後、被告人は、通報

を受けた警察により逮捕された。このような事例について、我が国の実務上、被告人に犯罪の中止を肯定するのが一般的である。これは、心理学的主観説の帰結である。これに対し、規範的観点からすると、たしかに被告人は被害者の勧告を聞き入れて犯罪を停止したが、被告人の（暴力行為を通じて被害者と性行為を行おうとする）態度に何ら変化は見いだせない。被告人は、犯罪行為を行う意思とは異なる「反対動機」を形成しておらず、「今回の」犯罪を自らの意思に基づいて止めたとはいえない。行為者は、犯罪を止める行為を通じて公衆に良い模範を示したとはいえないため、犯罪の中止を肯定し、行為者に褒賞を与えることは適切ではない。

もちろん、中国の司法実務において、中止の任意性について規範的判断を行う先例も存在する。例えば、被告人甲は、被害者乙の財物を奪取後、ひもで乙の首を締めて乙を意識喪失状態に陥らせた。甲は、乙がすでに死んだと考え、乙を車のトランクに押し込んだ。しかしその後、甲は、乙が命を失っていないことに気づいたため、乙の頭部に石を投げ、小さなはさみで乙の喉、腕を刺したが、それでも乙は死ななかった。乙を死なせたいと考える甲は、果物ナイフを購入し、そのナイフで乙の腹部を刺したが、ナイフが折れてしまったため、結局は乙を殺すことに成功しなかった。乙の命を奪うことは困難であると考えた甲は、乙を殺害する行為を止め、乙を病院まで搬送した。本事例について、裁判所の判決理由は、「被告人はひもで被害者の首を締め、被害者に意識喪失状態に陥らせた後、何回も殺害行為を切り返し、傷害結果を生じさせた。被告人は、完全に自らの意思に基づいて殺人の計画をあきらめたとはいえない。したがって、被告人は、故意殺人行為を行う過程において、自らの意思以外の原因により犯罪を遂げなかったのであり、犯罪の未遂と評すべきである」[38]というものであった。本事例について、犯罪行為を継続し被害者を殺害することも、客観的にはできたはずにもかかわらず、行為者は犯行を止めた、と解することも可能であるため、主観説からすると犯罪の中止を肯定すべきであろう。しかし、被告人が犯罪を止めたにもかかわらず、裁判所は、被害者は「完全に自らの意思に基づいて殺人の計画をあ

きらめたとはいえない」ことを述べ、任意性を否定した。これは、裁判所は、伝統的な主観説による判断のほか、さらに規範的な制限を考慮に入れていることを意味する——「被害者の命を奪うことは困難である」ことに気づいた被告人は、たとえそれにより犯罪を止めたとしても、被告人の行為の背後に、規範の機能は果たされていない。努力したが既遂に至らなかったため、犯罪を止めた者に褒賞を与えることは、他人による類似行為の模倣を引き起こすことになってしまい、一般予防目的の実現にとっては適切ではない。

注

1) 清華大学法学院教授
2) 陳興良『教義刑法学』中国人民大学出版社2010年版、第615頁。
3) 阮斉林『刑法学』（第3版）中国政法大学出版社2011年版、160頁。
4) 王昭武「中止犯の性質及びその成立要件に対する制約を論ずる」清華法学2013年第5期。
5) 黎宏『刑法学』法律出版社2012年版、第254頁。
6) 張明楷『未遂犯論』法律出版社1997年版、第371頁。
7) 甘添貴『刑法の重要理念』台北瑞興図書股份有限公司1986年版、第138頁。
8) 王作富主編『刑法学』、中国人民大学出版社2011年版、第116頁；陳興良主編『刑法学』、復旦大学出版社2009年版、第174頁参照。
9) 陳興良『本体刑法学』、中国人民大学出版社2011年版、第414頁参照。
10) 〔日〕西田典之『日本刑法総論』（第2版）、王昭武、劉明祥訳、法律出版社2013年版、第287頁。
11) 〔独〕リスト（V.Liszt）『ドイツ刑法教科書』徐久生訳、法律出版社2006年版、第346頁。
12) 〔独〕ギュンダー・シュトラーテンベルト（Günther Stratenwerth）、ローター・クーレン（Lothar Kuhlen）：『刑法総論』楊萌訳、法律出版社2006年版、第272頁。
13) 馬克昌『比較刑法原理』、武漢大学出版社2006年版、第532頁。
14) 張明楷『刑法原理』、商務印書館2011年版、第335頁。
15) 程紅『中止犯基本問題研究』、中国人民公安大学出版社2007年版、第95頁参照。
16) 曲新久『刑法学』、中国政法大学出版社2012年版、第151頁。
17) 〔日〕松原芳博『刑法総論重要問題』、王昭武訳、中国政法大学出版社2014年版、第265頁。
18) 謝望原「内地中止犯成立要件及び刑事責任根拠」、李聖傑、許恒達編『犯罪実行理論』、台湾元照出版公司2012年版、第386頁。
19) 黎宏『刑法学』、法律出版社2012年版、第253頁。

20）　［伊］Tullio Padovani：『イタリア刑法学原理』、中国人民大学出版社2004年版、第276頁。
21）　林鈺雄『新刑法総則』、台湾元照出版有限公司2014年版、第385、389頁。
22）　［独］ロクシン：『刑事政策及び刑法体系』、蔡桂生訳、中国人民大学出版社2011年版、第45頁。
23）　類似する観点は、張鵬：『中止犯自主性研究』、法律出版社2013年版、第64頁。
24）　張明楷『刑法原理』、商務印書館2011年版、第339頁。
25）　福建省長泰県人民法院（2000）泰刑初字第117号『一審判決書』。
26）　［日］山口厚：『刑法総論』（第２版）、付立慶訳、中国人民大学出版社2011年版、第290頁。
27）　［独］ロクシン（Roxin）：『ドイツ刑法学総論』（第2巻）、王世州等訳、法律出版社2013年版、第444頁。
28）　張明楷：『刑法原理』、商務印書館2011年版、第340頁。
29）　北京市第一中級人民法院（2001）一中刑終字第539号『二審裁定書』。
30）　［米］George P. Fletcher：『刑法の基本概念』、蔡愛恵等訳、第243頁、北京、中国政法大学出版社、2004。
31）　青海省西寧市中間人民法院（2000）寧少終字第29号『二審判決書』。
32）　王昭武：「中止犯の性質及びその成立要件に対する制約を論ずる」、『清華法学』2013年第5期。松宮孝明教授は、中止犯の減免根拠論における刑罰予防目的理論は、中止行為に表した規範意識の回復を根拠とするため、中止の任意性判断についても、限定主観説を採用する。この見解は、王昭武教授の見解とはほぼ一致である。［日］松宮孝明：『刑法総論講義』（第４版補正版）、銭叶六訳、中国人民大学出版社2013年版、第185頁参照。
33）　［韓］金日秀等：『韓国刑法総論』、鄭軍男訳、武漢大学出版社2008年版、第521頁。
34）　［独］ヨハネス・ヴェッセルス（Johannes Wessels)：『ドイツ刑法総論』、李昌珂訳、法律出版社2008年版、第361頁。
35）　これに反対する見解として、王昭武「中止犯の性質及びその成立要件に対する制約を論ずる」、『清華法学』2013年第5期を参照。
36）　曲新久：『刑法学』、中国政法大学出版社2012年版、第148頁。
37）　王効文「中止犯の刑罰減免の理由」、李聖傑、許恒達編：『犯罪実行理論』、台湾元照出版公司2012年版、第362頁。
38）　福建省上杭県人民法院『刑事判決書』（2008）杭刑初字第238号。

第3セッション

5 中国における安楽死・尊厳死

東南大学法学院准教授
劉　建　利*
（劉　建利　訳・福山好典　補正）

はじめに

　中国の法学界において、以前は漠然と安楽死は違法であり、故意殺人罪が成立するが、社会的危害が大きくないため、処罰にあたっては軽い刑に処し得るとの見解が通説であった。活発に議論されるようになった一つの大きなきっかけとしては、1986年6月に陝西省漢中市で起きた事件があった。この事件が全国的に報道された後、法学界、医学界、哲学界、および社会の各方面において、安楽死に関する議論が活発になり、厳格な要件の下で安楽死を認めてよいという見解も増えてきた。一方で、尊厳死問題に関して近年漸く注目されるようになりつつである。また、中国では高齢化が進みつつである。高齢者の割合は、ここ数十年に亘ってかなり増加してきている。最近の統計によれば、2010年につき、65歳以上の人口は1億1883万人に達しており、全人口の8.87％を占めている[1]。本格的に高齢化社会に突入したといえる。医療技術の発達により、2051年には高齢化率は31％になると予測されている[2]。さらに、中国では、年間死亡者数は1000万人弱である。そのうち100万人近くは、極端な苦痛（末期癌などの苦痛）を伴って亡くなっている[3]。このような社会において、終末期医療の問題が必然的に大きなものとなっていくのは容易に予測できることである。

　本稿では、以上の実態を踏まえて、以下、まず、中国における安楽死・尊厳死の発展経緯、判例、学説などを概観し、若干の考察を加える。次に、安

楽死にかんする自説を展開して試みる。最後に、日本の学説を参考しながら尊厳死の問題を検討する。

I 安楽死・尊厳死の意義、形態及び発展経緯

中国において、安楽死に関する代表的な定義は三つ挙げられる。第一に、「安楽死は苦痛なき快速致死術である」[4]。これは90年代前半に倫理学の教科書に書かれている定番の定義であり、多くの安楽死に関する文章に引用されていた。これは、最も広い意味での安楽死概念だが、広すぎて厳密ではないので、現在支持者はほとんどいない。第二に、「安楽死は、苦痛を緩和するために、本人或いは近親者の要求又は同意に応じて、適切な方法で、助かる見込みがない瀕死状態に陥った病者の死亡を促進する行為である」[5]。この概念には、苦痛、死期、病者の意思などの要素が加えられた。第三に、「安楽死は死期が切迫している病者の要求に応じて、病者の耐えがたい苦痛を除去するために、医者が病者の死亡過程に積極的に干渉する行為である」[6]。この概念は、安楽死の対象、安楽死の理由、対象者の意思、安楽死行為と死亡との因果関係、安楽死の実施方法という要素を含んでおり、最も狭義の定義であると言われる。

安楽死は行為方式によって、「作為による安楽死」と「不作為による安楽死」[7]あるいは、病者の明示的要求の有無により「自発的安楽死」（任意的安楽死）と「非自発的安楽死」（非任意的安楽死）[8]の2種類に分別されている。だが、安楽死に関する議論では、論者によっては、伝統的な態様（末期に陥り激痛に喘ぐ病者の明示の要求に基づいた医師による生命の終結）のみならず、重度障害新生児、遷延性植物状態病者などという明示的意思表示がもはや不可能な末期病者のケースも含めて議論されている。平均的な医療水準が低く、医療保険制度が不十分であるため、「消極的安楽死」はしばしば行われており、法律上いまだ問題とされていない。もっとも議論されているのは「自発的積極的安楽死」であると思われる[9]。

一方で、尊厳死という概念が普及しつつあるが、いまだ定着していない。なぜなら、医療水準にも関係あると思われるが、そもそも過剰な延命医療がそれほど頻繁に行われていないと思われるからである。従ってあまり法的問題とされてこなかった。まさに法的な空白状態にあるのが実情である

　中国の敦煌には、唐の吐蕃時期（西暦781－847年）に書かれた「自己詣死」という壁画がある。ある老人が自分の寿命が終わる直前に、家族と告別し、自分で墳墓に行って安らかにこの世を去っていくという内容である。これは、中国で最初の安楽死に関する考え方であると指摘されている[10]。1986年6月、陝西省漢中市で中国初の安楽死事件が起きた。この事件が報道された後、全国民の注目を浴びた。法学界、医学界、哲学界、および社会の各方面において、安楽死に関する議論が活発になった。この事件は、現代的意味での安楽死に関する議論のきっかけになったのである。1992年4月、王群など33名の人民代表大会代表（日本の国会議員に相当、以下「人大代表」という）は、安楽死問題に立法で対応するように全国人民代表大会に提案した。1994年3月、譚盈科など33名の人大代表が、「中国の国情に合うような安楽死法を早急に制定するように」と全国人民代表大会に提言した。だが、大会の法制委員会は、「安楽死問題は、法律、医学、倫理学などに関わり、世界的にコンセンサスがまだ得られていない。立法した国はあるが、数はまだ少ないので、目下のところは担当の部門を促して、この問題を積極的に研究すべきである」と答弁した[11]。その後、何回も人大代表が、安楽死を法律上許容する議案を人民代表大会に提出したが、すべて通らなかった。

　近年医療水準が発展するに連れて、延命治療も普及しつつある。そこで、尊厳死の問題も少しずつ注目を集めてきた。2012年、リビング・ウィルの法的効力を認める立法案が、医学界の人大代表により全国人民代表大会に提出された[12]。この案は通らなかったが、マスコミに報道され、尊厳死の問題は注目されるようになってきた。その後、2013年6月に、中国初の尊厳死協会（北京リビング・ウィル促進協会）が北京において創設された。この尊厳死協会はリビング・ウィルと尊厳死の概念の普及を目的とするものである。また、

ホームページを開き利用者のビング・ウィルを受け付けている。医療水準の発達と保険制度の完備に連れて、中国においても尊厳死の法的問題が顕在化していくであろう。

II 安楽死に関する判例と学説

中国の安楽死に関して、日本と同じようにこれを許容または禁止する特別の法律や命令は存在しない。また、諸外国にみられるような自殺関与罪および同意殺人罪に相当する規定も存在しない。しかし、安楽死が行われた時に適用されるべき法律規定は存在する。それは、刑法典の定める232条「故意殺人罪」である。もっとも、情状がかるく、危害が少ない場合には13条の「犯罪の定義」に該当しないとして正当化を許す規定があるため、この規定との関係をどのように理解するべきかが問題となる。

1 判例

(1) 陝西省漢中市1991年判決[13]

1986年6月、陝西省漢中市の住民女性Hは、症状が悪化し、昏睡状態に陥った。主治医Aは、Hの子女S、Dの頼みを断りきれず、看護師Cに指示して100ミリグラムの睡眠薬「冬眠霊」をHに注射させた。さらに、3時間後Aの指示を受けたB医師は、100ミリグラムの「冬眠霊」を看護師のDに注射を打たせた。次の日、Hは病室で死亡した。

この事案に対して、1991年5月17日、漢中市裁判所は、「冬眠霊」は死亡の直接的原因ではないと認定したうえで、被告人SとAの行為は、被害者Hの生きる権利を奪う故意の行為にあたるが、情状が軽く、犯罪を構成しないとして、無罪を言い渡した。検察は上訴したが、1992年6月25日、陝西省漢中市中級裁判所は無罪を言い渡し、原判決は維持された。

(2) 河南省寧陵県1995年判決[14]

1994年9月、河南省寧陵県の居民Hは、肝臓癌を患い、激痛に耐えかねた

末に、再び夫Kに「安楽死させてくれ」と要求した。Kは、愛する妻Hの苦痛を見ていて耐えきれなかったので、1ボトルの農薬を探してきて、Hに飲ませた。そのため、Hはまもなく死亡した。

　この事案に対して、寧陵県裁判所は1995年3月4日、Kの行為は刑法232条の故意殺人罪に該当するが、Hの真摯な要求があり、KもHを苦痛から解放するために安楽死行為を行ったと認定し、故意殺人罪の最低法定刑である有期自由刑3年の判決を言い渡した。

(3)　上海市2001年判決[15]

　2001年4月、上海市の92歳の住民Hは、脳溢血で入院中に意識が戻らず、生命が栄養液で維持されていた。5月31日、67歳の息子KはHを楽にさせたいと思い、悩んだ末に、電撃の方法で母Hを「安楽死」させた。そして、当日すぐに警察に出頭して自白した。

　この事案に対して、2001年11月、上海市ミンハン区裁判所は、この事件を審理し、Kの行為は刑法232条の故意殺人罪に該当すると判断した。Kは、有期自由刑5年の刑を言い渡された。

(4)　江蘇省阜寧県2005年判決[16]

　江蘇省阜寧県の農民Hは、2004年5月に病状が悪化し、激痛で連続何日間も全然眠れなくて、殺鼠剤での自殺が失敗したため、妻Kと自分を見舞いきた友人Yに「首つりをしたいので手伝ってくれ」と頼んだ。KとYは「Hを苦痛から解放してやろう」と思い、首つりのためのひもを用意して、Hの首を戸の枠にかけたひもにかけた。そして、Hは体重をかけて倒れ込み、首をつって自殺した。

　この事案に対して、2005年7月、裁判所は、KとYが「Hを助ける」という目的で自殺幇助行為を行ったと認めたが、刑法232条の故意殺人罪に該当すると判断した。それぞれKに有期自由刑5年、政治権利剥奪1年、Yに有期自由刑3年、執行猶予4年の刑を言い渡した。

(5)　判例の検討

　陝西省漢中市で起きた安楽死事件が、中国における安楽死のリーディ

ケースである。直接の死因が安楽死を目的とした睡眠薬投与によるものではないとしながらも、生きる権利を奪う故意の行為にたいして無罪の判決を言い渡したことで、安楽死を判例が容認したと思われるかもしれない。だが、その後の河南省寧陵県安楽死事件、上海市安楽死事件、江蘇省阜寧県安楽死事件では、いずれも有罪判決が下された。つまり、中国の裁判例は真正面から安楽死を認めたとはいえない。だが、4つの判例のうち、1つが無罪とし、3つが有罪としながら、刑法232条の故意殺人罪の法定刑の下限に近い刑を言い渡した。要するに、裁判所は、安楽死事件を一般の故意殺人と区別して、これを認容する方向にあると言える。

2 学 説

中国において、学説上の争点は、積極的安楽死の是非にあると思われる。安楽死に賛成する見解は大きく二種類に分けられる。一つは、形式的安楽死合法論。もう一つは、実質的安楽死合法論。以下では、順次この二つの合法論およびこれに対する反対論を述べる。

(1) 形式的合法説およびその批判

形式的合法論は、現行刑法の枠内で解釈論のレベルで安楽死の合法化根拠を見出そうとするものである。その中には、代表的な学説が三つあると思われる。

一つ目の形式的合法説は、中国刑法第3条の後段を根拠に、安楽死が合法であると主張するものである。すなわち、「中国の現行刑法には、明文で安楽死を犯罪行為と規定し、処罰する条文がおかれてないため、安楽死の実施行為を犯罪と認定するには法律上の根拠が乏しい」[17]。[18]

二つ目の形式的合法説は、安楽死が刑法232条の故意殺人罪の犯罪構成に該当しないと主張するものである。すなわち、「安楽死の犯罪構成」は、犯罪の客体、客観面、主観面、主体において、「故意殺人罪の犯罪構成」とは異なるので、安楽死は殺人罪に該当しないとされる[19]。

三つ目の形式的合法説は、安楽死は社会危害性がないため、合法であると

主張している。この説は、前述の刑法第13条の「但書き」を理由とし、安楽死の行為は、情状が軽微で危害が大きくないので、犯罪とはならないとされる[20]。

中国の刑法学界においては、以上の三つの形式的安楽死合法論は、ある程度支持者を集めたが、いまだ少数に留まっていると思われる。多数説によれば、現行の医療衛生法規において、医療従事者が不治の病に冒されている病者に安楽死を行うことができるとする規定は見当たらず、実行した者は当然に違法となるのである[21]。

(2) **安楽死反対説および実質的合法説**

実質的合法説は、現行刑法においての積極的安楽死が違法であると認めるが、安楽死反対説の議論を批判しながら、主に以下の5点を理由に安楽死には実質的違法性がないため、立法で合法化すべきである、と主張する。

①**人道主義精神**　安楽死反対説は、安楽死を犯罪として処理しないとするならば、人道主義の基本原則に違反することになり、中国刑法の立法精神に合致しないことになると主張する[22]。

これに対して、実質的合法説は以下のように反論する。確かに、人間の生命を尊重することは、人道主義の要請であるが、これは一般的な状況においてだけいえることである。末期病者が耐えがたい苦痛に悩まされている状況下においては、その要求に基づいて安楽死を行い、人間の尊厳を保ったまま死にいたらせることが、より人道主義に合致するであろう[23]。

②**医学の発展に対する影響**　安楽死反対説によれば、安楽死を容認することは、「死にかかっている者を救助し、負傷者を世話する」という中国の医療業務の基本方針に反する[24]。また、安楽死を認めると、不治の病を患う病者を安楽死させることができるようになり、新しい治療法や薬の開発は遅れてしまう。医学を発展させるためには、安楽死を合法化しないほうがよいといわれる[25]。

前者の論理はある程度理解されているが、後者の観点について、合法説者から強く批判されている。確かに、医学の発展には、医師などの医学研究

者の努力が欠かせないが、瀕死状態の病者を使って、新しい治療法や新薬を開発することは、正に違法な人体実験ではないかと解される。安楽死を合法化しても、現代医学の発展を妨げることはないと言うべきである。[26]

③**自己の生命を処分する権利**　安楽死反対説は、人間には、自己の生命を処分する権利がないと強調する。すなわち、身体も髪も皮膚も両親から与えられたもので、勝手に処分するのは親不孝であるという伝統的な考え方がある。人間の生命は、社会的利益および国家的利益でもあり、個人に自己の生命を意のままに処分することを許してはならず、国家および社会の利益を保護するために、安楽死の合法化を提唱してはならないのである。[27]

これに対して、実質的合法説は、自動車レース、ボクシングなどのスポーツ選手が、自己の生命および健康を処分することができるのに、なぜ、不治の病に冒された病者は、自己の生命を処分できないのだろうか、と反論し、特殊な条件の下では、人間は自己の生命を処分する権利を有すると主張する。[28]

④**社会的利益**　実質的合法説のもっともよく主張される根拠は、厳格な要件の下での安楽死は、社会に危害を加えるものではなく、社会全体にとって有益である、というものである。すなわち、安楽死を認めることで、①医療従事者は効率的に他の多くの病者を助けることができるようになり、②家族や知人が介護や悲痛から解放され、通常の生活に戻れるようになり、③社会の負担を軽減でき、限りある財力および資源を、他の多くの助けられる見込みがある者のために使えるようになるのである。

これに対して、反対説は、単純な経済学上の理由で安楽死を擁護するのは悲劇であり、そうなると、多くの患者は生命を放棄する原因が苦痛ではなく貧困であると反論する。[29]

⑤**濫用のおそれ**　安楽死に反対する理由としてもっともよく挙げられるのは、「濫用のおそれ」と「医学的判断ミス」が避けられないということである。

しかし、これに対しては、有力な反論がなされている。確かに、社会情勢

の複雑化により、安楽死が好ましくない結果を招く可能性を完全に否定することはできない。ただ、これは、安楽死それ自体に固有な問題とは言えない。また、医学的判断のミスについていえば、それは道徳的、法律的問題ではなく、単に医学の診療技術の問題である。科学的に厳格な要件と合理的手続を含んだ安楽死制度を厳格に法律で規定すれば、判断ミスと悪意による濫用は防止できるのである。[30]

3 小　結

以上のことから、中国の裁判例は、真正面から安楽死を認めたとはいえない。だが、無罪にしたり、軽い刑で処罰したりしているので、一定の範囲で許容する方向に向いていると考えられる。学説において、反対派と賛成派は激しく論争しているが、どちらかと言えば、安楽死を法制化すること認めていくことを支持する声が若干大きいと思われる。さらに、最新のアンケート調査結果によると、3万2000名の調査参加者の74％が安楽死に賛成するのに対し、反対者は僅か26％である。[31] 以上のことから、中国では、安楽死を容認する方向で社会のコンセンサスが形成されつつあると思われる。この現状の背景として、以下の2点を指摘することができる。

(1)　社会的原因

中国はなお発展途上国であるため、社会福祉制度や医療保険制度は、いまだ十分に整備されていない。また、「一人っ子政策」とともに非常に急速な高齢化が進んでいるため、弱っていく親の面倒をみる子供の数が減少し、彼らに過度の負担がかかっている。そのため、子供に迷惑をかけたくないという心情は、老人の思いやりであると共に、老人のプライドであり、また苦しみたくないという願望もあり、これらが安楽死への願望とつながりうるといえる。

(2)　伝統文化の影響

中国の伝統的な文化といえば、儒教文化である。儒教の教えによれば、生と死を選択する際には、一般的には生の価値のほうが高いが、「生命」と

「義」[32]が衝突してしまう場合には、「生命」を放棄し「義」を選ぶべきである。なぜなら、「義」の価値は「生命」より遥かに高いからである。つまり、儒教文化において、キリスト教と異なり「生命」は絶対的な価値を有しない。時には、放棄すべきものでもある。さらに、儒教思想から「個人よりも階層を重んじる」という考えがかなり昔から強い。「個人の発展より集団の発展の重視」という点が美徳として重視されている。これも安楽死に対するアンケート調査の結果と繋がると言えるであろう。

現在、何らかの形で安楽死が許容されているのは、一般に比較的経済・文化が発達していて、法制度が比較的整い、各人の自由と権利意識が強く、医療水準も高い国である。他方で、中国の経済発展はなお途上にあるといわざるを得ないこと、法制度の整備の程度と医療保障の水準や人々の権利意識と価値観念の低さも見逃すことはできないこと、安楽死合法化を支持する見解が「病者の家庭の経済的・精神的負担」や「社会の医療資源の合理的分配」を主な理由とすることから、現在の状況で立法に踏み切ることは危険性が高く、望ましくないと思われる。今後についても時間をかけて、全国民的に、議論を深めなければならない。

また、中国において、特に「同情」、「社会利益」に関する論調は非常に肯定的なものである。この点、前述したような儒教思想といったものの影響もかなり高いと思われる。しかし、日本においては「同情」については「殺す側の論理」となり得ることも指摘されており[33]、この点からも、中国における安楽死論は死を望まない病者を巻き込む可能性が十分あると考えられる。安楽死を容認するにしても否定するにしてもやはり「自己決定権」の観点は重要なファクターである。今後、中国における安楽死を議論する際、「自己決定権」の視点からの検討も入念に行う必要がある。

4 安楽死に関する私見

世界的にみれば、オランダやベルギーやルクセンブルクでは、法律により、「安楽死」行為を行った医師が刑事訴追から解放されることとなった。

次に、スイスでは、安楽死に代わる道として「組織的自殺介助」が重大な問題となっている。また、アメリカにおいては、オレゴン州とワシントン州は「医師による自殺幇助」を立法で合法化した。

①積極的安楽死合法化の意義　現在日本においては、緩和ケアの発達に伴って、患者の苦痛を相当コントロールできるようになってきた。そのため、積極的安楽死の議論をする必要が比較的なくなってきているように思われる。だが、現在の医学では、患者の苦痛を100％抑制できるようになっていない。また、すべての患者が苦痛除去処置の恩典に浴することが確実に保障されていない。そして、癌の末期患者の「全体としての苦痛」をあらかじめ除去することはできない。[34] さらに、病者が自己の生命を処分する権利が絶対に存在しないのだとすれば、新たに問題が生じる。すなわち、末期病者にとって、「生」がもはや個人の幸せでなく、激しい苦痛を味わうだけの時には、何故法律は人に多大な苦痛をともなう「生」という悲惨な義務を強要できるのか。「法が人のためにあるのであって、人が法のためにあるのでない」[35]。以上のことから、現在積極的安楽死の合法化を議論することには意義がある。

②積極的安楽死の再構築の試み　日本における積極的安楽死適法説として、「人道主義説」、「社会的相当性説」、「緊急避難説」、「自己決定権説」などが挙げられる。そのなかで、もっとも有力な合法説は「人権論としての自己決定権説」である。この説よれば、積極的安楽死が合法化される根拠は、近い将来における「自律的生存（自己決定をなしうる主体）の可能性がないことおよび死の意思の真実性が担保される場合」には、患者本人が「苦痛を伴う残りわずかな生命」と「耐え難い苦痛からの解放」とを比較し、その自己決定権に基づいて後者を選びとったとき、この「究極の選択」を尊重し、国家によるパターナリスティックな介入・干渉が排除されることにある。[36]

しかし、この説に対して、有力な反対論が主張されている。まず、甲斐教授は「仮に死ぬ意思が真なものであっても、刑法202条が同意殺人罪を規定しているのは、生命が個人的法益とはいえ、単なるパターナリズムによる処

罰という側面よりも、むしろ個的存在であると同時に社会的存在ないし類的存在でもある人間の生命の重さに起因する不可処分性を示しているといえる」とし、「人間の生命はその人1人のものであることは間違いないが、この処分権の有無という点では、1人だけで処分可能なものかというと、そうでもない部分があるのではないか」[37]と有力に反論を展開された。最近でも同じような批判が宗岡嗣郎教授[38]や山崎康仕教授[39]からなされている。この3つの批判の共通点としては、人間社会、人間全体の利益を重視する点である。人間全体の利益を考慮すると、自己決定権のみを根拠にして、積極的安楽死を合法化することは、確かに困難と言わざるをえない。

　かくして、現在においても、例外的ながら、積極的安楽死を許容せざるを得ない場合がありうるとすれば、「自己決定権」に代替できるような理論を模索しなければならない。そこで、試論を展開してみる。個人主義に立脚した自己決定権論の立場は、日本のような現代社会においては、その憲法秩序の基本原理として承認されているだけでなく、その社会の基底的な社会構成原理としても、なお妥当していると考えられる。他方で、中国のような社会主義の国においては、からなずしも「個人主義」が優位に立っておらず、国家の維持とその繁栄のため、「国家主義」に基づき「社会決定権」(つまり、社会全体の利益を優先する、ある意味での社会のコンセンサス)がなお強力に主張されている。「社会決定権」は、多数の個人で構成される「社会」によって行使される「決定権」であり、社会全体の利益を重視する立場である。「自己決定」と「社会決定」はどちらか一方が絶対的に良いというものではない。また、双方は対立する場合もあるし、一致する場合もあり、相互に制限し合う機能を有する。

　一般的には、「共同生活」に重大な支障が生じない限度で「社会決定権」は「自己決定権」を尊重すべきだが、本人の「自己決定」が明確に不合理な場合（例えば自分を奴隷にする場合）には、その本人の「自己決定」がいくら明白、真意であっても、「社会決定権」によって制限される余地を認めるべきである。「積極的安楽死」につき、「個人主義」的な「自己決定」だけでは不

十分であるが、その場合にもし社会のコンセンサスとしての「社会決定」もこの患者個人の「自己決定」を承認するならば、最後の出口として、「積極的安楽死」も認められるべきではないであろうか。

つまり、個人的な「自己決定」と全体的な「社会決定」のうち一方の原理を完全に放棄し、他方の原理だけで安楽死合法論を構築していこうという二者択一ではなく、その2つの原理を並立的に考え、双方が互いを補完し合って統合的な原理とすることで積極的安楽死問題を解決できるのではないであろうか。

本人の主観的価値判断をできるだけ尊重することは、自己決定権のもっとも重要な発想であると考えられる。患者本人は、肉体的苦痛を伴わなくても、「強い精神的な苦痛で苦しみたくない」、「回復の見込みもなく機械につながれたまま生かされたくはない」、あるいは、「家族や他人に迷惑をかけたくない」と考え、真意から「積極的安楽死」を求めることもあるだろう。個人法益は基本的には放棄することができ、本人の意思に合致した「法益侵害」は原則として適法とされる。しかし、日本刑法202条は、生命については、本人の放棄にもかかわらず、その侵害が依然として違法であることを明らかにしているので、ここでは、患者本人によって処分可能な生命を想定しなければならない。嘱託殺人罪の違法性を阻却するためには、「患者の自己決定」つまり「被害者の承諾」だけでは足りず、それに加えて、「プラスアルファ」が必要になってくる。この「プラスアルファ」を充足できるのが「社会決定」である。この「社会決定」の判断要素としては、患者の余命（死期がどの程度切迫しているのか）、苦痛の程度（肉体的苦痛、精神的苦痛）、家族構成、医療資源の適切の配分などの社会事情などの客観的事情が考えられる。この意味で、「人道主義説」、「社会的相当性説」という学説も、この範疇に属すると考えられる

すなわち、社会的利益および国家的利益に害を与えず、場合によっては、社会国家にとって利益になり、社会の多数市民が当該患者の「自己決定」を尊重してもよい場合であれば、安楽死も、一種の例外状況とみることができ

るし、202条もクリアされうるということになる。もちろん、この「社会決定」の主な判断基準は、社会生活観念上妥当と認められる基準というものであって、かならずしも絶対的なものではなくて、流動的であり、国や時代や文化によって違ってくると考えられる。

「自己決定」と「社会決定」とは、それぞれ積極的安楽死が許容されるための必要条件であるが、十分条件ではない。両者とも充足されて初めて積極的安楽死が許容されると解すべきであろう。だが、「社会決定」を強調しすぎると、「殺す側の論理」になり、「弱者」が社会利益のために、犠牲にされることになりかねない。個人の生命権を手厚く保護するために、この「社会決定」は「自己決定」を生命保護の方向へ修正することのみが可能であるという「消極的機能」に限定すべきである。つまり、患者の「自己決定」は前提であり、「自己決定」がないとき、すなわち本人が安楽死に反対し又はそれを望んでいることが不明であるとき（表1のケース1ないしケース4）は、そもそも「社会決定」が登場しないのであって、もちろんこの場合の安楽死は許容されない。「自己決定」がある場合、すなわち、患者の真摯な要求があるとき（表1のケース5とケース6）にのみ、「社会決定」が登場してくる。しかも、様々な要素を考慮したうえで、当該ケースでは安楽死にふさわしくないと「社会決定」によって判断されたときは、「社会決定」は、生命を保護する方向へ「自己決定」を修正することができる。従って、「自己決定」があり、「社会決定」からもそれを尊重しうる場合にのみ（表1のケース6）、積

表1

	自己決定	社会決定	積極的安楽死の評価
ケース1	×	×	論外
ケース2	×	○	論外
ケース3	△	×	論外
ケース4	△	○	論外
ケース5	○	×	許されない
ケース6	○	○	許される

×=反対　○=賛成　△=不明

極的安楽死が認められるべきであろう。

つまり、乗り越えられないどうにもならない限界状況における患者の自死へ「自己決定」があり、「社会決定」もそれに同意するならば、この「自己決定」に対する第3者の援助も、それが自律的人格たる本人の人間としての尊厳を実現することを目標とする限りで、すくなくとも、理論上は、違法性が阻却されると認めるべきであろう。

Ⅲ　中国における尊厳死

中国の医療法規定によれば、医療機構は一定の医療措置をするため、患者またはその家族の同意を取得しなければならない。医療保険がまだ不十分なこともあり、医療現場において、家族の要求に応じて医療中止がよく行われており、あまり問題視されなかった。近年になって、延命治療の発展に連れて、尊厳死の法的問題も漸く顕在化してきたが、活発な議論にはまだなっていない。また、この問題を議論する主体はいまだ主に医学界であり、法学界（とくに刑法学界）のこの問題に関する研究が非常にすくないというのが実情である。以下では、二つの裁判例を紹介し、日本の議論を参考しながら、尊厳死に対する私見を展開してみる。

「尊厳死」行為の態様はいくつか考えられるが（例えば、生命維持治療措置の最初からの差控え、一度装着した生命維持治療措置の中止など）、以下では、一度装着した生命維持治療措置を中止することによって生命を短縮する、という態様を中心に論じていくことにする。[41]

1　尊厳死に関する判例

2009年2月9日、深圳市の住民女性Hは家で倒れ病院に運ばれた。検査したところ脈拍あり、血圧正常だが、ずっと昏睡状態で、ICU病室にて人工呼吸機に繋がれ呼吸が維持されていた。2月16日午後3時、被告人Hは病室で被害者を見舞った際に、妻を楽にさせたいと思い被害者に繋がる人工呼吸機

の挿管及び血圧観察管などのすべての医療設備を外した。これにより、被害者は同日午後4時に死亡した。法医により、被害者は脳血管破裂で大脳の底部、脳幹、小脳において集中して出血していた。その死因は被告人の抜管行為によるものであった。

この事案に対して、2010年12月9日、深圳市中級裁判所は、被告人の行為を故意殺人罪に該当すると認定し、有期自由刑3年、執行猶予3年の刑を言い渡した。検察は上訴したが、2012年9月14日、深圳市高級裁判所は原判決を維持した。[42]

これに関連してもうひとつ民事事件がある。武漢にある新生児が呼吸困難な危篤状態に陥り、病院はできるだけの救命措置を尽くしたが、改善が見えず悪化してしまい、結局人工呼吸機に繋がれ呼吸が維持されていた。病院側は2回にわたって家族にその病状が末期状態にあると説明したが、家族の希望に従い生命維持措置などが継続的に施された。その後、病院は第3回目となる家族への病状説明の際に、多数の臓器がかなり衰弱してきた新生児の状態を伝えた。そして、家族はサインをして医療中止を希望した。そこで、病院は人工呼吸機を停止し、新生児が死亡した。

その後、家族は病院側に誘導され医療中止を希望したとして、病院の不法行為責任を追及し民事訴訟を起こした。裁判所は、患者は入院した時点でもすでに重症であり、病院側が患者の病状につき段階的に家族に説明したことは不適切とはいえず、家族は病状を知ったうえで継続医療を選択する権利が残っており、この治療中止は家族が自発的に選択したといえるとし、原告側の主張を退けた。[43]

以上のことから、尊厳死に関する法律はまだないため、中国の裁判例において、尊厳死はすべて禁止されるわけではなく、一定の条件を満たせば認められるといえよう。具体的にいえば、患者の末期状態の程度、家族の意思が重視されるようだが、その背後の理論根拠などはまだ明らかにされていない。

2 尊厳死に関する私見
(1) 尊厳死の合法化根拠

　日本において尊厳死の法的評価については、多種多様な見解が主張されているが、ほとんどの学説は、一定の要件の下で尊厳死が許容されることを認めている。川崎協同病院事件控訴審判決を除いて、判例や多数の学説は、患者の自己決定権、医師の治療義務の限界を尊厳死の適法化根拠として認めている。以下では、この2つの根拠について、改めて、その問題点を検証した上で、私見を展開する。

　まず、現在尊厳死に関して最も有力な説は、「患者の自己決定権」を根拠とする治療中止適法説である。その代表的ものとして、「リビング・ウィル」を重視する見解がある。[44]また、そのサブタイプとでもいうべき見解として、家族の意思決定を尊重する見解がある。その理由としては、患者本人の推定的意思にかなうこと、または、暗黙の授権が認められることが考えられる。[45]これに対して、事前に本人によって示されたリビング・ウィルは、行為時に変わる可能性が否定できないことから、また、家族の意見は、たとえ最も患者の意思を反映する可能性が高いとしても、患者の意思そのものではない「他者決定」なってしまうことから、いずれも治療中止の合法化根拠として認めがたい、という批判が考えられる。

　次に、治療中止の合法化根拠を「治療義務の限界」に求める見解がある。「治療義務の限界」は、当初、意識不明の終末期患者に対する治療中止の許容根拠を、医師が患者の最善の利益を図って判断した場合に、治療義務の存在が否定される点に求める、というかたちで主張されていたが、今日では、①患者の自己決定権と治療義務の限界とが、患者の最善の利益に合致するかを判断する2つの要素と捉える見解と、[46]治療義務の限界に、単独で治療中止を許容する固有の効果を認める見解[47]が説かれている。[48]いずれにせよ、「治療義務の限界」が、患者の自己決定権によらずに正当化効を有するとすれば、当該中止が許容されるのは、治療自体が生命にとって「無意味」・「有害なもの」である場合に限られる。しかし、それが適用されるのは、かなり終末期

の段階であり、広くその適用を認めるのは解釈論上無理があるし、また、どの段階を無意味な治療とみるかが問題であり、少しでも可能性があれば、治療継続義務があるのではないか、という疑問も残る。[49]

　私見によれば、尊厳死の適法化根拠は、患者の「自己決定」と「治療義務の限界」ではなくて、患者の「自己決定」や「社会決定」に求めるべきである。「医師の治療義務の限界」は、「社会決定」の１つの判断要素にすぎないと考えられる[50]。「医師の治療義務の限界」論を適用しうる場面はきわめて限定されるが、「社会決定」は、より広範な適用が可能である（例えば、重度な遷延性植物状態にある患者など）。安楽死の場合と異なり、この２つの根拠のいずれかを充足すれば、尊厳死が許容されうると考える。

　尊厳死は、安楽死と同じように、患者の意思に合致した行為でなければならず、患者の自己決定権は、尊重されなければならないとされる。人間の尊厳に反した状態も、尊厳のために短縮される生命も、すべて患者のものであるから、これはいうまでもないことである。患者の自己決定は、尊厳死問題の基礎となる。患者の真意に基づく治療拒否があれば、行われている治療は中止されなければならない。つまり、「人は自分の身体への介入を拒否する絶対的権能を有するのであり、身体への介入により生命を絶つ場合には本人の同意があっても同意殺人が成立するが、治療拒否という介入の拒否により患者が死亡しても同意殺人罪が成立しない理由・根拠はそこにあるのである」[51]。アメリカの有名なカレン事件判決は、患者のプライヴァシー権（自己決定権を含む）の優位を認めた。しかし、末期状態にある患者が、生命維持治療の中止について、自ら現実に同意を与えることもないとはいえないが、植物状態患者の場合のように、患者に意識がないか、少なくとも判断能力がなく、患者が自己決定権を行使できない状況にあることも多いと思われる。[52]この場合、これをどのように判断すべきかが問題となる。そこで、患者の意思が明確な場合と、それが明確でない場合とに分けして論じてみたい。

(2)　**患者の意思が明確な場合**

　末期状態にある患者が、尊厳死について、自ら現実に同意を表明する場

合、医師がその患者の希望に即して延命措置を差控えまたは中断する行為は、適法といえる。なぜなら、もともと治療行為が正当な行為といえるためには、患者の同意が必要だからである。つまり、患者の意思に反する治療行為は、専断的治療行為であって、場合によってそれは、暴行罪や傷害罪ともなりうるからである。しかも、安楽死と異なり、患者の生命の短縮を伴わず、ただ過剰な医療措置を中止しただけであるから、安楽死と比べると一層認めやすいと思われる。

意思決定能力ある患者が、人工呼吸器等の措置を最初から拒否する場合は、医師が患者の意思に即して治療を差控え、仮に患者が死亡したとしても、この行為(不作為)は適法といえる。患者の意思に基づいて死にゆくにまかせることは、消極的安楽死の場合と同様、治療拒否権＝自己決定権の正当な行使といえる。同様のことは、すでに開始された人工延命治療を、本人の希望で中止する場合にも当てはまる。なぜなら、同じ治療内容について、最初から治療拒否を認める以上、すでに開始された人工延命治療の拒否を認めないのは、自己決定権の尊重からして論理一貫していないからである[53]。もちろん、患者の意思に従う際、患者の意思表示は、インフォームド・コンセントに基づいてなされた自由かつ真摯なものでなければならない。

終末期医療では、最終決定が必要な時点において、ほとんどの患者が現実の意思表示をなしえない。この場合の対応方法として、「リビング・ウィル」が挙げられる。これは、患者があらかじめ終末期状態での治療を拒否する意思を表明した、いわゆる事前の意思表明である。リビング・ウィルを巡っては、なおいくかの問題点が指摘されている[54]。①末期患者の病状およびこれに対する治療方法は多様であるから、カリフォルニア州法のように厳格な要件を規定すれば、事実上かなりの患者が対象外となり、医師の裁量の幅も相当狭くなり、しかも、法的手続が煩雑すぎると、逆に自己決定権の実効性さえ乏しくなる可能性もある。②他方、医師の裁量を広く認めすぎると、医師による「濫用の危険」ないし「すべりやすい坂道」の懸念がある。③より根本的な問題として、リビング・ウィルの文書作成段階での意思表明が、実際の

表2

	自己決定	社会決定	尊厳死の評価
ケース1	×	×	論外
ケース2	×	○	論外
ケース3	△	×	許されない
ケース4	△	○	許される
ケース5	○	×	許される
ケース6	○	○	許される

×=反対　○=賛成　△=不明

病床の場面でもなお信憑性を保持しうるかという問題がある。かくして、リビング・ウィルの安易な立法化は、問題解決に必ずしも馴染まないように思われる。しかし、①リビング・ウィルが、現実に意思表示できない状況に陥ることが見込まれる個人にとっての、自己決定権行使の可能性を確保する唯一の手段であること[55]、②患者本人の意思の「擬制」というべき「代行判断」を安易に認める傾向に、一定の歯止めをかけられること[56]、③リビング・ウィルの効力を否定すれば、結局、患者を現状のまま放置するか、患者以外の者に決定権を与えるかのどちらかになってしまうことなどの理由から、やはり、リビング・ウィルがある場合には、患者の自己決定があるとして、その意思を尊重するべきである。[57]

要するに、末期状態にある患者が、尊厳死について、自ら現実に同意を表明する場合、また、事前の意思表明がある場合（つまり、表2のケース5とケース6の場合）には、患者の治療拒否権＝自己決定権の正当な行使として、医師が患者の希望に即して医療を差控えまたは中止した結果、仮に患者が死亡しても、この行為は許容されるといえる。

(3) **患者の意思が明確でない場合**

終末期医療では、最終の決定が必要な時点において、多くの場合、患者が現実の意思表示をなしえないのみならず、「リビング・ウィル」も存在しない。このとき、その対策として、「治療義務の限界」、「自己決定の代行」および「自己決定の代諾」が考えられるが、「治療義務の限界」は、前述のよ

うに、脳死状態などの限界事例にしか適用できないため、以下では、「自己決定の代行」および「自己決定の代諾」を中心に検討する。

　アメリカのカレン事件は、家族・後見人による「患者の自己決定権の代行」を認めた。その背景として、アメリカにおいて、リビング・ウィルを行っている人は、成人総人口の10％から25％程度にすぎないことなどが考えられる[58]。この点について、東海大学病院事件判決では、①事前の意思表示がある場合が圧倒的に少ないという現実、②医師による適正な判断がなされ、家族の意思だけで全措置が中止されるわけではないこと、③患者の過去の日常生活上の段片的な言動よりも、むしろ家族の意思表示による方が、はるかに中止検討段階における患者の意思を推定できること、これらを根拠にとして、「代行判断」を許容できるとした。アメリカでも、一時期、判例において、患者の事前の意思表示がなくとも、家族の判断だけで代行判断が可能であることを認めていた。日本の医療の実情では、本人の意思が確認できない状況において、家族の同意が大きな意味をもっているという意見もある[59]。この点につき、中国において、家族の意見がもっと大きな意味をもっているといえる。

　しかし、家族が、本人に代わって本当にこの最後の決定を下すことができるのか、また、その判断の適法性が導けるかは、さらに議論する必要がある。このような「代行」の構成について、内藤教授は、「家族の同意を『代行』として構成するとしても、それが患者本人の意思そのものでなく、擬制としての要素をもつことを否定しえないである」という批判を浴びせている[60]。また、甲斐教授は、「安易な代行判断を認めると、家族や関係者にとって不要な人間には何らかの治療も施さずに死にゆくにまかせてよいとする他者処分に途を譲ることにもなりかねない」[61]と指摘される。これに対して、近時、佐伯仁志教授は、患者の現実の意思表示がない場合に、家族の意思による患者の意思推定を広く認めることを主張している。すなわち、「問題は、家族の意思による推定を広く求めることが理想的かどうかでななく、認めない場合と比較してどちらが望ましいかである」という観点から、「家族の意

思と患者の意思が合致しない可能性が高いことを医師が特に知っている場合や、家族の判断が著しく不合理で患者の意思と合致しない可能性が高いと思われる場合のような、例外の場合を除いて、原則として家族の意思から患者の意思を推定することが許される」とされる[62]。この主張は、医療現場の状況に基づいてなされた指摘であるため、傾聴に値する。

また、終末期医療の現場では、患者の意思が完全に不明確な場合もしばしばある。この場合について、川崎協同病院事件の判決は、「探求にもかかわれず真意が不明であれば、『疑わしきは生命の利益に』医師は患者の生命保護を優先させ、医学的に最も適応した諸措置を継続すべきである」と判示した。したがって、この場合は、原則として、死亡時点（人工呼吸器使用の場合は脳死の時点）まで、治療を打ち切るべきではない[63]。

これに対して、河見教授は、次のように述べておられる。すなわち、患者の客観的病状「のみ」を理由とした治療義務の解除を、生存段階では、事実上、どの時点でも認めない根拠は、身体の尊重にあるとされる。「しかし、身体の尊重を、『一分一秒でも』身体的生命を延長することを求める『身体の絶対化』には結びつかせるべきではないだろう。……死の過程において『肉体としての生命』の尊重を無条件に貫くことは『人間としての生命』の尊重につながらず、むしろ人間の尊厳の尊重に反する恐れがあるということになろう」。「その考えを一般化するならば、身体がもはや生きようとしておらず、人間として『死の過程』に入っているときには、延命治療はむしろ原則的に行うべきではない」[64]。この指摘は、基本的に妥当であるように思われる。つまり、患者の意思が完全に不明確な場合でも、「死の過程」に入っているときには、延命治療が「当該患者にふさわしい」扱いであるかどうか、という基準で他の当事者が判断する余地があるといえよう。そこで、判断の手段としての「自己決定権の代諾」が考えられる。

自らの死が迫ってきているという現実に直面し、心理的負担により、生死に関する自己決定を意識的・無意識的に回避する患者がいることは当然であろう。自分で決定しないというのも、自己決定権の1つの行使方法といえよ

う。したがって、「自分で決定することを希望しない患者に決定を迫るのは適切でないように思われる。この場合誰かが代わって決定することが必要になるが、患者が決定を任せる者を（黙示的であれ）指示しているのであれば、その者の意思に従って決定することが許されるであろう」[65]。これは、「自己決定権の代諾」である。「代行」は、あくまでも本人の意思を忖度して行い、できるだけその真意を探求するのに対し、「代諾」は、「当該患者にふさわしい」扱いをすることを目標に、代諾者自らが判断する。この代諾者の例として真っ先に挙げられるのが、家族などの近親である。

家族による患者の「自己決定の代行」と「自己決定権の代諾」の共通点は、家族の意思を重視するところにある。この点につき、終末期医療に伴う家族の経済的・精神的負担などの回避、という患者本人の気持ちには必ずしも沿わない思惑が入り込む危険性がつきまとう、という批判が考えられる。だが、上述したように、問題は、家族の意思による推定を広く認めることが理想的かどうかではなく、認めない場合と比較してどちらが望ましいかということである。例外的場合を除いて、原則として家族の意思から患者の意思を推定することが許されるとすべきである[66]。

「家族の意見を尊重すべき」という結論自体には賛成したいが、その根拠は、理論的には、「患者の自己決定」に求めるべきではなくて、それとは別の客観的判断基準というべき、「社会決定」の原理に求めるべきと考える。つまり、患者の意思が明確でない場合、その意味で「患者の自己決定」がないとき（表2のケース3とケース4の場合）は、「社会決定」に委ねるべきである。すなわち、患者の「自己決定」（明確な意思表示）がある場合は、それを最大限尊重するべきであるが、意思が不明確な場合には、当該患者にとって尊厳ある扱いであるか否かの基準は、家族、医療関係者、友人、そして、社会全体という他の当事者が判断することになる。何が「当該患者にとって尊厳がある」かは、家族の独断でも、医療側の判断でもなく、社会全体の意思総合体としての「社会決定」に委ねられることになる。

「社会決定」として、「この状態になったら、中止してもよいだろう」とい

う結論に至ったら、尊厳死が許容されることになろう。他方、「諦めるのは、まだ早い」、と「社会決定」によって判断された場合には、尊厳死は認められるべきではない。もちろん、「社会決定」が形成される際には、客観的病状、家族の意思、社会的倫理などが主要な要素である。この意味で、「治療義務の限界」、「自己決定の代行」、「自己決定の代諾」はすべて、「社会決定」の1つのファクターに過ぎないといえる。具体的判断基準としては、イギリスの「患者の最善の利益」、アメリカのコンロイ判決において示された「3つのテスト」などが考えられる。要するに、尊厳死の問題は、どちらの解決が真理に合致するか（あるいは真理に近いか）というような形で論じる問題ではなく、「どちらかに決める」ほかはない問題である、といえよう[67]。

このことから、国により、文化により、社会決定の結論は、異なるかもしれない。異なる結論が出ること自体に問題があるわけではないが、公平のために、尊厳死を認めないという結論を選んだ社会は、相応の責任を負うべきであると指摘しておきたい。つまり、国家あるいは社会は、もし、終末期医療において、尊厳死を一切認めないのであれば、国家が患者の家族を支援して、少なくとも経済面では、その患者の世話をするべきである。

なぜなら、このような場合において、社会の構成員である多くの第3者は、自身の価値観に従って、"YES"OR"NO"をいうだけであるのに対し、患者の家族は、患者の継続的な生存を維持するために、身体、精神、時間、経済など大きな代価を払わなければならないからである。したがって、普通の第3者らの集合意思としての「社会決定」は、患者と親しい関係がある特定者の大きな負担になる場合が多い。少数の特定者の負担を考慮せずに、多数の普通の第3者らの「社会決定」に応じて、家族に負担を押し付けるのは、あまりにも不公平である。それゆえ、もし、患者の意思表示を確認できない場合に尊厳死を禁止するならば、国は、その患者たちの全ての世話をしなければならない。換言すれば、全国民の税金で負担すべきである。つまり、権利を有する者は、義務を負う、ということである。もし、多数の国民がこの患者らを世話することに責任を負いたくないのであれば、国は、一定の手続

に基づいて、その代行権を、特定の者に与えるべきではないだろうか。

おわりに

　以上、日本の学説に参考しながら中国における安楽死と尊厳死の法的問題を検討してきた。「いずれにせよ、この種の領域では、法の役割ないし守備範囲は限定されざるをえない。法律（特に刑法）は、基本的に踏み外してはならない外枠を規律するとことに意義がある。むしろ、医療現場では、適正な生命倫理ないし医療倫理を踏まえた対応こそ、患者及び患者を支える家族等の支えとなるように思われる。法律と生命・医療倫理は、その意味で、相互補完的にこの問題に連携して取り組む必要がある」。

　また、これらの問題について、国々は国境を越えてさまざまな考えを交換し、比較検討することが極めて重要である。しかし、他国の制度が良いといっても、全面的に真似する必要はない。国民性や社会事情、法制度や医療保障制度などが異なるために、各国が、それぞれの国情に合わせて解決していくしかないと考える。

注
＊　东南大学法学院　准教授，法学博士（早稲田大学）。
1 ）　中华人民共和国国家统计局「2010年第六次全国人口普查主要数据公报（第 1 号）」http://www.stats.gov.cn/tjsj/tjgb/rkpcgb/qgrkpcgb/201104/t20110428_30327.html参照（2015・07・20確認）。
2 ）　李慧杰「中国人口老龄化问题的几点思考」http://www.laoling.com/yanjiu/lunwen/llh/2007-04-14/1692.html参照（2015・07・20確認）。
3 ）　张田勘「乐死立法千呼万唤不出来」中国改革、2000年第 3 期 58頁。
4 ）　何伦＝施卫星（主编）『现代医学伦理学』浙江教育出版社、1989年、第185頁。温克勤（主编）『现代临床医学伦理学』天津人民出版社、1990年、第350頁。冯泽永＝梁中天（主编）『现代医学伦理学』黄河出版社、1990年、第274頁。
5 ）　徐林＝张泽「安乐死合法化的法理探析」法制与经济、2009年6月、第206期27頁。
6 ）　翟晓梅「安乐死的概念问题」自然辩证法通讯、2000年第 3 期89頁。
7 ）　张明楷『刑法学』法律出版社（2007）637頁。
8 ）　翟晓梅「安乐死的概念问题」自然辩证法通讯2000年第3期91頁。

9) 张小虎＝夏军「也从大众传媒看公众对安乐死态度的转变-与单艳华，张大庆商榷-」医学与哲学2007年第342期79頁。
10) 赵建雄「我国早期的『安楽死』思想」健康报 1996年10月19日。
11) 谭盈科「安乐死能在我国实行吗」生活周刊 1994年12月11日。
12) 「顾晋代表建言：推广"尊严死"很有必要」中国人大网http://www.npc.gov.cn/npc/dbdhhy/12_1/2013-03/09/content_1773463.htm参照。(2015・07・20確認)
13) 宋慰林「『安楽死』与殺人罪」民主与法制1987年08月37頁以下、辻本衣佐「中華人民共和国における安楽死」法学研究論集（明治大学）4号（1996）215頁参照。
14) 周启华「我国安乐死大事纪要」中国医学伦理学1999年第1期51頁。
15) 科技日报2001・12・12日、第005版参照。
16) 农民日报2005・09・17日、第004版参照。
17) 「法律が明文で犯罪として定めている行為は、法律に定めた罪に基づき処罰する。法律が犯罪として定めていない行為は、犯罪として認定し、処罰してはならない」。
18) 李惠「情与法的撞击：安乐死在中国的必然性与实然性研究」上海大学学报（社会科学版）2006年9月第13卷第5期106頁参照。
19) 朱勇＝崔玉明『新医疗处遇的法律问题与研究』（国经济出版社・2005年）151頁以下参照。
20) 莫妮「安乐死合法化初探」法理学・法史学、2002年第1期86頁参照。
21) 赵秉志编『刑法学』（高等教育出版社・2003年）471頁、张明楷『刑法学』（法律出版社・2007）637頁など。
22) 王作富＝王勇「关于安乐死是否构成犯罪的问题的探讨」法学研究1998年06月73頁。
23) 李惠「安乐死与社会伦理探究」上海大学学报2004年第11卷第2期53頁。
24) 王作富＝王勇・前出注（22）73頁。
25) 张鹏「安乐死不宜立法之我见」开封大学学报、2002年第16卷第2期35頁。
26) 李惠・前出注（23）54頁。
27) 孟祥虎「由生命权看安乐死」http://www.law-lib.com/lw/lw_view.asp?no=1473（2015・07・20確認)。
28) 李明华「安乐死：生命的尊严」西南名族学院学报（哲学社会科学版）2000年10月119頁以下、辻本・前出注（13）224頁参照。
29) 参见林光祺「中国安乐死倡议与"道德陷阱"」医学与哲学2004年第2期41頁、辻本・前出注（13）225頁参照。
30) 李江波「在中国实行安乐死的迫切性」西北人口2009年第2期90頁、辻本・前出注（13）226頁以下参照。
31) 張毅「安楽死論争与第三条路線の法律評価」刑事立法研究（2002）30頁。
32) 道理、条理、物事の理にかなったこと。人間の行うべきすじみち。
33) 町野朔『犯罪各論の現在』（有斐閣・1996）36頁。
34) 福田雅章『日本の社会文化構造と人権』（明石書店・2002）345頁以下。
35) 井田良『講義刑法学・総論』（有斐閣・2009）333頁。
36) 福田・前揭注34）376参照。

37） 甲斐克則『安楽死と刑法』（成文堂・2003）38頁以下参照。
38） 宗岡嗣郎『自由の法理――共生の現実の中で――』三島淑臣教授古稀祝賀『自由と正義の法理念』（成文堂・2003）56頁。
39） 山崎康仕「『死の迎え方』と自己決定権」『法の理論26』（成文堂・2007）101頁。
40） 仏教の視点から安楽死を検討するのは、木村文輝「『自殺』を是認する仏教の立場」生命倫理18巻1号（2008）158頁以下。この文献によれば、仏教の立場は「生命至上主義」を肯定せず、一定の要件が満たされている場合に限り、安楽死は是認され得るとされる。しかも、「周囲の人々の同意を得ることが安楽死の必須条件」とされる。この「周囲の人々の同意」は本稿の「社会決定」と類似のものと思われる。
41） 生命維持治療装置については、人工呼吸器、人工心肺措置、レスペレーターといった呼称が用いられている。また、中止についても、取り外し、遮断、スイッチの切断というように、必ずしも統一的に表現されていない。これらは厳密には区別しうるかもしれないが、本稿においては、原則として、同様のものとして取り扱うこととする。
42） 洪突宜、范贞「ICU病房拔管杀妻案终审」『南方日報』2012年9月15日007版参照。
43） 河北省武漢市江岸区人民法院民事判決書（2006）岸民初字第313号。
44） 甲斐克則「終末期医療における病者の自己決定の意義と法的限界」飯田亘之＝甲斐克則編『終末期医療と生命倫理』（太陽出版・2008）39頁以下参照。
45） 代表的見解として、佐伯仁志「末期医療と患者の意思・家族の意思」ジュリスト1251号（2003）86頁以下。
46） 町野朔「患者の自己決定権と医者の治療義務」刑事法ジャーナル8号（2007）53頁。
47） 佐伯・前掲注45）88頁。
48） 川崎友巳「刑法上における治療中止の許容範囲――治療中止の許容根拠と要件の考察――」研修744号（2010）6頁。
49） 川崎協同病院事件判決、東京高判平成19年2月28日（高刑集60巻1号3頁）。
50） 「社会的コンセンサス」の重要性を唱えている見解として、川崎・前掲注48）6頁がある。
51） 山口厚「刑法における生と死」『東京大学公開講座55・生と死』（東京大学出版会・1992）232頁。
52） 内藤謙『刑法講義総論（中）』（有斐閣・1986）546頁。
53） 甲斐克則『尊厳死と刑法』（成文堂・2004）2頁。
54） 甲斐・前掲注53）4頁以下。
55） 井田・前掲注35）89頁。
56） 甲斐・前掲注53）5頁。
57） 佐伯・前掲注45）106頁。
58） 日本尊厳死協会のホームページhttp:/www.songennshi-kyokai.com/参照（2015・07・20確認）。
59） 「座談会『死の権利』を論ずる前に」ジュリスト630号（1977）7頁。
60） 内藤・前掲注52）547頁。
61） 甲斐・前掲注53）104頁。

62) 佐伯・前掲注45) 107頁。
63) 甲斐・前掲注53) 289頁。
64) 河見誠「人間の尊厳と死の管理化―甲斐克則『尊厳死と刑法』を読んで―」法の理論24（2005）165頁。
65) 佐伯・前掲注45) 107頁。
66) 佐伯・前掲注45) 107頁以下参照。
67) 井田良「終末期医療における刑法の役割」ジュリスト1377号（2009）85頁。
68) 甲斐・前掲注44) 55頁。

6 医療事故と刑事責任

早稲田大学大学院法務研究科教授
北　川　佳世子

I　はじめに

　「医療と刑法」の領域で扱われる問題は多岐にわたるが、本報告では、とくに「医療事故(過誤)と刑事責任」の問題に焦点を当てることにした。その理由は、このテーマが、現代の日本社会からみてアップ・トゥ・デートな関心事であり、実務上も学説上も論争が盛んなテーマであるので、今回のシンポジウムで取り上げるのにふさわしいと考えたからである。
　1999年に起こった2つの医療事故が、社会的に大きな関心を呼ぶと同時に、医療従事者に対する刑事処罰の当否や適正な処罰範囲、日本の医療事故をめぐる新たな制度の構築を考える上で大きな意味をもつことになった。
　1つは、横浜市立大学病院において、複数の医療スタッフの関与の下、2名の患者を取り違えて手術が行われたという事件(横浜市大病院患者取違え事件)により、医療への信頼が大きく揺らいだ。もう1つは、(東京)都立広尾病院において、看護師2名が患者に誤って消毒液を点滴して死亡させるという、これもまた、初歩的なミスによる事故が起こった。いずれの医療ミスも、定評ある大病院で起こったことから、医療界への不信感が増幅された。さらに、都立広尾病院事件では、看護師らが業務上過失致死罪に問われただけでなく、患者の死亡を確認した医師らが異状死の警察署への届出違反(医師法21条違反)に問われた。この事態を受けて、医療関係者等による医療事故の届出が急増し、その後の数年間、医療事故に対する刑事介入が増加したと

指摘されている[1]。一方、医療者側は、刑事介入による医療への弊害を指摘し、強く反発した。このような状況の下、医療事故が生じた際の事故原因を究明するための制度や医療者に対する処分の在り方が行政府内で検討された結果、新たな医療事故調査制度が創設され、本年2015年10月から施行されている。

また、日本の医療過誤事件において、近年、重要な刑事裁判例が相次いだ。とくに学説上も注目されて議論を呼んだのが、「薬害エイズ帝京大ルート事件東京地裁判決－東京地判平成13（2001）年3月28日判タ1076号96頁－」、「埼玉医大病院抗がん剤過剰投与事件最高裁決定－最決平成17（2005）年11月15日刑集59巻9号1558頁－」、前出の「横浜市大病院患者取違え事件最高裁決定－最決平成19（2007）年3月26日刑集61巻2号131頁－」である。

そこで、本報告では、これらの刑事医療過誤事件を考察するとともに、新たな医療事故制度に至るまでの刑事処罰の在り方をめぐる議論の概略を紹介することにしたい。

II　医療水準の意義

ところで、医療過誤に関する最近の刑事判例を分析するに先立ち、そのキーワードである「医療水準」の刑法上の位置づけにつき、とくに治療行為の許容性との関係で若干の議論の整理を試みたい。

1　治療行為の正当化と医療水準

治療行為は、患者の生命・健康に対するリスクを伴うことが多い。しかし、本来は、患者の疾病、負傷を治癒するための行為である。それ故、患者の生命・身体に侵害結果が生じても正当業務行為（刑法35条）として正当化される。一般的には、医学的適応性及び医術的正当性が認められ、患者の意思を尊重した治療行為であれば不可罰であると説明されているところ、その正当化の理論的根拠については[2]、「①治療によるメリットが行為から生じる

死亡・傷害のリスクというデメリットを上回るから」という説明とともに、「②行為時の医療水準を充たした行為（通常の医師による一般的な治療）であるから」と説明される場合がある。まず、①は、患者にとって優越的利益があることが治療行為の正当化の基本的な視点であることを述べたものである。①の視点だけによれば、患者の生命侵害を伴う危険がある場合の正当化判断は、患者の同意や危険の引き受け（インフォームド・コンセント）といった患者の視点が重要になる。

これに対して、②については、2通りの理解が可能である。まず、1つ目は、②（通常の医師）は①の判断基準であるという解釈Aである。解釈Aによっても、治療行為の正当化根拠が、「患者の利益の存在（または患者自身の同意・危険引き受けによる保護法益の不存在）」等の患者の視点が重要視される。これに対して、もう1つの理解は、②の「医療水準」を充たせば、医師として遵守すべき規範に違反していないので適法であるという解釈Bである。解釈Bは、正当化判断の中で①と②の観点を総合的に考慮するとともに、行為者の行為態様そのものに対する評価を重視する方向へと道を開く。判例・通説は解釈Bに立つと整理できる[3]。

2　結果回避義務と医療水準

医療事故により患者を死傷させた医師が業務上過失致死傷罪（刑法211条）に問われる場合、判例及び通説である新過失論は、「医療水準」を結果回避義務違反の判断基準とする。新過失論による行為無価値判断に照らせば、医療水準を充たせば行為規範に適った行為であるから、結果回避義務違反が否定されるのである。とくに、新過失論の中でも近年の有力説は、（注意義務の客観化による）行動準則の義務づけを通じた結果防止（一般予防）を説くとともに[4]、結果予見可能性については、必要な結果回避措置を講じさせる限度で要求すれば足り、その程度は必ずしも重要でなく、低くても構わないとする〔予見可能性の結果回避義務関連性〕[5]。

しかし、私見では、この見解に対しては、法益侵害よりも行動準則である

結果回避義務違反の有無を重視する反面、法益侵害（患者に対する利益侵害）の点や結果に対する予見可能性の程度の点が軽視されるのではないかという疑問がある。もっとも、この疑問に対しては、結果予見可能性はその存否の判断が不明確であるので、客観的な結果回避義務により過失犯の成立を明確にすべきであるという反論が予想される。しかし、結果予見可能性が低いのに負担の少ない結果回避措置であれば義務づけることを可能にする論理は結果責任を肯定するか、又は過失犯を結果犯ではなく義務犯化するようなものである。逆に、結果予見可能性が高い事例において、医療準則の遵守を理由に結果回避義務を否定するならば、医療準則さえ守っていれば医師は責任を負わずにすむという誤解をも生むのではないかという疑念も生じる。正しくは、結果予見可能性が高いにもかかわらず医師が無罪になるとすれば、それは治療行為として正当化されるからである。しかも、その正当化根拠は、上述の解釈Aに求めるべきである。つまり、治療行為の危険性が高くてもなお正当化されるのは治療の必要性や緊急性、患者の利益が尊重されるからである。

3　小　括

　以上を小括すると、まず、「治療行為の正当化根拠」において「医療水準」を行為規範違反性の意味で考慮すれば、①治療行為のメリット・デメリットの評価が曖昧になってしまう。また、客観的注意義務違反の判断においても、同様の意味で医療水準を考慮すれば、②法益侵害の有無や結果に対する予見可能性の程度の判断が軽視される懸念がある。とくに医療過誤事件では、判例・通説の立場によれば、「医療水準（標準的な医療行為からの逸脱）」の名の下に、「治療行為の正当化」と「過失」の論点が同一次元で扱われてしまうため、①と②双方の問題点を抱え込むことになる。それゆえ、まずは、少なくとも「治療行為の正当化（違法性）」判断と「過失の有無」の判断は切り離して（または、意識的に区別して）、判断の実体を明らかにすべきである。なお、私見では、医療水準は、治療行為の正当化判断における上述の解釈A

の限度で使用するのが適切であり、さらに、過失は、有責性判断において刑罰を科すに値する責任があることが明らかな場合に限られるべきであるという理解から、高度な結果予見可能性が必要であると考える。なお、過失の標準自体の考えは、現在の支配的な学説と同様、次のように考えている。

4 過失（注意義務）の標準

過失（注意義務）の標準については、過失犯の構造的理解の点を措くと[6]、かつては、行為者を基準とする主観説（旧過失論）と通常人を基準とする客観説（新過失論）という対立軸で論じられてきた。しかし、全ての事情を、一律に行為者か通常人かによって仕切るのは誤りである。刑法の非難と改善の対象は、法益尊重意識の欠如であり[7]、であれば、規範心理的能力（慎重さ）については、法の期待する誠実な通常人を基準に判断する一方で、規範による非難・改善が期待できない知識や生理的能力については、行為者個人を基準にする能力区別説が適切である[8]。

もっとも、従来、判例の立場は客観説であると分類されてきた[9]。とくに医療過誤の場合、先述のように、判例によれば、医療水準からの逸脱を考慮して注意義務違反の有無を判断することになるので、確かに、判例は客観説に位置づけられようにもみえる。しかし、判例は単なる客観説ではない[10]。なぜなら、例えば被告人医師の過失の有無を認定する際に、病院設備の違い等の同人を取り巻く外部状況だけでなく、同人の専門的知識や経験等の個人の能力に係る事情も精査しているからである。すると、判例も、具体的に置かれた状況や知識、経験等の個人的事情を基礎にして、法が期待する標準的な法益尊重意識をもって注意すれば結果予見が可能で結果を防止することができたかを判断するものと理解でき、能力区別説から説明できるものである。

現在の学説上、能力区別説の内容に対する実質的な異論はみられない。ただ、先述のとおり、この判断は、治療行為の正当化判断と区別すべきである。そして、この点において問題があったのが、冒頭に挙げた薬害エイズ帝京大ルート事件であるので、次に考察することにしたい。

III 近年の重要な医療過誤刑事裁判例の分析

1 薬害エイズ帝京大ルート事件と東京地裁判決
(1) 事案の概要

　HIV（エイズウイルス）に汚染された非加熱製剤を患者に投与し、死亡させたとして被告人らが業務上過失致死罪に問われた一連の薬害エイズ事件のうち、被告人医師の責任を否定したのが、帝京大ルート東京地裁判決である。[11]

　帝京大ルート事件の被告人は、血友病患者が通院していた大学病院の内科長等の立場にあった医師であった。同人は、同内科において血友病治療の方針を決め、同内科所属の医師に指示する等して、患者に対して非加熱製剤を投与した結果、同製剤がHIVに汚染されていたために、患者をHIVに感染させ、エイズを発症させて死亡させたとして、過失責任を問われたのである。

　本件では、1985年の5月から6月にかけての患者に対する非加熱製剤の投与が問責対象になっている。当時、外国由来の非加熱製剤の投与を受けた血友病患者にエイズが疑われる症例が報告され（帝京大固有の情報もあった）、時の経過とともにHIVに関する知見が深まりつつあった。しかし、まだ解明されていなかった点も多くあり、エイズ対策として期待されていた加熱製剤の承認・供給前であった。[12] さらに、当時、クリオ製剤という別の血友病治療薬もあったが、非加熱製剤の有用性から、通常の血友病専門医の大半が、血友病患者の通常の出血に対し非加熱製剤を投与していた事実が認められた。

　以上のような事実関係の下、東京地方裁判所（東京地判平成13・3・28判夕1076号96頁）は、次のように述べて被告人を無罪とした。

　本件当時、「被告人には、エイズによる血友病患者の死亡という結果発生の予見可能性はあったが、その程度は低いものであったと認められる。このような結果予見可能性の程度を前提として、被告人に結果回避義務違反があったと評価されるか否かが本件の帰趨を決することになる」。その上で、結果回避義務違反の点についてみると、「非加熱製剤を投与することによる

『治療上の効能、効果』と予見することが可能であった『エイズの危険性』との比較衡量、さらには『非加熱製剤の投与』という医療行為と『クリオ製剤による治療等』という他の選択肢との比較衡量が問題となる。刑事責任を問われるのは、通常の血友病専門医が本件当時の被告人の立場に置かれれば、およそそのような判断はしないはずであるのに、利益に比して危険の大きい医療行為を選択してしまったような場合であると考えられる。」

このように述べた上で、東京地裁は、本件当時、わが国の大多数の血友病専門医が血友病患者の通常の出血に対し非加熱製剤を投与していたことから、「被告人の本件行為をもって、『通常の血友病専門医が本件当時の被告人の立場に置かれれば、およそ非加熱製剤の投与を継続することは考えないはずであるのに、利益に比して危険の大きい治療行為を選択してしまったもの』であると認めることはでき」ず、「被告人に非加熱製剤の投与を原則的に中止しなかったことに結果回避義務違反があったと評価することはできない」と判示した。

(2) **考察**

まず、本判決に対しては、被告人は有罪されるべきであるとし、本判決は、注意義務論において客観説を採用したために、帝京大学病院で固有の情報にいち早く接し、血友病治療の権威でもあったという被告人の個別事情が捨象されたのではないかという批判がある。[13]

もっとも、注意義務の標準に関しては、既述Ⅱ4のように、判例が純粋な客観説に立って判断したとは言い切れない。本判決自身も、被告人が帝京大固有の事案を認識していた事情も踏まえた上で、被告人の立場に置かれた通常の血友病専門医であればどのように行動したかを問題にしている。

他方、本判決は、非加熱製剤を投与することによる「治療上の効能、効果」と、予見することが可能であった「エイズの危険性」、さらには「非加熱製剤の投与」という医療行為と「クリオ製剤による治療等」という他の選択肢の間で比較衡量を行う際に、被告人の立場に置かれた通常の血友病専門医を基準にして、わが国の大多数の血友病専門医が、血友病患者の通常の出[14]

血に対し非加熱製剤を投与しており、この治療方針は、帝京大学病院に固有の情報が広く知られるようになり、エイズの危険性に関する情報が共有化された後も、加熱製剤の承認供給に至るまで、基本的に変わることがなかったという事情を重視した[15]。この部分は、事情を知っていても通常の血友病専門医のとった行動様式であれば許され、結果回避義務違反はないという意味に誤解される余地があった。

　本判決が採用する新過失論が[16]、過失犯の違法性の中核を、通常人のとる行為準則からの逸脱に見いだす立場であること、また治療行為の正当化についても、上述のように違法判断として同様の判断にならざるを得ないことに鑑みれば、行為当時の通常の血友病専門医の行動様式が行為者による行為の反価値性を否定する意味で重みを持つことになる[17]。その結果、治療行為の正当化判断では、「危険を上回るだけの明確なメリットがあるかを慎重に判断する必要がある[18]」にもかかわらず、本判決は、被害者の治療に（当時危険性が疑われ始めていた）非加熱製剤を使う必要性や緊急性がどの程度あるかについての検討[19]や患者の視点という論点[20]が曖昧になってしまった。つまり、本判決の問題点の核心は、治療行為の比較衡量による正当化判断が不明瞭になった点にある[21]。しかも、本判決は、先に結果予見可能性を肯定していたことから、被告人だけでなく、大多数の医師に結果予見可能性があっても、大多数の実際とった治療法をとれば行為の反社会性が否定され、結果回避義務が否定されるかのような印象を与えてしまった感が払拭できない[22]。

　以上のような点に関する判例実務の問題性は、本判決に限ったものではない。医療過誤事件の場合、治療を行うに伴い、誤薬を投与するとか、手術時に器具を患者の体内に置き忘れる等のおよそ正当化の余地のない行為がある一方で、診断や治療方法の選択等において正当化が正面から問題になる治療行為の、大きく異なる２つの類型が存在する。しかし、判例・通説によれば、いずれの場合も、その違いが意識されずに、後者の場合も含めて「基準行為からの逸脱」の名の下で扱われてしまう点に大きな問題があるように思われる。

2004年に起きた福島県立大野病院事件でも、医学的準則に反するか否かが、被告人の結果回避義務違反の有無を決する重要な論点とされた。この事件では、産婦人科医師が帝王切開手術を行った際に、妊婦の子宮に癒着していた胎盤を切り離して大量出血させ、同女を死亡させたとして業務上過失致死罪等に問われた[23]。しかし、福島地判平成20 (2008) 年8月20日公刊物未登載[24]は、患者の失血死と被告人の胎盤剥離行為との間の因果関係、予見可能性、結果回避可能性を肯定した上で、被告人医師の結果回避義務違反を否定した[25]。この点につき、福島地裁は、「癒着胎盤であると認識した以上、直ちに胎盤剥離を中止して子宮摘出手術等に移行することが本件当時の医学的準則であったと認めることはできないし、本件において、被告人に、具体的な危険性の高さ等を根拠に、胎盤剥離を中止すべき義務があったと認めることもできない」とした。同判決については、同判決が「刑罰を科す基準となり得る医学的準則は、当該科目の臨床に携わる医師が、当該場面に直面した場合に、ほとんどの者がその基準に従った医療措置を講じていると言える程度の、一般性あるいは通有性を具備したものでなければならない。なぜなら、このように解さなければ、臨床現場で行われている医療措置と一部の医学文献に記載されている内容に齟齬があるような場合に、臨床に携わる医師において、容易かつ迅速に治療法の選択ができなくなり、医療現場に混乱をもたらすことになるし、刑罰が科せられる基準が不明確となって、明確性の原則が損なわれることになるからである」とする点で肯定的な評価もある[26]。しかし、予見可能性も回避可能性もあるのに、さらに医学的準則を基準にしなければ、本当に医療現場に混乱をもたらし刑罰が科せられる基準が不明確になるのか疑問である。肯定する論者はそれが規範的考慮であるというのかもしれないが、予見可能性と回避可能性を認めながらも通常の医師を基準にした医学的準則を理由に無罪とするのは、被害者や一般市民からは理解し難いのではないか。その意味でも、本件において、被告人が無罪になる理由は、具体的結果予見可能性の欠如か、治療行為の必要性、緊急性等の視点で説明されるべきであったように思われる[27]。

2　埼玉医大病院抗がん剤過剰投与事件

次に、複数の医療者の過失の競合が肯定された2つの事案の検討に移りたい。まず、1つ目は埼玉医大抗がん剤過剰投与事件である。

(1)　事案の概要

2005年に、大学病院における医療事故で、主治医の犯したミスによる患者死亡事故につき、主治医とその指導医だけでなく、診療科長の過失責任も肯定する最高裁判例（最決平成17・11・15刑集59巻9号1558頁）が登場した。従来、診察・治療過程で生じた医療過誤の刑事責任の追及は、直接患者の診療・治療に当たる医師にとどまり（但し、研修医に対する指導医の関係のように明確な監督関係がある場合は除く）、診療部門の責任者まで及ばなかった。医師の専門性・独立性の見地から、医師は独立した責任主体であると考えられたからである。それゆえ、担当医らの過失責任だけでなく、診療科長の過失責任をも肯定した本判例は、広く過失の競合を認めたのではないかと注目を浴びた。

もっとも、近年、大病院等においてチーム医療体制が採られ、さらに診療科長が科内の患者の治療方針を承認・決定するという仕組みの下で医療の質と安全の確保が図られているという実情に応じ、監督過失に準じて診療科長の過失責任を認める余地が生じる。要は、具体的な事情を考慮した上で、診療科長の過失責任をも肯定したことが実質的にも過失処罰の拡大に当たるか否かを見極めることである。

本件の事実関係は次のとおりである。

大学病院の耳鼻咽喉科で、患者の主治医が、抗がん剤治療を実施するにあたり、文献の誤読により抗がん剤の投与間隔を誤って過剰に投与した上、投与中の薬の副作用の発現も見過ごしてしまい、患者を死亡させた。同科では、耳鼻咽頭科専門医を指導医として、主治医、研修医の3名がチームを組んで患者の治療を担当し、担当医らの立案した治療方針は科長に報告の上了承を得る必要があった。また、難しい、稀な症例等の場合は、チームで治療方針を検討した結果を医局会議にかけて討議し、科長が最終的な判断を下しており、同科では、毎週1回診療科長による入院患者の教授回診が行われ、

それに引き続いて医局会議が開かれていた。本件患者の症例は稀な難病で、科内には臨床経験のある医師はおらず、その治療方法や上記抗がん剤の毒性、副作用等について十分な知識をもつ者もいなかった。

以上のような事情の下で、ミスを犯した主治医とその指導医の2名（ともに患者の担当医）とともに、診療科長が、主治医が立案した抗がん剤の投与計画の誤りを看過した過失と、副作用の発現状況等を的確に把握せず、適切に対応しなかった過失があるとして、起訴された。裁判では3名とも有罪になったが、第1審が、診療科長の過失を、主治医を事前に適切に指導しなかった監督過失の認定にとどめたのに対して、控訴審は、診療科長には患者の治療医としての責任も認められるとし、同人には教授回診の際に患者のカルテ内容の確認を怠って副作用の発現を見落とした直接的な過失があるとした。

診療科長が上告したところ、最高裁は、診療科長の過失を肯定しつつも、その過失の内容については、控訴審の判断が診療科長に主治医と同様の患者に対する治療義務を負わせるものであれば過大な注意義務を課したものであると述べた上で、本件事実関係の下での診療科長の過失は、投与計画案の誤りを是正しなかった過失と、主治医らに対して薬の副作用時の対応についての事前指導や副作用発現時に直ちに報告する旨の指示を怠った点にあると判示した。

(2) 考　察

本件では、事故原因が主治医の文献誤読という単純ミスであったという事実や、指導医もいたのにそのミスが見過ごされた事情から、本件において過失責任を負うべきは、主治医だけか、せいぜい指導医までのようにもみえ、なぜ診療科長にまで過失責任の追及が及ぶのかを明らかにしなければならない。

この点、第1審が診療科長は監督責任を負うとしたのに対して、控訴審は、より厳しく、治療医としての責任を負うとした。控訴審は、本件診療科長が患者の回診もしていたという事情から、診療科長に、主治医らを介さずに直接過失を認めたものであった。

しかし、最高裁は、診療科長に主治医と同様の注意義務を負わせるのであれば過大であるとして、控訴審が肯定した回診の際に患者のカルテの内容の確認を怠ったという過失は認めなかった。最高裁は、診療科長の過失を、主治医の誤りを是正しなかった過失と、主治医らに対し、不慣れな抗がん薬の副作用時の対応に関して具体的な指示を与えなかった過失に限定した。その意味で、本最高裁は、診療科長の過失の実体を（最高裁自体は明言していないものの）、主治医を介した監督過失であると判断したものと評価できる。[28]

この点に関して、たしかに、直接過失か監督過失かの類型が違っても過失犯の要件自体は同じであり、理論的には概念上の問題にすぎないともいえる。[29] しかし、主治医らを介した事故の間接（防止）責任を問う監督過失か、それとも、主治医らを介さない事故の直接責任を問う直接過失かの類型の違いが過失（注意義務）の具体的な内容を決定づけることは、本最高裁決定が示すとおりであり、[30] 直接ミスを犯した主治医らの過失行為との関係を明確にした上での過失の評価が臨まれる。

本件診療科長は、その職制上も実態も、科内で行われる担当医らによる治療行為から生じる事故を防止する保障人的立場にあったことから、担当医（直接的な治療医）ではないにもかかわらず、その職制上科内の治療の最終決定権者であるという支配的地位（統率的地位）ゆえに不作為責任が問われたものであると理解できる。[31] もっとも、主治医らがいながら、診療科長にまで過失責任を肯定できるかについては、さらに検討を要する事項である。とりわけ、本件のような医学文献の誤読による事故は、主治医らに対する「信頼の原則」[32] が働く。医師であれば、医学文献から治療薬の量や投与間隔といった基本情報の読み間違いはせずに適切に処方、投与の上、投与薬の副作用も見過ごさない、そのような単純な過ちはしないはずであるという考慮の下、信頼の相当性が肯定されるからである。もっとも、本件は、患者の症例について科内に臨床経験のある医師がおらず、治療計画の立案に際しても、また投与中も患者の経過観察中にミスが伴いやすい事情下にあったことが認められ、経験の浅い主治医や指導医でも対応仕切れない事態が予測し得た事案で

あった。つまり、信頼の原則の適用を否定すべき「特別な事情」が存在したため、同原則の適用が否定されたものと評価できる。

結局、本決定は、診療科長に対して科内の治療ミスを防ぐために治療医と同じ注意義務を課したわけでもなく、本件診療科長の過失処罰は、従来の研修医に対する指導医の監督過失に類似したものとして理解することができるという意味で、本件は、特段に広く過失の競合を認めた事例とはいえないであろう。

3　横浜市大病院患者取違え事件
(1)　事案の概要

複数の医療関係者の間で過失の競合が肯定された2つ目の事案が、冒頭に挙げた横浜市大病院患者取違え事件である。

この事件は、病棟看護師が心臓手術患者と肺がん手術患者の2名を同時に手術室看護師に引き渡す際に、患者が取り違えられて手術室に運ばれてしまい、その後、それぞれの手術を担当した麻酔医、執刀医らも、手術の過程において、患者の同一性に疑念を抱かせる数々の予兆が認められたにもかかわらず、患者確認をしないまま、患者双方に誤った手術が行われてしまったという事案である。患者を取り違えた病棟看護師と手術室看護師、取り違えたまま手術を行った心臓手術側と肺手術側双方の麻酔医と執刀医の計6名が業務上過失致傷罪で起訴された。最高裁（最決平成19・3・26刑集61巻2号131頁）は、「過失の競合」を認めて、全員の過失責任を肯定した。

一般に、事故に関係する人間が多いほど各人の過失内容や責任の程度、因果関係等に争いが生じる。とくに本件では、心臓手術側の麻酔医が途中で患者の同一性に疑問を提起したのに他の医師らに取り合ってもらえず、手術が続行されたという経緯があり、第1審判決はこの麻酔医を無罪としたのに対して、控訴審及び最高裁が同人の過失を肯定した点が注目を集めた。

本最高裁は、心臓手術側の麻酔医の上告に対して、「医療行為において、対象となる患者の同一性を確認することは、当該医療行為を正当化する大前

提であり、医療関係者の初歩的、基本的な注意義務であって、病院全体が組織的なシステムを構築し、医療を担当する医師や看護婦の間でも役割分担を取り決め、周知徹底し、患者の同一性確認を徹底することが望ましいところ、これらの状況を欠いていた本件の事実関係を前提にすると、手術に関与する医師、看護婦等の関係者は、他の関係者が上記確認を行っていると信頼し、自ら上記確認をする必要がないと判断することは許されず、各人の職責や持ち場に応じ、重畳的に、それぞれが責任を持って患者の同一性を確認する義務があ」ると述べた。その上で、被告人については、同人が麻酔導入前に患者の姓だけで呼び掛けただけでは患者の同一性の確認の手立てとして不十分であり、さらに、同人が麻酔導入後に患者の同一性について疑いを持つに至り、他の関係者に対して疑問を提起し、一定程度の確認のための措置は採ったという事情については、一応の努力をしたと評価することはできるが、「患者の同一性という最も基本的な事項に関して相当の根拠をもって疑いが生じた以上、なお、被告人において注意義務を尽くしたということはできない」と判示して、上記事情を量刑事情にとどめた控訴審判決を是認した。[35]

(2) **考　察**

事件当時、本件病院では、患者確認について明確な取り決めやミスを防止する特別の対策は講じられていなかった。そうした事情の下、最高裁は、各被告人には、それぞれ職責や持ち場に応じ、重畳的に、それぞれが責任を持って患者の同一性を確認する義務があると説示した。たしかに、組織的なミス防止策を欠いていても、自らの職務遂行の上で注意すべき事項を無視して臨んでよいことにはならない。[36] もっとも、各自の持ち場に応じた確認義務があるとして義務の重要性のみが強調されるとすれば、取違え事故が起きればチーム医療のメンバーは全員、手術介助の看護師に至るまで確認義務違反を問われかねないため、過失競合の限界は検討されるべき事項となる。

そこで、まず、過失犯においても作為犯と不作為犯という関与形態の区別を意識した判断が望まれる。結果回避義務と作為義務を混同してしまうと、

過失（不作為）犯の処罰が拡大する懸念があるからである。そこで、改めて本件で確認すべきは、被告人らには各自、作為的な関与が認められる点である。次に、因果関係に関して、過去に、薬の取違えの事案について、薬剤師、事務員、看護師それぞれの過失行為と結果との間の因果関係を肯定した事例があるが[37]、広く因果関係を認めてきた実務のあり方に対しては、学説からの異論もある。もっとも、本件における「因果関係」判断に関しては、直近の医師らの行為については勿論、それに先立つ看護師らの行為についても、結果との関係上、看護師らが患者を取り違えたからこそ本件事故は生じたのであり、看護師らの創出した危険が確認体制を欠く中でそのまま現実化したといえ、看護師らの作為の結果に対する因果関係は肯定されて然るべきであろう[38]。さらに、看護師らについても、医師らについても、チーム医療の中で同一性確認の責任・役割が確立していない以上、「信頼の原則」を適用する基盤は存在せず、また、明確な確認体制や防止措置を欠き、同じ時間帯に複数の手術が行われていたという事情下での取り違え事故の危険性を考慮すれば、被告人各自に予見可能性は肯定され得る。

　以上より、仮に、被告人らの中で唯一過失の有無が争われた心臓手術側の麻酔医の過失責任－その中でもとくに麻酔導入後の過失－を否定すべきであるとすれば、その理由は、現在の通説上は、適法行為の期待可能性の不存在に求めるほかない[39]。

　これに対して、本件を契機に、過失競合を意識した明確な限定法理が必要であるという指摘がなされている。とくに心臓手術側の麻酔医を無罪に導く論理として、いったん因果連鎖に組み込まれても「個別事情の中で危険性消滅（絶無とはいかない）に向けた一定程度の相当な注意義務を尽くした場合、少なくとも正犯の地位から狭義の共犯（従犯）へと格下げして不可罰とする」理論を構築すべきであるという見解であり[40]、過失犯においても関与の大小によって正犯と共犯を区別の上、正犯のみを処罰する考慮が必要であるという主張が注目される。もっとも、本件では、麻酔医が執刀医の疑問提起は伝わっていなかったことや、麻酔医はその後も患者に対する誤った輸血も担当し

ており、疑問提起後も麻酔医の関与になお正犯性は認められるという事情があるため、麻酔医の正犯的地位は否定できないであろう。それでも麻酔医を無罪とするならば適法行為を期待できないことによるしかないように思われる。[41]

IV 改正医療法の施行までの経緯

最後に、「医師法21条」と「医療事故調査と刑事処罰の関係」の問題を概観した上で、改正医療法の施行までの経緯を紹介したい。

1 医療事故と届出義務違反

現行の医師法21条は、「医師は、死体又は妊娠4月以上の死産児を検案して異常があると認めたときは、24時間以内に所轄警察署に届け出なければならない」と規定し、その違反者に50万円以下の罰金を科している（同法33条の2）。同条は、医師が死亡診断に立ち会う機会が多く社会的に責任ある立場であることを考慮して、第三者の犯罪を疑う死体に遭遇した医師に警察の捜査への協力を義務づける趣旨である。しかし、冒頭に挙げた都立広尾病院事件においては、同病院の看護師らのミスによる患者の死亡を確認した担当医らが同法違反により起訴された。[42] そのため、医師自身が医療事故関係者（患者死亡に対する業務上過失の被疑者になり得る立場）である場合まで届出義務を課すことを法は許容し得るのかが争われた。

2 最高裁の判断

最判平成16（2004）年4月13日刑集58巻4号247頁は、「医師法21条にいう死体の『検案』とは、医師が死因等を判定するために死体の外表を検査することをいい、当該死体が自己の診察していた患者のものであるか否かを問わない」として、自身が診療中の患者も検案の対象になるとし、「本件届出義務は、警察官が犯罪捜査の端緒を得ることを容易にするほか、場合によって

は、警察官が緊急に被害の拡大防止措置を講ずるなどして社会防衛を図ることを可能にするという役割を担った行政手続上の義務と解されるところ…届出人と死体とのかかわり等、犯罪行為を構成する事項の供述までも強制されるものではない」し、「医師が同義務の履行により、捜査機関に対し自己の犯罪が発覚する端緒を与えることにもなり得るなどの点で、一定の不利益を負う可能性があっても、それは、医師免許に付随する合理的根拠のある負担として許容される」との判断を示した。

3　医療事故調査制度の法制化

「医師は、自己がその死因等につき診療行為における業務上過失致死罪等の罪責に問われるおそれがある場合にも、本件届出義務を負うとすることは、憲法38条1項に違反するものではない」とした本最高裁の判断に対しては、公益上の高い必要性や医師免許に伴う社会的責務があるにせよ、それらを理由に憲法で保障された「自己負罪拒否特権」を制約することは許さないという意見もあり[43]、さらに、自分が関わった場合についてまで届出義務を課すのは萎縮医療や医療崩壊を招くといった厳しい批判が法学・医学関係者から多く寄せられた。それと同時に、警察の過度の介入は医療現場に混乱を招くだけであり、医療事故の場合は再発防止と患者や遺族への情報提供が最重要課題なのであるから、新たに医療事故調査の仕組みを作り、刑事システムへの依存から脱却すべきであるという意見が相次いだ。そこで、厚生労働省は、2007年に「診療行為に関連した死亡に係る死因究明等の在り方に関する検討会」を設置し、2008年に第三次試案および「医療安全調査委員会設置法案大綱案」をとりまとめた[44]。

　2008年の大綱案に対しては、医療界の反発が強く、その後に政権交代もあり、医療事故調査制度の立法化の動きは中断される。ようやく2012年に「医療事故に係る調査の仕組み等のあり方に関する検討部会」が設置されて議論が再開され、そのとりまとめに基づいて、昨年2014年6月に医療法が改正され、本年2015年10月から医療事故調査制度が創設されるに至った[45]。

しかし、2008年の大綱案と今回法制化された制度では大きく異なる。大綱案では医療事故調査を行う機関は医療安全委員会という国の機関が予定されたが、今回の改正では、医療事故を起こした病院・施設における院内調査が中心となった。また、今回、民間の第三者機関である医療事故調査・支援センターが新たに設置されることになったが、その役割は、医療事故を起こした病院の管理者に義務付けられることになった医療事故の報告及び院内調査の結果報告を受け、その情報の整理・分析を行うことと病院の管理者または遺族から調査依頼があったときに調査を行うという位置付けである。

調査の対象とされる医療事故については、「当該病院等に勤務する医療従事者が提供した医療に起因し、又は起因すると疑われる死亡又は死産であって、当該管理者が当該死亡又は死産を予期しなかったものとされた一方、懸案の医師法21条は改正されなかった。これに対して、2008年の大綱案は、医療事故死の届出先を医療安全調査委員会（を所管する大臣）とし医師法21条の警察署への届出を不要としており、その上で、同委員会が調査の結果、故意や標準的な医療から著しく逸脱した医療に起因する死亡の疑いがある場合、医療事故死等に係る事実を隠蔽する目的で関係物件の隠滅・偽造等を行った疑いがある場合、類似の医療事故を過失により繰り返し発生させた疑いがある場合等、重大な非行の疑いがある場合に対象を限定して捜査機関への通知を行うことなどを提案していた。同大綱案によれば、刑事責任を問う上で医療事故のみを特別視する合理的理由はないことを前提に、大綱案が示した捜査関係への通知が行われるケースは、いずれも故意犯か、または結果予見可能性が高い場合であると解され[46]、しかも専門性・中立性の高い医療事故調査機関を介することによって判断されることから、刑事介入を適正な範囲に限定することが可能になる。しかし、今回の改正は、医療事故調査と刑事手続の関係に踏み込まず[47]、それぞれ独立のものとしている。今回の医療事故調査制度は、新たな制度として、まずは医療界の自律的努力を基本とした事故防止システムを現実的な形で稼働させることに制度の出発点としての意義があるのかも知れない。さらには、事故調査機関を設置すれば、その判断を捜査

機関が尊重するようになり、その調査結果を待たずに捜査を開始することはなくなるという期待もあろう。

　しかし、医療事故についての適正な刑事介入という視点からは、医師法21条を改正して医療事故死は医療事故調査機関というフィルターを通して警察へ通知されるとする大綱案のような仕組みが望ましかったのではないかという意見に賛成である[48]。いずれにせよ、制度化後の運用実績を踏まえた上で、次なるステップとして刑事手続との関係を明確にした制度改正の是非の検討を続けてゆくべきであろう。

注
1) 刑事医療過誤事件数の推移と分析については、飯田英男『刑事医療過誤Ⅲ』（信山社、2012）23頁、さらに http://www.mhlw.go.jp/stf/shingi/2r9852000002mu39-att/2r9852000002muvx.pdfも参照。とくに医療関係者による警察に対する医療事故関係届出件数が急増したのが2000年からであり、また医療事故の立件送致数は2001年から目立って増えているが、2004年から2007年をピークにその数は減少しているところ、減少の要因は、後出の福島県立大野病院の産科医や杏林大学病院割看過事件に対する東京高判平成20（2008）年11月20日判タ1304号304頁等の医師の過失に対する無罪判決の反省があると指摘されている。
2) 大谷實『刑法講義総論〔新版第4版〕』（成文堂、2012）259頁以下。
3) 判例及び違法判断において行為無価値を考慮する立場は、違法評価に②の行為規範違反性という考慮も加える。それ故、必ずしも患者（被害者）の同意を重視する正当化判断を行っていない。このことは、被害者の同意に関する最決昭和55（1980）年11月13日刑集34巻6号396頁をみても明らかである。
4) 井田良「刑事過失の認定をめぐる諸問題」曹時61巻11号（2009）3320頁。
5) 井田・前掲注4）3336頁。後出の薬害エイズ帝京大ルート事件についての東京地裁判決にも、その思考が見られることが指摘されている－後掲注16）も参照。
6) なお、過失犯の構造論・犯罪論体系との関係から、客観的注意義務違反を問題にする構成要件・違法論の段階において「通常人基準」で画した上で、主観的注意義務違反を問題にする責任の段階において、さらに「個人の能力（個人基準）」を考慮する折衷説も主張されてきたが、ここでは立ち入らない。
7) 松原芳博『刑法総論』（日本評論社、2013）280頁。
8) 平野龍一『刑法総論Ⅰ』（有斐閣1972）206頁、松宮孝明『過失犯論の現代的課題』（成文堂、2004）151頁以下。
9) 大判昭和4（1929）年9月3日裁判例(3)刑27頁、最判昭和27（1952）年6月24日裁判集刑65号321頁。

10) 佐伯仁志『刑法総論の考え方・楽しみ方』(有斐閣、2013) 298頁。
11) 薬害エイズ事件は、帝京大ルート判決〔医師の業務上過失責任〕の他に、ミドリ十字ルート判決・大阪高判平成14 (2002) 年 8 月21日判時1804号146頁〔製薬会社幹部らの業務上過失責任〕、厚生省ルート・最決平成20 (2008) 年 3 月 3 日刑集62巻 4 号567頁〔〔行政官の業務上過失責任〕に分かれる。このうち、ミドリ十字ルートと、厚生省ルートの一部の事実について、被告人は有罪とされた。これら有罪とされた事案と、無罪とされた本件(及び厚生省ルートの無罪部分)とでは、有罪事案は、加熱製剤の承認・供給後であったという事情が大きく異なる。
12) 1985年 4 月にWHOが血友病患者の治療に加熱製剤を使用するよう勧告したのを受けて、国内で加熱製剤の承認手続が進められていた時期に当たり、加熱製剤(第Ⅷ因子)は 7 月に承認され、 8 月中頃から供給が始まった。
13) 板倉宏「薬害エイズ第 1 審判決について」現刑 3 巻 7 号 (2001) 48頁。また、本判決には事実認定上も問題があることを指摘するのは、甲斐克則『医療事故と刑法』(成文堂、2012) 133頁以下。
14) 東京地裁は、別の治療薬であるクリオ製剤と比して、非加熱製剤の方が止血効果に優れ、夾雑タンパク等による副作用が少なく、自己注射療法に適する等の長所があるに対し、非加熱製剤に代えてクリオ製剤を用いるときなどには、血友病の治療に少なからぬ支障を生じ、在庫量の問題もあったことから、他の治療方法に置き換える困難性も指摘している。
15) この点に関連して、本判決は、仮定される通常の血友病専門医の行動は規範的な見地から想定すべきで、実際の行動をもって直ちに置き換えることはできないが、大多数の血友病専門医に係る以上のような実情は、当時の様々な状況を反映したものとして軽視し得ない重みを持っている、とも述べている。
16) 本判決が、予見可能性が低くてもその程度に応じた結果回避義務違反の有無を検討すると述べた点で新過失論になじむ判断であることを指摘するのは、井田良『変革の時代における理論刑法学』(慶應義塾大学出版会、2007) 172頁。
17) 拙稿「薬害エイズ 3 判決における刑事過失論」法教258号 (2002) 46頁以下。
18) 山口厚「薬害エイズ 3 判決と刑事過失論」ジュリ1216 (2002) 16頁。
19) 前田雅英「薬害エイズ帝京大学病院事件第一審無罪判決」判評516号 (2002) 193頁。さらに、同192頁において、東京地裁が示した「通常の血友病専門医が本件当時の被告人の立場に置かれれば、およそ非加熱製剤の投与を継続することは考えないはずであるのに、利益に比して危険の大きい治療行為を選択してしまったような場合」と「通常の血友病専門医が本件当時の被告人の立場に置かれた場合の行動」は微妙に異なることが指摘されている。
20) 山口・前掲注18) 15頁、佐伯・前掲注10) 310頁参照。但し、非加熱製剤の危険性についての情報が不確定な段階で患者の意思を問う体制を作るべきであったとまで刑法上はいえないのではないかという意見もある(島田聡一郎「薬害エイズ事件判決が過失犯論に投げかけたもの」刑ジャ 3 号 (2006) 39頁)。
21) この点につき、違法阻却で問題とされるべき法益衡量や被害者の意思といった視点

が『通常の血友病専門医の行動様式』に埋没した感がある」と指摘するのは、松原・前掲注7）268頁。
22) それ故、被告人の過失責任を否定するのであれば、たとえ結果予見可能性が高くても治療行為として正当化できる余地があったことによるか、それとも、そもそも結果の予見可能性が低いことを理由にすべきであったように思われる。
23) この医師は医師法21条違反にも問われたが、過失が否定された結果、医師法違反についても無罪となった。本件の背景事情については、井上清成『医事法判例百選〔第2版〕』(2014) 129頁参照。
24) 飯田・前掲注1) 201頁。
25) 本判決後、検察官は控訴せず、医師の無罪は確定した。
26) 手嶋豊「医療事故の法的責任をめぐる刑事法と民事法の役割分担」法時82巻9号(2010) 46頁。
27) 本判決は、「胎盤剝離を継続すれば、『現実化する可能性の大小は別としても』、剝離面からから大量出血し、ひいては、本件患者の生命に危機が及ぶおそれがあったことを予見する可能性はあったと解する」とするが、現実化する可能性が小さいのであれば、結果予見可能性を否定すべきである。また、本判決は、検察官は「医療行為を中止しない場合の危険性を具体的に明らかにした上で、より適切な方法が他にあることを立証しなければならない」とするところ、この点からも、被告人無罪の実質的な理由は、結果予見可能性が低い点か、または、もともと正当化される治療行為として開始され、他により適切な手段がない場合の治療行為の継続は、治療行為の必要性、緊急性の観点から正当化される点にあるように思う。
28) 最判解刑事篇平成17年度〔多和田隆史〕558頁は、治療方針の最終決定権の本質は「決裁（科内の医療行為の統制）」であるので監督権の行使であるとする。なお、1審は、主治医を監督すべき立場にある科長の刑責は、主治医（執行猶予付禁錮2年）に比し、格段に低い（罰金20万円）と判断したのに対して、2審は患者の治療医という立場も認めた上で科長の量刑を重くしたが（執行猶予付禁錮1年）、監督過失か直接過失かによって責任の量が直ちに決まるわけではない。最高裁は、主治医とは同列でない科長の立場を考慮して注意義務を認定する一方で、2審の量刑を維持した。その理由は、科内に臨床経験のある医師がいない中、その指導力の発揮がまさに求められたのにそれを怠った科長の責任は、主治医と比べて格段に低いとはいえないからであろう。
29) 林幹人『判例刑法』（東京大学出版会、2011) 102頁。
30) 古川伸彦「いわゆる過失競合事案における過失認定の在り方について」『理論刑法学の探究⑤』（成文堂、2012) 3頁は、過失態様の類型化は具体的事案において過失認定上の問題の重心の在り処を分析する際には殊に有効であるとした上で、同22頁は本最高裁決定の判断は監督過失であると分類する。
31) 仮に、本件診療科長の過失行為を、診療科の治療方針の最終的決定権者であることを理由に、「診療科長が誤った治療計画を決定し、薬を投与して被害者を死亡させた」と把握することが可能であれば、問責対象になる行為を直接的な作為とみて、診療科長が直接行為を行ったという構成もあり得る。しかし、先述の帝京大ルートの医師の

場合は、同人が「患者の担当医師らに指示して投薬させた＝患者に投薬した」という構成が可能な事案であるのに対して、本件診療科長を同様に評価するのは無理があるのは、主治医の単純ミスである行為を看過できないからである。本件は、診療科長の行為を、主治医に対する監督不行届きとみて、当該不作為が同人の地位に鑑みて同人の作為と同等の行為であると評価し得る事案である。また、問責対象となる行為（注意義務違反の内容）をいかに捉えるかは場合によっては訴因変更の問題にも関係し、被告人にとって重要な攻防の対象になる。

32) 一般に監督過失を認定する上で信頼の原則が考慮されることは、最高裁昭和63(1988)年10月27日判決刑集42巻8号1109頁〔日本アエロジル事件〕で確認されている。なお、日本アエロジル事件最高裁判決は、直接ミスを犯したのが未熟な作業員であったことから、同事案に対する信頼の原則の適用を否定しつつ、監督者は現場従業員に適切な指示を与えておけば、現場監視の義務まで負わないとしたが、本決定も同趣旨の判断である。

33) 医療事故において手術中の執刀医の看護師に対する信頼の原則の適用を認めた北大電気メス事件札幌高裁判決（札幌高判昭和51年3月18日高刑集29巻1号78頁）は、チーム医療における作業の分担内容、監督関係の具体的内容、被監督者の能力、作業の性質、危険の予兆の有無、監督者の負担等を考慮している。

34) 患者2名は、年格好は似ているものの、容ほう等はかなり異なり、手術中の病状の所見は、手術前の検査結果と全く異なっていた。なお、両手術室には、被告人医師ら以外に患者の主治医等、他の医療関係者もいた。

35) 心臓側手術の麻酔医は罰金25万円で、他の被告人らは罰金50万円であった。

36) 組織の安全管理体制が、個人のエラーによる事故を防ぐための予防策である限りにおいて、その組織全体として明確なルールがなく組織的に安全対策を講じていなかったことは、個人の免責事由にはならない。もっとも、大病院では複数のスタッフが医療を分担することに伴い事故のリスクも高まることを考慮すれば、組織の安全管理体制の不備は、個人の責任の量の判断内で、つまり量刑上は考慮されるべきであり、大阪高判平成16(2004)年7月7日飯田英男『刑事医療過誤Ⅱ［増補版］』（判例タイムズ社、2007）592頁以下〔京大病院消毒液誤投与事件〕でも同趣旨のことが述べられている）。なお、この点に関連して、井田良「医療事故に対する刑事責任の追及のあり方」三井古稀（有斐閣、2012）237頁は、「個人の責任を肯定できる限りは、その程度に応じて個人責任を認めるべきであり、それにより一定の予防効果は期待できる」と述べている。

37) 最判昭和28年12月22日刑集7巻13号2608頁〔3％ヌペルカイン事件〕。

38) 学説上の従来の通説である相当因果関係説に立っても、間に介在する医師らの過失、つまり「後にミスが見逃されること」は、一般に異常とまでいえず、因果関係を否定するのは困難であることを指摘するのは、大塚裕史『医事法判例百選〔第1版〕』(2006)192頁。

39) 平山幹子『平成19年度重判解』ジュリ1354号(2008)168頁。

40) 甲斐・前掲注13)119頁。さらに、平山・前掲注39)168頁も参照。

41) なお、本件のようなチーム医療による過失は、医療行為を共同する医療者らによる過失共同正犯として構成すべきであるという意見もある。たしかに、日本の判例は過失共同正犯を認めており(最判昭和28(1953)年1月23日刑集7巻1号30頁)、医療過誤事件でも、医療行為者等の過失の共同正犯であるとする事案は複数みられる(最近の事案として、東京地判平成18(2006)年6月15日飯田・前掲注1)502頁、奈良地判平成24(2012)年6月22日判タ1406号363頁)。しかし、過失共同正犯肯定説に立っても、ただ共同作業中の過誤というだけでは過失共同正犯は肯定されない。医療行為の場合は、各自の職域が異なり、担当が決められて、それぞれの職責に応じて個別に行動する場合が多い。注意義務の内容も過失行為の具体的態様も異なることから、チーム医療とはいえ、共同義務の共同違反を肯定するのが難しい。こうした観点から、埼玉医大病院抗がん剤過剰投与事件でも横浜市大病院患者取違え事件でも過失の共同正犯を認めることはできない。
42) 本件では、監督官庁の都関係者の意見も聞こうとして対応が遅れる中、被告人らは結局警察に届け出ずに、死亡診断書等を改ざんして患者の死因を「病死」と記載しており、公立病院の医師作成の文書であることから虚偽公文書作成罪、同行使罪にも問われた。
43) 刑法学者からも、髙山佳奈子『医事法判例百選』(2006) 9頁。
44) 第三次案に至るまでの議論の詳細については前田雅英「医療過誤と重過失」首法49巻1号(2008)83頁以下。
45) 改正医療法の概要については、「特集 医療事故－事故調査・再発防止と紛争解決」法律のひろば67巻11号(2014) 4頁以下等参照。
46) なお、刑法上の責任であることに鑑みれば、医療事故に限らず一般的に、過失の有無の判断は、ある程度高度の結果予見可能性が必要であると解すべきであろう。
47) さらに医療事故調査制度と刑事手続の関係については、川出敏裕「医療事故調査制度の在り方について」町野古稀(信山社、2014) 56頁以下。
48) 川出・前掲注47) 59頁。さらに、医療法改正案を呈示するものとして、甲斐・前掲注13) 285頁以下。

第4セッション

7 企業災害における個人の過失責任について

東京大学大学院法学政治学研究科准教授
樋 口 亮 介

はじめに

　「企業犯罪」という幅広いテーマの中には、多くの領域が含まれている。そのうちの一つには、いわゆる経済犯罪と呼ばれる分野があり、独占禁止法、金融商品取引法上の罪や、汚職、脱税などが含まれている。それ以外に大きな社会問題を生む領域が、企業災害である。企業活動に付随して生じる人身被害は大規模なものになりやすく、社会的注目を集めやすいものの、刑事責任の所在を解明する作業は容易ではない。

　本報告では、企業災害における個人の過失責任に焦点を絞ることにしたい。この分野において、日本の裁判実務において非常に興味深い理論構成が採用されており、中国の刑事法の先生方に知っていただき、討論することに価値がある、と考えたからである。

一　段階的思考

1　内容紹介

　企業災害において、責任の所在を明確化すべく使用されるのが段階的思考である。その内容について、最決平成 2 年11月29日刑集44巻 8 号871頁（千日デパートビル事件）の原田國男最高裁判所調査官の解説によって明晰に表現されている。

「(i)まず，その法人としてどのような注意義務があったかを確定した上，(ii)その組織において，誰が右の注意義務を具体的に負っていたか，言い換えれば，誰が右義務を履行すべき立場にあったかを確定するという手法を取っているものである」（原田國男「判解」『最高裁判所判例解説刑事編 平成2年度』255頁）

2 実 益

この事件においては、防火対策が杜撰な雑居ビルにおいて、3階で工事中に出火原因不明の火災が発生し、7階で営業していたキャバレーの客・従業員が118名死亡、42名が傷害という重大な結果が生じたものである。この事件のビルには複数の会社が関係していた。すなわち、ビルの所有・管理会社はドリーム観光株式会社、キャバレーの経営は子会社である千土地観光株式会社、3階は株式会社ニチイが賃貸し、工事は別業者が請け負っていた。

このような事案において、個々人の刑事責任を直接考えるのはかなり困難であって、まずは会社レベルで生じる注意義務の範囲を確定した上で、個々の会社ごとに会社内の個人の注意義務の内容を確定する、という段階的プロセスを経ることによって、刑事責任の所在を明確に把握できる点に実益がある。

3 学説の無反応

千日デパートビル事件は平成2年のものであり、25年前のものであるものの、日本の刑法学説は議論の俎上にのせることなく、ほぼ黙殺されてきた。その原因は必ずしも明らかではないものの、段階的思考をどのような角度から論じるべきか自体、曖昧であったからかもしれない。段階的思考が日本の実務で成立した理由まで遡って考えることが、段階的思考を論じるために有益である、と考える。

二　段階的思考を成立させた日本法の基層

1　注意義務の内容を確定する実務運用

　日本の実務上、過失犯については起訴状の中に記載される訴因（刑事訴訟法256条3項）、及び、有罪判決中の罪となるべき事実（同335条1項）において、Ⅰ注意義務認定の根拠となる前提事実、Ⅱ注意義務の具体的内容（具体的に履行すべき措置）、Ⅲ注意義務違反の具体的行為を記載しなければならない、と解されている。[1]

　例えば、「Ⅰ被告人は，平成24年6月10日午後2時2分ころ，普通乗用自動車を運転し，佐賀県神埼郡α町β×××番地×所在の路外駐車場から車道に進出するに当たり，同駐車場の出入口が歩道に接していたので，Ⅱ同歩道上の歩行者の有無に留意し，その安全を確認しながら進行すべき自動車運転上の注意義務があるのに，Ⅲこれを怠り，同歩道上の歩行者の有無に留意せず，その安全を十分に確認しないまま漫然時速約5ないし10キロメートルで進行した過失により，折から同歩道上を左方から右方に歩行していたc（当時89歳）に気付かず，同人に自車前部を衝突させて同人を車道上に転倒させ，よって，同人に約1か月間の入院及び外来経過観察を要する脳挫傷，外傷性脳内血腫及び外傷性クモ膜下出血の傷害を負わせたものである。」[2]というように、注意義務違反を認定する際には、Ⅱ歩行者の有無に留意して安全を確認しながら進行するといった注意義務の内容を明示することを不可欠とし、その前提事実として、Ⅰ①駐車場から車道に進出すること、②駐車場の出入口が歩道に接しているという個別事情を挙げるといった記載がなされる。

　このように、注意義務の内容を明らかにする前提事実を示した上で、義務の内容を具体的に記載する、という実務運用が存在するため、複雑な企業災害において、注意義務の内容を明確に把握しなければならない、という問題意識が発生するのではないか、と思われる。

2 淵　源
(1) 最初期の大審院判例

　注意義務の内容を確定するという運用が裁判例において登場するのは非常に早い。我が国の現行刑法は1907年（明治40年）に制定されたものであるが、戦前の最高裁判所にあたる大審院においては、1903年（明治36年）に既に注意義務の内容を確定するものが存在する。その原典を抜粋しよう。

>　「（Ⅰ）①本案踏切の如き線路彎曲し遠望を妨くる場所に在りて②人馬往来頻繁にして而も③踏切番人の出務し居らさる場合に在りては汽車機関手たる者は衝突等公衆の危害を避くるか為め（Ⅱ）①注意汽笛を鳴らし以て公衆に注意を喚起し且つ危害を避くる注意を為し②容易に停車し得可き準備を以て運転すへきは其職責なり」
>（大判明治36年（1903年）7月17日刑録9輯1245・1246頁）

　本事件では、①汽笛鳴笛と②容易に停車する準備（具体的には減速）をするという義務内容を示す前提として、①線路の湾曲によって遠望できないこと、②人馬の往来が頻繁であること、③踏切番人がいないこと、が挙げられている。

(2) アメリカ不法行為法

　このような事件処理の方法は、おそらく、当時の日本人はアメリカの鉄道事故処理に関する不法行為法に学んだのではないか、と推測されるところである。日本の最初期の判例と類似する処理方法は、例えば、Alabama & Vicksburg R. Co. v. A. B. Lowe, 73 Miss. 203; 19 So. 96 (1895)に見出される。[3]

(a)　**危険比例性**　　重要なのは、当時のアメリカの議論を探ると、このような事件処理の方法の理論的基礎が見つけられる点である。当時の体系書においては、個別事案の状況上、要求される注意義務の程度は、回避すべき危険と比例するものであり、注意は常に個別事案の状況によって測定されるのであり、危険が大きければ大きいほど要求される注意も大きくなる、と説明されており、危険比例性という視点が見出される。[4]

　これを大審院判例に則していえば、①線路の湾曲によって遠望できないこ

と、②人馬の往来が頻繁であること、③踏切番人がいないことという3つの個別事情は、踏切を汽車が通過する際、当該踏切において衝突事故が起きるという危険性の高さを基礎づけるものであり、そのような高い危険を防止するための措置として、①鳴笛と②減速は比例性の見地から正当化できる、ということになる。

　(b)　**注意義務の主体としての鉄道会社**　さらに注目されるのは、アメリカの不法行為法においては、鳴笛や減速といった注意義務の主体は、汽車を運転している個人ではなく、鉄道会社であることを前提として議論がなされている点である。

　これは、不法行為法の議論であるため、損害賠償の対象として会社を選択しているということであろうと思われる。しかし、理論的にみれば、汽笛を鳴らしたり汽車を減速させたりするという注意義務の主体が会社そのものと考えられている点は、段階的思考の基盤をなすものであって重要な思考である。

　注意義務の内容確定になる危険性の内実を把握し、当該危険の防止のために必要な措置を比例性の見地から特定するという思考からは、問題になっている危険を生み出す活動を行っている企業を主体にすることは自然の帰結である。さらに、危険防止措置を履行するコスト負担は企業が負うことに鑑みると、危険の程度とコスト負担の均衡が確保されているかを確認するという見地からは、企業自体の負う注意義務の内容を明らかにすることが望ましいとさえいえる。

　また、個人レベルでの注意義務を考えると現場の人間に酷になるという問題も指摘できる。目前で衝突事故が起きそうな場合は別論、見通しが悪い踏切を通過する度に、汽車の運行上、汽笛を鳴らしたり、スピードを落としたりすることは、汽車を運転している現場の個人の判断でなしうるものではない。仮に、人身事故が目前に迫っているわけでもないのに踏切が危ないという理由で個人の判断で勝手に減速を行えば、後続の車両との衝突という新たな危険性を生じさせかねないし、懲戒の対象になりうるであろう。鳴笛・減

速という注意義務は、まずは会社全体としての対処が求められるものであって、その上で、会社内のいかなる個人がどのような義務を負うかを考えることが問題解決の思考順序として適切である。

以上の考察を踏まえると、危険比例性の見地から注意義務の内容を確定するという手法をアメリカ法から輸入した日本の実務運用からすれば、段階的思考が使用されるに至ったことは自然の帰結であった、とさえいえるように思われる。[5]

3　刑法学説との関係
(1)　新旧過失論との関係－真過失論の妥当性 [6]

注意義務の内容を提示するという運用は1903年に既に大審院レベルに登場しており、刑法学説の展開とは無関係に形成されたものであった。このような実務運用について、厳しくいうと、日本の刑法学説は正面から問題にしてこなかったと言わざるを得ない。

故意とパラレルに過失を位置づけ、結果の認識・認容である故意の対比物として、結果の予見可能性という心理状態を過失と理解するドイツ由来の旧過失論が、危険比例性の見地から注意義務の内容を確定する実務運用とそもそものスタンスが異なることは明らかである。

一方、日本の実務運用から大幅に遅れて、ドイツの学説の動向に合わせて1950年・60年代から有力になった新過失論は、結果回避義務を過失の中核と理解する点で、一見、日本の実務運用とマッチするようにも思われる。しかし、新過失論においても、結果の予見可能性を前提にして結果回避義務を定める、という定式が採用されており、旧過失論以来の結果の予見可能性という概念を引きずっており、肝心の注意義務の内容を定める視点は十分には提示されていない。

旧過失論から新過失論へ、と学説においては標語的に語られたのに対し、注意義務の内容を提示するという実務運用はそれより遥か依然に確立し、新旧過失論争が生じた後も特段の変更なく使用されている。新過失論は、結果

回避義務を定めるという定式の限度で従前の実務運用とマッチするものであり、危険比例性という注意義務の内容を確定するための中核になる視点を見逃すものであった。それにもかかわらず最決昭和42年5月25日刑集21巻4号584頁（弥彦神社事件）においては、「右結果の発生を予見することの可能性とその義務および右結果の発生を未然に防止することの可能性とその義務」という判示がなされ、新過失論の一般的な定式が最高裁判例にも登場することになった。このような定式においては、注意義務の内容を定める基本的視点が取り込まれていない点に問題があると言わざるを得ない。

新過失論の登場後、結果回避義務を中核にするという思想を徹底し、結果の予見可能性は不要であって危惧感で足りるという新々過失論も登場した。新々過失論に対しては、責任主義に反するといった批判がなされて、あまり支持されていない。しかし、結果の予見可能性を絶対視するドグマからの解放を試みたこと自体は正当であって、義務内容を定めるための視点の提示が十分でなかった点こそが問題にされるべきである。

以上のように、新旧過失論争は結果の予見可能性というドグマに拘束され抽象論に終始し、現実に生じる企業災害を論じるための具体的視点を提示してこなかったという点において問題があったというべきである[7]。注意義務の内容を明示するという日本の実務運用からすれば、注意義務の内容を確定する基準を基本的視点に据えてこそ、企業災害を論じることが可能になる。

新旧過失論争が生じる遥か以前、結果の予見可能性というドグマが導入されるより以前に、危険比例性に基づいて注意義務の内容を確定するという手法が日本には導入されていた。この歴史に則していうならば、危険比例性に基づいて注意義務の内容を確定する議論を、「真過失論」と呼称することさえ許されるであろう。

(2) 責任主義との関係

注意義務を定める基礎になる危険の内実を把握し、当該危険との比例性によって義務内容を定めるという思考は、国民の安全保護と過失処罰の限界を明らかにするという視点から支持されるべきである。

このような思考に対しては、結果の予見可能性を無視するものであって、責任主義に反するとの批判がある[8]。しかし、危険比例性の思考に基づいて注意義務の内容を設定するという真過失論は責任主義の要請をも充足するものである。

危険比例性を基礎にして注意義務の内容を設定する場合、その前提として、義務の設定時点で問題になる危険の内実を明らかにし、かつ、当該危険に対する予見可能性が求められる。そして、当該危険が現実化したと評価できる限度で、死傷結果に対して責任を負う。このように、過失成立の要件が限定されている以上、注意義務違反を犯した者は、義務設定の基礎になる危険の防止に無関心であったといえるのであり、無関心であった危険が現実化した範囲で、危険に対する無関心な態度から当該結果を生じさせたとして非難することは、責任主義を充足するものである。

仮に、このような思考を責任主義違反とするのであれば、両罰規定による業務主処罰も全て憲法違反になるし、現在の日本の企業災害に対する刑事責任追及のあり方をほぼ否定することになろう。例えば、欠陥を抱えた自動車のリコールを行わないという注意義務違反行為は場合によっては数年にもわたるものであり、何万台ものリコール対象自動車のうちの特定の１台が事故を起こして生じた死傷結果に対する予見可能性が責任主義の観点から不可欠というのであれば、現在行われている刑事責任の追及は不当ということになる。国民の安全保護と刑事責任追及の限界の調和点を危険比例性の見地から図るというオプションについて、刑事政策的に妥当であるかを論じることは必要であるし、厳しい批判もありうる。しかし、そのようなオプションを責任主義という標語の下、およそ考慮に値しないものとして排除する姿勢には疑問がある。

一方で、危険比例性の見地から注意義務の内容を定めるという思考と、結果の予見可能性を要求することは両立するものであって、両方を併用する形で採用すれば足りる、という指摘もありうる。そのような指摘自体には異論はないものの、企業災害に対する刑事過失責任の限界を明らかにするという

実践的な問題意識からすると、危険比例性から定められた注意義務違反及び当該危険の実現が認められているにもかかわらず、結果の予見可能性がないという事例がそもそもありうるかについては疑問が残る。現在処罰されている企業災害においては、概括的に結果に対する予見可能性が認められるというのであれば、それは処罰範囲の限定に有益な機能を果たすものではなく、注意義務設定の基礎になる危険をハッキリとさせて当該危険に対する予見可能性を厳格に検討する方が処罰範囲の限定に有益である。注意義務の内容確定プロセスから離れて、結果の予見可能性を過失犯の成立要件として残すことにいかなる実益があるかが明らかでない限り、責任主義という標語を満足させるためだけに結果の予見可能性が必要というドグマを維持することに合理的根拠は認められない。

三　段階的思考の内容

1　前提：注意義務の内容確定の一般的基準

段階的思考に基づいて注意義務の内容を確定する場合、その前提として、注意義務の内容確定の一般的基準が問題になる。

その結論のみを示すと、Ⅰ①注意義務の発生根拠、②注意義務設定時点の危険の内実、③当該危険に対する予見可能性を基礎にしつつ、Ⅱ当該危険の防止という見地からみて、①有効で、②履行可能かつ過大でない措置のうち、③より負担の少ない措置が義務付けられる。[9]

この一般的基準を基礎として、注意義務の内容確定プロセスについて、法人レベルと法人内部の個人レベルに分けて検討を進める。[10]

2　法人レベルの注意義務の内容確定

(1)　**注意義務の発生根拠**

(a)　**注意義務発生の段階的基礎づけ**　　企業災害において、注意義務を履行する主体が誰であるか、がしばしば問題になる。これは、従来は不作為犯

論における作為義務の問題として論じられてきた領域である。

　この問題について、個人レベルのみで考えると、誰が注意義務を履行する主体であるかを明らかにすることは難しくなる。段階的思考を使用し、法人レベルで注意義務が発生しているかどうかと、注意義務を負担している法人内部において、法人の負う注意義務の実現に寄与すべき自然人は誰であるかを分けて検討することが議論の整理に役立つ。[11]

　(b)　**注意義務を発生させる個別事情**　　法人レベルで注意義務の発生を基礎づける事情は多岐にわたる。例示として列挙すると、①危険の創出、②所有権、③公法による義務づけ、④契約による引受けが挙げられる。

　①企業活動においては人身への危険創出を伴うことが通常である。当該危険の防止に必要な措置を当該企業に義務づけることは当然に許容される。例えば、販売した自動車から事故が多発している場合、無償によるリコールが義務づけられる根拠は、自動車の販売に求められる。[12]

　②所有権は他者を排除する権能であって、そこから、所有物から生じる危険を防止する義務も生じる。例えば、ビルの所有権者には当該ビルの防火対策が義務づけられる。[13]

　③公法上、国民の安全保護が義務づけられている場合、注意義務が発生する。その典型は警察である。警察法上、警察という組織は国民の安全保護を目的とすることが明らかにされており、例えば、花火大会などの催し物による雑踏警備を行うという注意義務が警察に生じる。[14]

　④契約上、危険の防止を引受けている場合にも注意義務が発生する。例えば、花火大会による雑踏警備を引受けた警備会社には雑踏警備を行うという注意義務が生じる。[15]

　以上の議論は例示列挙にとどまり、他の事情もありうる。このように、注意義務の発生根拠を個別に並列する議論に対しては、排他的支配という基準を採用する刑法学説からは批判もあろう。しかし、そのような一元的かつ狭い基準は、企業災害が多様な形で生じており、幅広く刑事責任が追及されている現実に目を閉ざすもの、と言わざるを得ない。そのような現実を大幅に

否定することも一つのスタンスではあろうが、いかなる個別事情が注意義務の発生を基礎づけるのに十分であるかを論じていく作業のほうが建設的であろう。

(2) 法人相互の信頼の原則

　注意義務の発生を基礎づける事情が存在することを前提に、注意義務を設定する時点の危険の内実と比例する形で注意義務の内容を定めることが必要であるところ、企業災害において見受けられるのが、「別の会社の責任である」という主張である。

　この主張を理論的に整理すると、①そもそも自社には注意義務の発生根拠が存在しないという主張、②別会社が注意義務を履行することによって危険の防止は十分に図られる以上、自社に注意義務は生じないという主張に分けられる。ここで問題になるのは、②の主張の当否である。

　危険の防止という見地からみると、複数の主体に注意義務を同時に課すことも認められる。企業災害においては、少なからず、複数の会社の不注意が競合することによって大規模な死傷結果が生じるところ、他社のせいである、という主張を受け入れてしまうと、関与した会社が全て危険防止に無関心であれば、全ての会社が他者のせいにして無責任になる、という帰結になりかねない[16]。

　したがって、注意義務を設定する時点における危険の防止という見地からみて、①別会社が当該危険の防止に責任を負うことが明確にされており、②当該責任が十分に果たされている場合には、比例原則のうち、過大性禁止の見地から、別会社の危険防止措置を信頼した会社の注意義務を軽減・免除することが考えられる。例えば、食品製造工場が食品に添加する化学物質を他社から購入する場合、①食品に添加するレベルの安全性確保の責任が納入会社にあることを契約上明確にし、かつ、②納入会社側に安全確保能力が十分に認められる場合に、購入した化学物質の全品検査という重い注意義務は過大なものとして課されない、ということは考えられる。もっとも、購入した化学物質の安全性を盲目的に信頼することまで許容されるかについては問題

が残り、一定程度の抜き取り検査は要請されうる。[17]

3 法人内部の個人レベルの注意義務の内容確定
(1) 一般的指針
　日本の判例上、法人内部の個人レベルの注意義務の内容を確定するに当たっては、個人の職責・地位・権限が考慮されると理解されている。[18]しかし、その理論的根拠は必ずしも明らかではない。

　段階的思考における個人レベルでの注意義務の内容確定基準についても、注意義務の発生根拠を考えた上で、比例原則と履行可能性に基づいて義務内容を具体化するという一般的指針を適用することが妥当であろう。この一般的指針を具体化すると、①法人・組織の注意義務を前提にして個人に注意義務を分配する根拠を考えた上で、②比例原則という視点から、個人の注意義務の内容を確定するという順序で考えればよいであろう。法人・組織内での個人の職責・地位・権限は、①特定の個人に対する義務の分配根拠になるとともに、②比例原則という視点から義務内容の確定に当たっての考慮要素にもなる、と整理できる。

(2) 個人に対する注意義務の分配根拠
　会社が履行すべき危険の防止措置の実際の履行を現に引受けている場合、当該個人に会社の負う注意義務が分配されることに問題はない。問題になるのは、特に保安業務が杜撰な会社で、誰が危険防止措置を履行すべきかが明らかではない場合である。

　この場合、注意義務の発生根拠として考えられるのが、①会社法上の権限、及び、②現実の職責である。

　①会社法上、会社の業務執行に関して意思決定をなす権限を有する機関は、会社の活動の帰趨を決定できる以上、会社の負担する注意義務の分配を受ける、と考えてよいであろう。これは、所有権者は所有物について危険を防止するための措置を履行する義務を負うのと同様である。

　具体的には、代表取締役（会社法349条4項）は、会社の負う危険防止のた

めの注意義務全般について、当該義務履行を実現すべき義務が分配されると考えられる[19]。また、取締役会設置会社の場合、取締役会は業務執行を行う取締役の職務執行を監督し（362条2項2号）、個々の取締役には招集権・招集請求権がある（366条1項・2項）ことに鑑みると、業務執行を行う取締役を取締役会を通じて監視するという限度で注意義務が分配される、と考えられる[20]。

②会社法上の権限とは無関係に、現実の職責と相応する限り、明示に危険防止措置を引受けていない場合であっても、注意義務の分配を受ける余地があろう。会社から現に引受けた職責の範囲においては、会社の活動を左右できる状況にある以上、会社法上の権限を保有する者と同様、当該職責内で履行できる限度で、会社が負う注意義務が履行されるように貢献するという注意義務が分配される、と考えられるからである。

(3) 比例原則による義務内容の確定

以上のように権限ないし職責を根拠として、会社が負担する注意義務の分配を受ける者について、いかにして注意義務の内容を具体化するかが問題になる。

(a) **地位・職責・権限の考慮**　ここでも、比例原則が働き、権限・職責の他、個人の地位も考慮して、義務履行に有効な措置が、履行可能であるか、履行を求めることが過大でないか、より負担の軽い措置が存在しないかを検討することになる。

例えば、ハブに故障があるためリコール（無償回収・修理）という措置をとるべき自動車会社内において、品質管理業務を職責とする部門の上位に位置する者については、自分自身が故障原因の調査のためにチームをけん引するという具体的行動に出ることも、部下に当該行動を指示することも、リコールの実現に貢献するものと考えられる。しかし、この場合、自身がチームをけん引するという具体的行動は部下への指示よりも負担が重く、部下への指示に義務内容は限定される。

逆に、品質管理業務を職責とする部門の下位に位置する者については、リ

コールを指示することはおろか、別部門にリコールの提案を直接行うことさえ会社組織の役割上、不可能である。この場合、自身の上司に対してリコールの必要性を具体的に提示し、リコールを提案する限度に注意義務の内容は限定される。[21]

　名目上の地位・職責が与えられているだけで実際の権限を欠くような場合、義務履行の可能性や過大性の禁止という見地から注意義務が設定できないということも考えられる。もっとも、例えば、取締役が名目的な身分にとどまるような場合、会社法上の責任はともかく、刑法上の責任を負わせる根拠である会社の意思決定を左右できる権限を欠くとして、そもそも注意義務の分配を否定する余地もありえよう。

　(b)　**法人内における信頼の原則**　　法人内においても、他の者が注意義務を履行すべきであって自己の責任ではないという主張がなされる。法人間相互の信頼の原則同様、危険の防止という見地からは複数の人間に注意義務の履行が求められるのが原則であって、他の者が注意義務を負うことのみを理由にして注意義務が免除されることは考えられない。

　注意義務を設定する時点の危険の防止について、①他の者が当該危険を防止する措置を行うことが組織内において明確にされており、かつ、②その者が注意義務を履行することが期待できるという場合には、その事情が危険を減少させる事情として取り込まれるため、注意義務の内容が軽減・免除されることになる。

　例えば、コンプライアンス体制が整備されている会社の場合、問題となる業務を担当している者を監督する地位に立つ者について、日常的に業務執行状況について検査するといった重い監視義務は免除されることになる。このように、コンプライアンスプログラムが刑法上意味を持つかどうかは、刑法の視点によって定まるのであり、コンプライアンスプログラムを履行していることが直ちに意味を持つわけではない。

4　全体像

　本報告においては多岐にわたる論点を取上げたため、全体像がわかりにくくなったように思う。そこで、図表化することで全体像の把握を行う。

1．法人・組織レベルでの注意義務の発生根拠
　　例示－①危険創出　②所有権　③公法による義務づけ　④契約による引受け
2．法人・組織レベルでの危険比例性による義務内容の確定
　(1)　注意義務を基礎づける危険
　　(a)　注意義務を設定する時点における危険を生じさせる状況と危険の内実
　　(b)　危険に対する予見可能性
　(2)　比例原則と履行可能性に基づく法人・組織レベルでの義務内容の具体化
　　(a)　危険防止に有効な措置
　　(b)　履行可能であり、負担が過大でないこと
　　(c)　複数の十分な措置が認められる場合には負担のより軽い措置
3．個人レベルでの義務内容確定プロセス
　(1)　個人に注意義務が分配される根拠：職責・地位・権限の考慮
　(2)　個人レベルでの義務内容の確定
　　(a)　義務設定時点における危険に対する予見可能性
　　(b)　比例原則と履行可能性に基づく義務内容の具体化：職責・地位・権限の考慮
4．注意義務に対する違反行為
5．注意義務違反に基づく結果発生
　(1)　結果回避可能性
　(2)　危険の実現（保護範囲）

　注意義務の内容を確定するためには、法人レベルにおいて、注意義務の発生根拠が備わっていることを前提に、比例原則に基づいて義務内容が定められる。その上で、個人レベルにおいて、注意義務の分配根拠が備わっていることを前提に、比例原則に基づいて義務内容が定められる。ここでは、職責・地位・権限が重要な役割を果たす。

　信頼の原則については、法人相互レベル・法人内部レベル双方において機能しうる。しかし、他の者が危険を防止すべきであったというだけで直ちに注意義務の軽減・免除が認められるわけではない。注意義務設定時点に危険の内実に鑑み、他の者が危険防止措置を採るべきことが明確にされており、

かつ、その者による危険防止が十分に期待できる状況においては、その事情が危険を減少させる事情となり、比例性の見地から確定される注意義務が軽減・免除されることになる。

　危険比例性という見地から注意義務の内容を確定する日本の実務運用は、人身の保護と刑事過失の過剰介入の回避の調和を図るという現代的な要請を果たすことに決定的な意義を有している。このような議論を洗練するとともに、他国の刑事法学者に知ってもらうことが日本の刑法学者の役割であろう。

おわりに－付言

　日本においては、現在のところ、刑法典上の罪について法人処罰規定は存在しない。しかし、個人の過失責任追及において、段階的思考によって法人の負担する注意義務の内容を明らかにする裁判例が存在する。この裁判例は、法人処罰の構想という見地からみても興味深い素材を提供する。

　法人処罰のモデルにおいて、個人の刑事責任を前提に当該責任を法人の刑事責任と同一視するという議論と、個人を媒介とすることなく法人の刑事責任を直接問えるという議論が存在する。[22] 伝統的な刑法学説は個人の刑事責任を前提にする傾向が強いものの、日本の裁判例が採用している段階的思考は、個人の過失の成否を媒介することなく法人の過失を構想する議論にとって、有意義な検討素材を与えるものといえる。注意義務設定時点の危険の内実を前提に、当該危険を防止する措置について、個人を媒介することなく、法人に直接求めることは、沿革に照らしても、理論的に見て正当なものとして支持できる。

　法人の注意義務の内容確定基準を明らかにすることは、現在の個人の過失責任の追及の限界をも明らかにすると同時に、より良い法人処罰の立法モデルを明らかにする、という二重の機能を果たすのである。

注
1) 一般的に共有されている認識であるが、訴因については、例えば、池田修「判解」最高裁判所判例解説刑事篇昭和63年度354頁。罪となるべき事実については、河上和雄他編『大コンメンタール刑事訴訟法　第8巻〔第2版〕』129頁〔中谷雄二郎〕（2011年）。
2) 福岡高判平成26年7月9日LEX/DB25504551。
3) 論拠の詳細については、拙稿「刑事過失と信頼の原則の系譜的考察とその現代的意義」東京大学法科大学院ローレビュー4巻178‒188頁（2009年）。
4) Seymour D. Thompson, Commentaries on the law of negligence in all relations, vol. 1, §25（1901）.
5) 千日デパートビル事件に至る経緯については、拙稿「刑事判例にみる注意義務の負担主体としての法人・組織」北大法学論集60巻4号76‒79頁（2009年）。
6) 当時の状況を伝える包括的な共著として、藤木英雄編『新旧過失論争』（1975年）。
7) 例外的に、注意義務の内容確定基準を論じたり、段階的思考を早期に主張したりするなど、企業災害に関する問題を解決する基準について議論していた論者として、藤木英雄が挙げられる（藤木英雄『刑法各論　現代型犯罪と刑法』241、242頁（1972年）、同『刑法総論講義』241頁（1975年）など）。

　藤木の議論は現在の目から見ても先進的であり、正面から取り組まれてこなかったのは先見の明があり過ぎたからかもしれない。
8) 大塚裕史「予見可能性論の動向と予見可能性の判断構造」『川端博先生古稀祝賀論文集　上巻』308頁（2014年）。
9) 詳細については、拙稿「注意義務の内容確定基準」高山佳奈子他編『山口厚先生献呈論文集』209頁以下（2014年）。
10) 比例原則に基づく義務内容の確定、及び、段階的思考の理論化に関する重要文献として、H. J. Schmidt-Salzer, Produkthaftung,（1973）, Ibid., Produkthaftung Band I Strafrecht,（2 Aufl. 1988）。この二つの著書においては、製造物責任において問題になる事例が、一貫した理論的視点で有意義な検討がなされている。
11) このような議論の支持者は近年、増加しつつある。例えば、松原芳博『刑法総論』261頁注11（2013年）、北川佳世子「過失の競合と責任主体の特定問題」刑法雑誌52巻2号320‒322頁（2013年）、同「最近の過失裁判例に寄せて(1)、(2)」法曹時報65巻6号11、12頁、7号3‒8頁（2013年）。

　日本の裁判例の分析として、稲垣悠一「第3章　わが国の判例にみられる欠陥製造物に関する過失責任の特質」『欠陥製品に関する刑事過失責任と不作為犯論』139頁（2014年）による紹介と分析が詳細で有益である。
12) 最決平成24年2月8日刑集66巻4号200頁（三菱自工車両車輪脱落事件）。
13) 千日デパートビル火災事件（最判平成2年11月29日刑集44巻8号871頁）について、ドリーム観光株式会社の注意義務の発生根拠は、千日デパートビル全体を所有しているという事情に求められる（原田國男「判解」最高裁判所判例解説刑事篇平成2年度255頁）。

14) 明石市花火大会歩道橋事故事件において、明石警察署に雑踏事故を防止する注意義務が発生するのは、警察の役割が根拠とみてよい（神戸地判平成16年12月17日刑集64巻4号501頁は警察法2条・警察官職務執行法4条・警備実施要則・兵庫県警察警備実施要綱を挙げる。さらに、神戸地判平成17年6月28日判タ1206号97頁）。
15) 前注と同一事件。
16) これは、交差点で全ての信号が赤の状態で、複数の車両が「他の車両は入ってこない」と信じて侵入して衝突事故を生じさせた場合（最決平成16年7月13日刑集58巻5号360頁参照）と法的には同一の視点である。この場合、他の車両は入ってこないという信頼を理由に過失責任を否定すると、関与者全員が無責任になる。
17) 以上の事例については、段階的思考を最初に採用した森永ドライミルク事件を参照した。

森永ドライミルク事件においては、第一審（徳島地判昭和38年10月25日下刑集5巻9・10号977頁・判時356号7頁）の被告人2名の無罪判決が第二審（高松高判昭和41年3月31日高刑集19巻2号136頁・判時447号3頁）において破棄差戻しとなり，上告審（最判昭和44年2月27日裁判集刑事170号383頁）で第二審の法律判断に間違いはないとされた後，差戻し第一審（徳島地判昭和48年11月28日刑月5巻11号1473頁）で製造課長は有罪・工場長は無罪という経過をたどった。

第二審において段階的思考が示唆され、差戻し第一審で採用が明示された。
18) 最決平成24年2月8日刑集66巻4号200頁（三菱自工車両車輪脱落事件）、最決平成26年7月22日（明石市砂浜陥没事件第二次上告審）。
19) 最判平成3年11月14日刑集45巻8号221頁（大洋デパートビル事件）。
20) 会社法・刑法にまたがった検討として、松本伸也「取締役の監視義務（上）（下）」商事法務1971号34頁、1972号36頁（2012年）。
21) 拙稿「判批」論究ジュリスト6号169頁（2013年）参照。
22) 法人処罰については、川崎友巳『企業の刑事責任』（2004年）、拙著『法人処罰と刑法理論』（2009年）。両著書ともに、個人を媒介にするモデルと個人を媒介としないモデルが両立することを前提に、その併用を主張するものである。

8 組織体により法定個人犯罪を実施した場合の刑事責任
――中国刑法における組織体犯罪に関する立法解釈及び司法解釈について

東南大学法学院教授

劉　　艶　　紅

（金　光　旭　訳）

I　組織体によって実施された法定個人犯罪に関する学説と実務

　組織体によって実施された法定個人犯罪についての処理のあり方は、特に組織体による窃盗事件を契機に問題となった。つぎの３つの窃盗事件がその代表的な例である。①1998年、浙江省桐郷市に所在する某工場の３人の幹部は、生産コストの削減を目的に、共謀のうえ、同工場の電気工員に指示して、電気78万キロワット時（人民元60万元相当）を窃取させた。②2002年、成都市に所在する某企業の工場長は、部下に指示して、電気39万キロワット時（人民元20万元余相当）を窃取させた。③1999年、山西省太原市に所在する某会社は、同市の北大街に所在する熱供給センターの熱供給パイプに無断で接続して自社所有の４棟のアパートに熱を供給するなどして、人民元200万元に相当する熱・電気を窃取した。

　中国刑法第30条は、「会社、企業、事業体、国家機関又は団体が、社会に危害を及ぼす行為を行った場合において、その行為が法律に組織体犯罪として規定されているときは、刑事責任を負わなければならない」と定めている。したがって、中国刑法における組織体犯罪が成立するためには、つぎの３つの特徴を満たす必要がある。まず、主体の特定性であり、すなわち、その主体が、会社、企業、事業体、国家機関又は団体でなければならない。つぎに、主観的目的の特定性であり、すなわち、その目的が、組織体の利益を図るものでなければならない。最後に、刑法規定の明確性であり、すなわわ

ち、刑法各則の罰条の中に明文の根拠規定が存在しなければならない。法定個人犯罪とは、刑法が明文で個人のみを犯罪の主体として定めたものをさし、たとえば、刑法264条の窃盗罪や、266条の詐欺罪などがそれである。罪刑法定主義が基本原則となっているわが刑法においては、たとえ組織体がある法益侵害行為を実施したとしても、その組織体を犯罪の主体として定める法律上の明文の規定が存在しない限り、その組織体を処罰するわけにはいかないのである。

ところで、上述の3つの事案は、いずれも組織体が法定個人犯罪を実施した場合であるが、その処理をめぐっては意見が分かれている。無罪説は、組織体が窃盗等の法定個人犯罪を行った場合には、組織体犯罪が成立しないとする。すなわち、これらの事案においては、窃盗行為は組織体により実行されたものであるから、これを自然人の行為と見ることができず、しかもその行為の受益者は組織体であって自然人でないから、本来は組織体犯罪として処罰すべき場合であるが、法律に組織体が窃盗罪の主体として規定されていない以上、組織体に同罪の成立を認めるわけにはいかず、ましてやその組織体の責任を自然人に転嫁させることも許されないとする[6]。これに対し、有罪説は、刑法総則の規定によれば、組織体の関係者が組織体の不法利益を図る目的で窃取行為を組織し、計画し、実施したような場合は、それは実は自然人犯罪の一形態にほかならないから、その組織体の直接責任者の刑事責任を追及することができるとする[7]。また、この立場によれば、無罪説をとれば、つぎのようなケースにおいて不都合な結論が導かれるとされる。「たとえば、甲企業の幹部が、ライバル企業乙が競争上優位に立っているのは同企業が優秀な技術者Aを抱えているからだと判断して、集団の決定を経て職員BにAを指示してAを殺害させたような場合、甲企業の幹部とその職員Bはいずれも甲企業の利益を図る目的でAを殺害したのであり、しかもその意思決定は組織内の意思決定手続に基づいて行われたものである。このような場合、刑法各則の殺人罪が組織体をその主体として規定していないという理由で、甲企業、同企業の責任者及びその職員Bのすべてについて、無罪を認め

るべきであろうか」。無罪説によれば、この結論を肯定せざるをえない。しかし、「ドイツなどのように法人犯罪を認めていないヨーロッパの国であれ、法人犯罪を認めている英米諸国であれ、法人の従業員が自然人を想定した犯罪を実施した場合に、その従業員を処罰することについては学説及び実務上なんら争いもない」とされる。最後に、立法改善説によれば、組織体による窃盗については刑事責任を追及すべきであるが、現在の刑事立法には不備があり、罪刑法定主義の原則を犠牲にしてまで社会秩序の維持を図ることには問題があるから、関連立法の整備を迅速に図った上で、組織体の関係者の刑事責任を追及すべきとされる。

以上のような学説上の対立は、実務処理の結果にも反映されている。たとえば、前述の浙江省の電気窃盗事件では責任者に窃盗罪が認められ、一方、成都市の電気窃盗事件や山西省の熱窃盗事件では、刑法に組織体窃盗罪が規定されていない理由で、自然人についても不起訴の決定がなされた。

II 組織体犯罪に関する司法解釈及び立法解釈の変遷とそれをめぐる論争

1 組織体犯罪に関する司法解釈の変遷と相互矛盾

組織体による窃盗事件における法適用上の難題に対処するため、最高人民検察院(以下「最高検察院」という)は、内モンゴル自治区及び浙江省の人民検察院の照会に回答する形で、1996年1月23日付の「組織体の関係者が窃盗行為を組織的に実施した場合の法律適用問題に関する回答」(以下「回答一」という)において、つぎのように定めた。「組織体が窃盗を組織的に実行し、その窃取財産を組織体に帰属させ、その金額が非常に大きく、情状が悪質であるときは、その直接責任を負う主管者及びその他の直接責任者について、窃盗罪として逮捕、起訴するものとする」。もっとも、この回答は、刑法が改正される1997年以前に頒布されたものであるため、これが新刑法にも適用されるか否かについては見解が分かれた。そこで、最高検察院は、2002年8月13日付の「組織体の関係者が窃盗行為を組織的に実行した場合の法律適用

問題に関する回答」(以下「回答二」という)において、この問題について改めてつぎのように定めた。「組織体の関係者が、組織体の利益を図るために窃盗を組織的に実行し、その情状が重いときは、刑法第264条の規定に基づき、直接責任者の刑事責任を追及するものとする」。以上の二つの回答は、「情状が重いとき」や「責任者」といった個別的文言上の差異があるものの、いずれも有罪説をとっていることは明らかである。2008年に上海市浦東新区人民法院によって審理された仲大聯行盛大金盤物業管理中心電気窃盗事件の判決[11]も、まさに上記「回答二」に依拠したものである。

　もっとも、この「回答二」は、組織体による窃盗事件に限定して実務上の処理の統一化を図ったものであるが、それは同時に、別の二つの問題を浮かび上がらせる結果となった。

　第1は、「回答二」が最高人民法院(以下「最高法院」という)の先行解釈と矛盾するのではないかという問題である。すなわち、最高法院は、2001年1月21日付の「全国法院における金融犯罪事件の審理に関する業務座談会紀要」(以下「紀要」という)において、組織体が融資詐欺を行った場合の処理について、つぎのように明確に定めていた。「組織体には、融資詐欺罪が成立しない。刑法30条及び193条の規定によれば、組織体には融資詐欺罪が成立しない。したがって、融資詐欺を実行した組織体については、融資詐欺罪として処罰してはならず、また、同罪により直接責任を負う主管者及びその他の直接責任者の刑事責任を追及してはならない」。この解釈によれば、組織体が、明らかに不法領得の目的で、融資契約の締結・履行という手段を用いて銀行その他の金融機関から融資を騙取し、かつ、その行為が刑法224条所定の契約詐欺罪に該当する場合に、初めてこの契約詐欺罪として処罰することが可能になる。[12][13]換言すれば、組織体が実施した融資詐欺が契約詐欺罪の構成要件に該当しない場合には、その組織体と自然人のいずれについても不可罰になるのである。

　このように、「紀要」は、組織体が実行した融資詐欺については、無罪論の立場を採用していることが明らかである。学説においても、「直接責任を

負う主管者その他の直接責任者の刑事責任を追及する前提は、組織体犯罪が成立する場合でなければならないところ、もし組織体に融資詐欺罪が成立しないのであれば、その直接責任を負う主管者その他の直接責任者の刑事責任を追及できないのは当然である」[14]、「組織体が実行した融資詐欺行為について自然人の刑事責任を追及するのは、責任主義に反するものであり、なんら主観的過誤もない自然人に法人の責任を負わせるのは明らかに不当である」[15]として、「紀要」の立場を支持する見解がある。しかし、同じく組織体が法定個人犯罪を実行した場合、窃盗については処罰し、融資詐欺については処罰しないとするのは、司法解釈上の矛盾といわざるをえず、「法人格の分裂」との批判を免れないであろう。

第2は、「回答二」が組織体による窃盗行為の性質を曖昧にしているという問題である。すなわち、「回答二」からは、組織体による窃盗について、組織体犯罪の成立を認めた上で直接責任者のみを処罰するのか、それとも端的に自然人による窃盗罪として処罰するのかという点が必ずしも明瞭でないのである。これによって、組織体によって実施する法定個人犯罪の犯罪形態が曖昧になり、組織体犯罪でもなく、共同犯罪や単独犯といった自然人犯罪でもない、特殊の第三の犯罪形態（組織体犯罪の形態について自然人犯罪として処罰するという特殊形態）がつくり出されることになる[16]。もっとも、中国の刑法には、必ずしもこのような第三形態に対応した規定が存在しないのである。まさに、このような司法解釈の曖昧さから、同解釈を如何に理解すべきかをめぐって、学説は、自然人犯罪説と組織体犯罪説とに分かれたのである。

「回答二」を、自然人犯罪を認めたものと理解する見解によれば、「(「回答二」においても、)当該行為が刑法264条所定の窃盗罪の構成要件を満たすことが要求されているから、客観面において行為者が他人の財物を組織的に実行したことが、主観面において行為者に窃取の故意が存在することが不可欠である。そうである以上、窃盗罪の成立要件をすべて充足したことになる。行為者の動機が組織体の利益を図るものであり、また窃取した財物が組織体に帰属したという側面があるのは確かであるが、これは窃盗罪の成立を妨げる

理由にはならない」。なぜなら、窃盗罪の成立要件は、必ずしも窃盗の動機を限定していないからである。他人の利益を図る目的であろうと、「弱者救済」といった正義感に駆られた動機であろうと、それは窃盗罪の阻却事由にならいのである。このようにして、「回答一」及び「回答二」については、「それは、組織体の関係者が窃盗を組織的に実行した場合、個人窃盗罪として処理すべき旨を明らかにしたものと理解すべきである」とされる。[17]

これに対し、組織体犯罪説がより合理的であると主張する見解もある。その主たる根拠は、「回答二」が組織体による窃盗についての処罰対象を「直接責任者」と規定しており、その規定ぶりが、刑法各則上の組織体犯罪に関する立法形式と全く同じになっているという点にある。すなわち、中国刑法における組織体犯罪についての立法形式には 7 つの類型があるが[18]、その中には、「条文上犯罪の主体の範囲が明示されていないが、処罰の対象が『組織体』と『直接責任を負う主管者及びその他の直接責任者』となっているもの」、及び「条文上犯罪の主体の範囲が明示されていないが、処罰の対象が『直接責任者』となっているもの」、という 2 つの類型が存在するのである。「回答二」の規定ぶりは、まさにこれらの類型に共通している。刑法250条所定の少数民族差別侮辱作品出版罪も、この立法形式によるものである。[19]したがって、この見解によれば、「回答一」や「回答二」で用いられている、「組織体の関係者が組織体の利益を図るため」、「直接責任を負う主管者その他の直接責任者」、「組織体の利益のため」、「直接責任者の刑事責任を追及する」、「当該主管者その他の直接責任者を処罰する」といった表現は、いずれも組織体犯罪に関する法文の体裁を踏襲するものであるから、それは、組織体犯罪の成立範囲を窃盗などの法定自然人犯罪へ拡張しようとする趣旨であり[20]、したがって、組織体による窃盗については組織体犯罪が成立すると解するのが妥当であるとされる。[21]

上記 2 見解のうち、まず自然人犯罪説には問題があると思われる。第 1 に、この見解に立脚した場合、「回答二」には罪刑法定主義に反するおそれが生じてしまう。すなわち、刑法264条の規定によれば、窃盗罪のうち、も

っとも軽い類型は、「数額が比較的大きいとき、又は繰り返して窃盗をし、持凶器窃盗をし若しくはすりをしたとき」であって、その法定刑は「３年以下の有期懲役、拘役、又は管制」となっている。もっとも、「回答二」によれば、組織体による窃盗の場合の直接責任者の有罪要件は、「情状が重いとき」となっている。そうだとすれば、同じく1000元に相当する財物を窃取した場合、もしそれが自然人よるものであれば窃盗罪が成立するが、組織体の利益のために組織の決定を経て行われたものであれば、「情状が重い」要件に該当しないため、その自然人の刑事責任も追及できなくなる。また、刑法における窃盗罪の主体は、窃盗の実行に関与したすべての者であるはずなのに、「回答二」では、その処罰対象を「直接責任者」に限定している。そうだとすれば、たとえば、A会社が経費節約のために、会社の経営者である甲と乙の決定を経て、関係部門の責任者丙に電気窃盗を指示し、それを受けて丙が工員丁に窃盗を実行させたような場合、直接責任者になるのは、会社の最高意思決定者なのか、あるいは部門責任者も含まれるのか、それとも実行犯の工員も含まれるのか、その範囲は必ずしも明確ではない。もしこの点がはっきりしなければ、処罰範囲が不当に広がったり、逆に狭くなりすぎたりするおそれがあるのである。犯罪の構成要件は、本来は刑法自身が規定すべきものであって、司法解釈が刑法の外において基準を定めることは許されないはずである。その意味で、もし「回答二」が組織体窃盗を自然人犯罪として処理すべきとした趣旨だとすれば、それは実質的には窃盗罪に対する新たな立法をなすものであり、実務に混乱をもたらすのみならず、罪刑法定主義にも反する結果になるのである。第２に、「回答二」が、窃盗罪の成立要件を統一的に捉えていない点は、罪刑均衡の原則にも反する。刑法264条によれば、窃盗の「情状が重いとき」は、３年以上の懲役に処し、罰金を併科するとなっている。もっとも、「回答二」によれば、組織体が窃盗を行った場合は、「情状が重いとき」が有罪と無罪の境界線になるため、「情状が重いとき」でも、直接責任者に対して３年以下の懲役、拘役又は管制を処することになる。つまり、通常の場合の自然人窃盗に対する量刑の相場が、組織体に

よる窃盗の場合の自然人に対するそれより明らかに重くなっている。これは、罪刑均衡の原則に反するといわざるをえない。なぜなら、この原則は、量刑時の指導原則にとどまらず、法定刑の設計原則でもあるからである。中国刑法の基本設計からして明らかなように、自然人に比べて、組織体犯罪に対する処罰が軽くなっており、したがって、もしその行為を端的に自然人犯罪として処罰するなら、公平性が損なわれる結果になるのである。[23) いずれにせよ、「回答二」は、適用される法定刑を異にすることで、窃盗罪の成立要件の統一性を失わせ、よって罪刑均衡の原則に反する結果を招くおそれがあるといえよう。

　一方、「回答二」を、組織体による窃盗について組織体犯罪の成立を認めた上で自然人に限定して処罰している趣旨に解する見解に立っても、妥当な解決が得られるわけではない。刑法30条には、「その行為が法律に組織体犯罪として規定されているとき」初めて刑事責任を負う旨が明確に定められているところ、刑法各則は、窃盗については組織体犯罪として規定していないのである。2015年3月15日に全国人民代表大会常務委員会で改正された「中華人民共和国立法法」第7条及び第8条によれば、「全国人民代表大会及び全国人代表大会常務委員会は、国家の立法権を行使する。全国人民代表大会は、刑事、民事、国家機構及びその他の基本法律を制定及び改正する」とされている。「犯罪と刑罰」に関する事項は、法律で定めなければならない。換言すれば、刑法30条でいう「法律」は、全国人民代表大会及びその常務委員会によって初めて制定可能な基本法律なのである。そのため、組織体が犯罪の主体になり得るか否かも、あるいは組織体犯罪の態様自体も、法律すなわち刑法によって規定される必要がある。「回答二」は、最高検察院によって頒布される司法解釈にすぎず、「法律」ではないので、それを根拠に組織体犯罪を認めたものと解することは到底許されないであろう。したがって、同回答については、やはり自然人犯罪の成立を認めた上で自然人の刑事責任を追及すべきとしたものと解するのが妥当である。

　以上のように、「回答二」は、組織体による窃盗に関する法適用上の問題

の解決を図ったものであるが、その内容の曖昧さは、かえって多くの混乱をもたらす結果となったのである[24]。

最高法院と最高検察院も上記の問題を意識してか、「回答二」に存在する疑問点を払拭すべく、2013年4月2日に二者の連名で「窃盗事件の処理における法律適用上の若干の問題に関する解釈」（以下「窃盗事件解釈」という）を頒布し、その第13条において、つぎのように定めた。「組織体が窃盗を組織し、指示し、刑法第264条及び関連する解釈に該当する場合は、窃盗罪として、その組織者、指示者及び直接実行者の刑事責任を追及するものとする」。この「窃盗事件解釈」と「回答二」との顕著な差は、前者が、責任追及の対象を「直接責任者」から「組織者、指示者及び直接実行者」に細分化した点にある。それはおそらく、第1に、責任の主体の細分化によって、刑法における組織体犯罪の立法形式との区別を明確にすること、第2に、実務における訴追対象の統一化を図ること、の2点を意図したものであろう。ここからは、最高法院と最高検察院が、既に意識的に組織体による窃盗を自然人犯罪として捉えはじめている姿勢がうかがわれる。その意味では、「回答二」に比べて「窃盗事件解釈」の方がより合理的であるといえよう。

もっとも、「窃盗事件解釈」と「回答二」との関係においては、依然として判然としない部分が残っている。たとえば、「回答二」では、直接責任者対する刑事責任の追及基準として「情状が重い」ことが要求されていたが、この点が「窃盗事件解釈」にも適用されるのか否かは、必ずしも明らかでない。たしかに、「窃盗事件解釈」第15条では、「本解釈施行後、『最高人民法院の窃盗事件の審理における法律適用上の若干の問題に関する解釈』（法釈〔1998〕4号）は廃止される。先行の司法解釈及び規範的文書が本解釈と矛盾する場合は、本解釈による」と定められている。しかし、「窃盗事件解釈」においても、関係者の刑事訴追に必要とされる情状の程度については、特に「回答二」と異なった基準が設けられているわけではない。したがって、実務の処理においては、依然としてつぎのような理解が可能になる。すなわち、責任主体の範囲の点においては、「回答二」と「窃盗事件解釈」とが矛

盾するため、後者を基準にすべきであるが、訴追に必要な情状の程度については二者間に実質的な齟齬がないため、依然として「回答二」が基準となる。そうなると、「窃盗事件解釈」をもってしても、窃盗罪の成立要件の不統一や、罪刑法定主義ないし罪刑均衡の原則に違反するといった既述の疑念を払拭することができないのである。

また、「窃盗事件解釈」は、あくまでも窃盗事件における法適用の問題に限定された解釈にすぎない。そこで採用されている有罪説の立場は、既述の「紀要」の採用する無罪説と矛盾するのである。「窃盗事件解釈」と「紀要」との対象犯罪が異なるため、「窃盗事件解釈」15条によっても、この矛盾を解消することができない。しかも、「窃盗事件解釈」の主体には最高法院も含まれているから、この司法解釈間の矛盾は一層際立つことになるのである。

これは、組織体犯罪に関する司法解釈をどこまで一般化することができるかに関連する問題でもある。「窃盗事件解釈」や「紀要」及び「回答二」は、いずれも、個別的な犯罪について場当たり的な解釈を行うという欠陥を有していた。よく指摘されているように、「回答二」は、窃盗に関する組織体犯罪の法的規定がない場合において、その直接責任者の刑事責任について解釈を行ったものである。もちろん、その解釈原理からすれば、それは、組織体による詐欺や、強盗、殺人などにも等しく妥当するものであり、また、実際に実務においても、組織体による組織的な殺人については、その直接責任者の刑事責任を追及していたが、他方で、合法性の観点からみれば、司法解釈のこのような拡大適応には問題があったことは否定できないであろう。[25]

2 組織体犯罪に関する立法解釈とそれをめぐる論争

組織体が法定個人犯罪を実施した場合の実務処理の統一化を図るため、全国人民代表大会常務委員会は、「窃盗事件解釈」の趣旨をさらに広げて、それを刑法各則のあらゆる法定個人犯罪に拡大することとした。すなわち、2014年4月24日に同委員会によって頒布された「中華人民共和国刑法第30条

に関する解釈」（以下「組織体犯罪に関する立法解釈」という）においては、つぎのように定められている。「会社、企業、事業団体、国家機関、団体等の組織体が、刑法所定の社会に危害を及ぼす行為を行った場合において、その組織体の刑事責任が刑法各則その他の法律に規定されていないときは、その危害行為を組織し、計画し、実行した者に対して、法に基づいて刑事責任を追及するものとする」。

　従来の司法解釈に比べて、「組織体犯罪に関する立法解釈」が普遍的意義を有することは明らかである。同時に、同解釈は、「窃盗事件解釈」における責任主体の範囲を踏襲している。たしかに、「組織者、指示者、直接実施者」といった表現が「組織し、計画し、実行した者」に改められたものの、その間に実質的な差異はみられない。これによって、組織体によって実施された法定個人犯罪を自然人犯罪として捉える姿勢が一層明確になったといえよう。また、この立法解釈によって、従来の司法解釈間の不統一という問題も抜本的に解決されたといえる。たしかに、同解釈においては、従来の解釈と矛盾した場合の準拠規定が置かれていないが、立法解釈の司法解釈に対する優越性という基本原則からすれば、たとえば組織体が融資詐欺を行ったような場合には、もやは「紀要」が適用されるのではなく、立法解釈に従って、その詐欺を組織し、計画し、実行した個人に対して融資詐欺罪の責任を追及できることになる。このように、「組織体犯罪に関する立法解釈」は、従来の司法解釈上の諸問題を解決し、組織体が法定個人犯罪行った場合の刑事責任の認定方法を明確化した点においては、積極的意義があるといえる。

　しかし、同解釈にも問題がないわけではない。第１に、同解釈から、組織体によって実施された法定個人犯罪を自然人犯罪として捉える姿勢がうかがわれることは確かであるが、その犯罪の性質自体が自然人犯罪なのか、それとも組織体犯罪なのかについては必ずしも明確に規定されていない。第２に、もし同解釈を、組織体犯罪たる性質を認めたものだと理解するなら、それは、既述の立法改善説と実質的には同様な帰結を導き、すなわち、刑法各則のあらゆる法定個人犯罪について組織体犯罪が成立しうるということにな

る。そうなると、組織体による殺人罪、組織体による強姦罪、組織体による強盗罪、組織体による重婚罪といった奇妙な結論も考えられよう。ちなみに、このような結論であっても、一部の学説から支持が得られる可能性は十分にある。なぜなら、学説においては、かねてから「刑法各則上の組織体犯罪の処罰範囲は狭すぎるのであり、たとえば判決・裁定履行拒否罪や、窃盗罪、融資詐欺罪等については規定が設けられていない。これは、組織体犯罪の実態及び現在の刑事政策的要請を反映しないものである」といった批判が見られ[26]、組織体犯罪の処罰範囲をできるだけ拡張すべきとする主張が有力であったからである。その意味では、「組織体犯罪に関する立法解釈」は、厳密な論理性を欠いているため、組織体が法定個人犯罪を実施した場合に、その犯罪の性質が組織体犯罪と自然人犯罪のいずれであるかという本質的な問題について、解釈の相違をもたらす余地を残してしまったのである。第３に、逆に、もし同解釈を、自然人犯罪たる性質を認めたものだと理解するなら、なにゆえ組織体によって実施した社会危害行為について自然人の責任を追及できるのかを、理論的に説明する必要がある。無罪論が指摘するように、「組織体犯罪については、両罰制が原則となっており、個人の責任追及は、組織体に犯罪が成立し、かつその刑事責任を追及することが前提となっている。組織体に犯罪が成立せず、刑事責任を負わない場合は、その組織体内の主管者や直接責任者の個人の刑事責任の問題が生じないのは当然である」[27]。組織体犯罪と個人犯罪とは、全く別性格のものであり、もしある犯罪行為が個人の行為ではなく組織の行為とされ、しかも、犯罪による利益が個人ではなく組織に帰属される場合でもその自然人を罰するのは、自己責任の原則に反するのではないかという疑問がある[28]。なお、仮に組織体によって実施される法定個人犯罪を自然犯罪として理解するにしても、あらゆる組織体によって実施される法定個人犯罪を常に自然人犯罪と捉えてよいか、その合理性にも疑問がある。

Ⅲ 組織体が実施した法定個人犯罪を自然人犯罪として処罰する根拠と限界

1 組織体が実施した法定個人犯罪を自然人犯罪として捉える必要性

　もし刑法各則におけるすべきての罪名が「組織体犯罪に関する立法解釈」によって組織体犯罪化されたと解するなら、同立法解釈に組織体自体についての罰則が設けられていないから、新たに創出された305の罪名の組織体犯罪は、いずれも単罰制（自然人のみを処罰するという意味。訳者注）ということになる。統計によれば、現在の中国刑法各則に組織体犯罪が規定されている罪名は150にのぼるが[29]、そのうち、単罰制になっている罪名は17であり、全体の11.33％を占めるにすぎない。こうしたことから、中国刑法は、組織体犯罪について、両罰制を原則とし、単罰制を例外とする、という理解がこれまでの通説であった。もし、刑法各則に明文の規定のある組織体犯罪以外の罪名についても組織体犯罪化され、しかも単罰制が採用されたとすれば、単罰制の罪名は322に増え、全体の70.8％を占めることになり、上記の原則と例外の関係は逆転することになる。

　組織体犯罪を大量に創出し、かつ単罰制を採用するのは、犯罪の特徴についての中国刑法理論の基本的な考え方に相反するものである。中国刑法における犯罪の基本的特徴は、刑法13条から導かれるものであり、すなわち、社会的危害性と法定可罰性を備えたものでなければならない。これによれば、社会に危害を及ぼすあらゆる行為が犯罪になるのではなく、「法律に基づいて刑を受けなければならない」ものだけが犯罪になるのである。罪刑法定主義の原則からすれば、社会に危害を及ぼす行為は、法律上構成要件として類型化され、すなわち、刑法各則またはその他の罰条によって明文で規定されて、初めて犯罪になるのである[30]。「法律に基づいて刑を受けなければならない」という規定は、まさに「刑罰がなければ犯罪もない」という古い法諺を表したものである。「たとえある行為が法律上禁止されていても、もし刑法に当該行為の法的効果として刑罰が規定されなければ、当該行為は犯罪では

なく、逆に刑法に刑罰が規定されていれば、当該行為は犯罪であって、一般的な違法行為ではなくなるのである」[31]。こうした観点からすれば、刑法各則上のすべての罪名について組織体犯罪の成立を認めつつ、それについて単罰制を採用するという見解は、明らかに中国の犯罪の特徴や伝統的刑法理論と矛盾するものである。また、その結果として、組織体犯罪と自然人犯罪との区別が困難になり、あるいはそもそも区別が不要との結論に至る可能性がある。たしかに、刑法に規定されている組織体犯罪の中にも、単罰制になっている罪名が存在する。しかし、それは、つぎのような特殊な考慮に基づいたものである。「第1に、保護法益に組織体の利益が含まるような犯罪を、組織体の名義で行い、よってその組織体の利益を侵害するような場合がある。たとえば、国有資産不正分配罪や罰金没収財物不正分配罪（刑法396条）が、その例である。このような場合、もし組織体を処罰するとなると、かえって組織体が不利益を被ることになるから、単罰制が採用されている。第2に、犯罪を訴追する時点に、組織体がもはや存在しない場合もある。たとえば、清算妨害罪（162条）がその例である。第3に、組織体犯罪ではあるが、その組織体を処罰することで無関係の第三者に不利益を与えるのを避けるために、単罰制を採用している場合もある。たとえば、重要情報虚偽提供隠ぺい罪（161条）がその例である」[32]。これらの単罰制は、各種利害を比較衡量の上、犯罪の基本的特徴についての修正を最小限度に止めたものであると評し得よう。

最後に、刑法上明文で規定されている組織体犯罪の罪名数は既に全罪名の3分の1を超えており、膨大な組織体犯罪の法体系を形成しているにもかかわらず、裁判実務においては、組織体犯罪事件の占める比率はわずかである。以下の表は、ある研究者が、四川省、山東省及び山西省の三省を対象に、1997年から2012年までの15年間の組織体犯罪に関する裁判件数を調査した結果を示したものである[33]。

この表から分かるように、いずれの省においても、裁判における組織体犯罪の事件数は千分の1にも足らず、実務における組織体犯罪の適用率は極め

省	四川省		山西省		山東省	
	件数	比率	件数	比率	件数	比率
刑事事件判決数	358000		116000		648000	
組織体犯罪判決数	179	0.05%	58	0.03%	324	0.07%
組織体犯罪にかかる罪名数	33		9		28	

て低いといえる。その背景には、司法機関が、地方経済を保護する観点から、その地方経済の発展に重大な影響を及ぼすような組織体処罰には躊躇いを感じているということが考えられる。総じていえば、各地方は、組織体が実施した法定個人犯罪を組織体犯罪化することには、消極的であるといえる。こうした現状の中で、立法機関が組織体犯罪の数をさらに拡張することを狙っているとは考えにくいであろう。

比較法的にみても、「組織体をあらゆる犯罪の主体として規定している国は存在しない。ドイツ刑法は、現在でも組織体犯罪を定めておらず、組織体が窃盗や詐欺を実行した場合は、個人犯罪として処罰している。フランス刑法は、法人犯罪を比較的に多く規定しているが、それでも殺人罪についてまで組織体を主体としているわけではない。いかなる組織でも、その組織の利益のためにあらゆる犯罪を行う可能性があるが、いかなる国でも、その組織体をあらゆる犯罪の主体として規定しているわけではないのである」[34]。一般に、大陸法系の国では、組織体犯罪の処罰に慎重であり、自然人犯罪の処罰を原則としている。一方、イギリスは、法人犯罪を最初に認めた国であり、しかも、伝統的刑法理論を絶えずに修正しながらその処罰範囲を拡大してきた。そこでは、法人犯罪は「当初の義務違反行為から自然人類似の犯罪行為へと拡張され、過失殺人についてまで法人の刑事責任が認められている。しかし、そこでも、①強姦罪や重婚罪のように、性質上法人によって実施し得ない犯罪、②自由刑のみが予定されている犯罪、の２類型については、法人犯罪が認められていないのである」[35]。

こうしてみると、「組織体があらゆる犯罪について刑事責任を負うべきとする考えは妥当でない。組織体犯罪は、特殊な犯罪形態として、固有の特殊

性と限界を有するものである。組織体犯罪の処罰に当たっては、その理論的根拠と実務上の効果を共に考慮する必要があり、処罰範囲を一方的に追及すべきではない」[36]。とくに「組織体犯罪に関する立法解釈」の適用範囲の広さに鑑みると、それが組織体の実施した法定個人犯罪について組織体犯罪の成立を認めたものと解するのは妥当でないと思われる。

2 組織体が実施した法定個人犯罪について自然人を処罰する理論的根拠

組織体が実施した法的個人犯罪について自然人を処罰する根拠が何かをめぐって、学説上は種々の議論がある。まず、そもそも組織体の犯罪能力を否定する見解がある。これによれば、組織体は擬制された主体にすぎず、肉体も意思もなく、行為能力も責任能力もないのだから、犯罪活動を行うことができない。「自然人行為の規制を前提として発展してきた刑法においては、犯罪行為の人的専属性が厳格に要求されており、いかなる犯罪行為も、それを実施した自然人に排他的に帰属させなければならず、それを組織体（法人）の行為とみなすことは許されない」[37]。まさにそのため、組織体が法定組織体犯罪を実施した場合であろうと、法定個人犯罪を実施した場合であろうと、責任主体には必ず自然人が含まれていなければならない。一方、犯罪の予防や法益保護の観点からは、組織体が相応の刑事責任を負う必要もある。なぜなら、自然人のみに刑事責任の全部を負わせるのは責任主義の要請であるとはいえ、最善の選択とはいえず、組織体にその自然人の行為について代位責任を負わせる必要があるからである。この場合、この代位責任は、個人責任主義の原則をある程度逸脱することは否定できない。しかし、相対的にいえば、組織体による代位責任の理論のほうが、伝統的刑法理論への影響が最小限にとどまることも確かである」[38]。

この見解については、組織体に犯罪能力があるか否か、刑法の規制対象が一元的なものかそれとも多元的なものか、の2点において、議論の余地がある。組織体の犯罪能力の点については、学説上見解が大きく分かれており、いまだ定説が存在しないのが実情である。犯罪能力を肯定する見解からも多

くの根拠が示されており、たとえば、組織体はその機関を通じて意思決定を行って違法行為を行っていること、団体による意思形成については当然に責任非難が可能であること、合法的目的に基づいて成立した組織でも違法行為を行う可能性が十分にあること、組織体に対する処罰手段として罰金以外にも種々の刑罰が考えられること、組織体の機関の行為には、個人的行為の側面にとどまらず組織体としての行為の側面が同時に存在すること、などなどがそれである。[39] 何秉松教授によれば、組織体は一種の人格化された社会システムの統合体であって、それ自体の統合的意思と行為を有しており、したがって、犯罪能力と刑事責任をもつ主体であるとされる。[40] 組織体犯罪の観念が刑法によって確立される以前であれば、刑法の規制対象が自然人に限られているといえるかもしれないが、組織体犯罪が各国の刑法に規定されるに至った今日においては、組織体は、もはや自然人と並んで犯罪の主体とされており、そうである以上、現代社会においては、刑法の規制対象は、二元的なものであって、一元的なものでないというのである。

また、学説においては、「自然人犯罪と組織体犯罪との関係は、特殊な法条競合関係である」とする見解もある。それによれば、刑法が組織体犯罪を規定している場合は、組織体犯罪は、自然人犯罪の特殊な出現形態にすぎないから、成立する犯罪はその自然人の行為に応じて決まるが、量刑においては、特別法の一般法に対する優位の原則により、組織体犯罪の関連条項が適用されるに過ぎないとされる（この条項は、成立する犯罪に関する特別規定ではなく、あくまでも量刑に関する特別規定であるとされる）。他方、刑法が組織体犯罪を規定しておらず、すなわち、犯罪の主体が自然人に限定されている場合は、組織体についての特別の量刑規定が設けられていないから、一般法のみが適用され、組織体内の主管者その他の直接責任者について、その自然人の行為に対応した犯罪と刑罰が適用されるとされる（この場合は、成立する犯罪と量刑のいずれにもおいても、同一条項が適用される）。[41] しかし、このような組織体犯罪を自然人犯罪の特殊形態と捉える見解も妥当でないと思われる。なぜなら、自然人犯罪と組織体犯罪とは異なる犯罪類型であり、両者の構成要件の間に

は、包摂又は重なり合いがなく、よって法条競合関係を認めることが困難であるからである。[42]

それでは、組織体が法定個人犯罪を実施した場合、なぜ自然人を処罰することができるであろうか。その答えは、組織体犯罪の解析から導くことが可能である。組織体犯罪を解析してみると、そのほとんどは、1個の犯意、2個の主体、及び1個の行為から構成されていることがわかる。[43]すなわち、組織体は擬制の主体であるから、みずから犯罪意思を産み出すことはできず、その犯罪の意思はその組織体内部の自然人に由来するものである。自然人の犯罪意思が組織体内の意思決定手続を経て組織体の犯罪意思になるわけであるから、二者の犯意を人為的に分割することは許されず、別々に評価することも許されない。一方、組織体は独立した主体格を有しているから、組織体犯罪においては、組織体と自然人の二つの主体が存在する。また、組織体自体が自由な行動ができるわけではなく、その犯罪は、実際には自然人を通じて計画、組織ないし実施されるから、犯罪行為は1個があるにすぎないのである。こうしてみれば、組織体犯罪のプロセスについては、恰も自然人が組織という機械を操縦して法益侵害を行っているようなものとして捉えることができよう。その性質は、自然人が自動車を操縦して交通事故を起こすものと類似したものといえる。その違いは、自動車が犯罪の主体と擬制されておらず、刑法的規制を受けていないという点にあるにすぎない。自然人が自動車を操縦して交通事故を起こした場合は、1個の犯罪意思、1個の主体及び1個の犯罪行為しかないから、自然人のみが刑事責任を負うのは当然である。もし刑法上組織体が犯罪の主体として規定されていないなら、組織体による法益侵害行為は、自然人による交通事故の惹起と全く同質の行為になる。また、この場合、刑法が組織体を犯罪の主体として規定しないのは、自動車を犯罪の主体として規定しないのと同じ原理によるものである。そうだとすれば、組織体が法定個人犯罪を実行した場合は、その組織体の刑法における位置づけは自動車と同様になるので、それについて刑法上の評価を与える必要がなくなり、事件における犯罪の主体、犯罪の意思及び犯罪の行為は

1個のみということになるのである。そして、残った犯罪の主体は自然人のみであり、犯罪の意思と犯罪行為が必然的にその自然人に帰属されるから、その自然人の行為に犯罪が成立するのは当然である。これこそが、自然人が刑事責任を負うべき根拠であると思われる。

3 組織体が法定個人犯罪を実施した場合の自然人責任の限界

「組織体犯罪に関する立法解釈」は、従来の司法解釈上の不足を補う上で有益なものであるが、組織体によって実施された法的個人犯罪について一律に自然人の刑事責任を追及すべきとした点においては、なお検討の余地がある。

(1) 自然犯と法定犯を区別する見解の問題点

一部の学説によれば、組織体が純粋に自然犯に属する犯罪を実行した場合は、その組織体内の自然人に犯罪が成立するか否かは、状況によって区別すべきとされる。そして、その区別に当たって、第1の基準は意思内容であり、すなわち「その組織的犯行が行為者自身の個人的意思に担われたものか否か」であるとされる。もし、組織体が法定個人犯罪を実行した場合、それが組織体の意思を反映したものにとどまらず、個人の意思をも顕著に反映したものであれば、自然人犯罪が成立し、そうでなければ、自然人犯罪は成立しない。第2の区別基準は、構成要件であり、すなわち「その行為が自然人犯罪の構成要件に該当するか否か」であるとされる[44]。このうち、第1の基準は主観的なものであり、その内容が曖昧であって確実性が欠けたものであるから、実務上の判断が困難であろう。第2の基準については、組織体が法定個人犯罪を実行したというのは、そもそも自然人犯罪の罰条に触れる行為を行ったことを前提とした議論であるので、構成要件に該当するのは当然のことである。論者もこうした問題点を意識してか、その立場をつぎのように補足している。「総じていえば、法定犯においては、組織体内の個人意思が強く反映されることがないから、一般に自然人犯罪の成立を認めるのは妥当ではない。もちろん、これは、法定犯についても、必要に応じ、立法を通じて

刑事責任の追及を可能にすることを一切否定する趣旨ではない」[45]。これを裏返していえば、組織体が法定個人犯罪を実施した場合、もし当該犯罪が自然犯であるときは、自然人犯罪が成立するが、もしそれが法定犯であるときは、自然人犯罪が成立しないということであろう。では、自然犯か法定犯かの基準をもって、自然人の刑事責任の限界を画することは妥当であろうか。

周知のとおり、「犯罪の性質によって、犯罪を自然犯 (刑事犯) と法定犯 (行政犯) とに区分することができる。自然犯とは、法律の規定をまつまでもなくその性質上社会倫理に反するものとして犯罪とされるものをいい、法定犯とは、法律によって初めて犯罪とされるものであって、行政取締りの目的から犯罪とされるものをいう」[46]。一部の学説によれば、立法の性質からみて、「中国の組織体犯罪は法定犯であり、窃盗や殺人等の自然犯と異なる」[47]。日本の刑法体系を見ても、刑法典は基本的に自然犯を定め、法人犯罪の大半は特別刑法や行政刑法の中に定められているのである[48]。もっとも、この立場が直面している問題は、そもそも法定犯と自然犯との間に、自然人の犯罪の成否を左右するほどの実質的な差異が存在するか否かである。

自然犯と法定犯との間に差異が存在するか又はいかなる程度の差異が存在するのかという問題については、かねてから論争が繰り広げられてきたところである。すでに20世紀初頭に「違法性質区分説」が提唱され、それによれば、自然犯ないし刑事犯は、特定の法益を侵害する行為であるのに対し、法定犯ないし行政犯は、行政秩序や義務に違反する行為である。すなわち、法定犯において問題になるのは、「行政利益」に対する侵害又は危険であって、「法益」の侵害ではないから、その処罰の目的も「義務違反に対する警告」であって、刑罰のような「倫理的、社会的非難」ではない。自然犯においては個人的権益や文化的損害が問題になるのに対し、法定犯においては特殊な社会的損害が問題になる。したがって、自然犯は「正義的価値」にかかわる行為であるのに対し、法定犯は「福祉的価値」にかかわる行為である、とされる[49]。しかし、法益の概念の定着や拡張に伴い、法定犯についても法益に対する侵害や危険を認め、法定犯と自然犯との区別の意義を否定するような見

解が増えてきている。また、法定犯と自然犯との間には違法性の程度の差があるのみで、それは「量的差異」にすぎないとする見解も存在する。この見解によれば、法定犯は、自然犯に比して、法益侵害性が相対的に軽い行為であり、あるいは、その行為形態が自然犯ほどの高度の非難可能性を有しない行為であって、要するに「軽微な犯罪」ということになる。

このように、自然犯と法定犯の区別には種々の論争があり、しかも、その間の境界線も不明確で安定性が欠けている。また、その分類基準についての学説も様々であり、それぞれ欠陥を抱えている。なお、時代の変遷に伴って、自然犯と法定犯の相互転換という現象も決して稀ではない。その意味では、自然犯と法定犯との区別は、もはやその重要性を失っているといえよう。

また、法定犯だからという理由で組織体によって実施された法定個人犯罪の自然人の責任を免除するのであれば、中国刑法における多くの罪名がおよそ適用されないという不都合な結論にもなりかねない。たとえば、刑法139条の1が規定している安全事故不報告罪・虚偽報告罪は、法定犯であり、かつ法定個人犯罪であるが、企業に安全事故が発生した場合、報告責任を負う組織体の幹部が、報告しなかったり虚偽報告をしたりするのは、通常は企業の名誉が傷ついたり刑事罰を受けたりするのを免れるのが目的であるから、その動機は企業の利益のためであるといえる。また、その虚偽報告が組織体の意思決定手続に基づいてなされた場合もありうる。この場合、もし法定犯については自然人を不可罰にするという立場に立てば、ほとんどの不報告・虚偽報告の事件においては、訴追可能な責任主体が存在しなくなる。このような結論は回避すべきであろう。

(2) **自然人の刑事責任を全面的に追及することの是非**
　　──**法人所持型の犯罪における自然人責任の否定**

「組織体犯罪に関する立法解釈」が有罪説に立脚している点は既述のとおりであるが、その有罪説の前提となっているのは法益侵害説である。それによれば、「犯罪の本質は、法益の侵害にあるのであって、行為者が利益を得

るところにあるわけではない。そして、法益侵害の点においては、組織体による組織的な犯行と自然人による犯行との間にはなんら差異もない」[54]。「法益侵害の観点からみれば、組織体による犯罪と自然人による犯罪との間には本質的な差異がなく、いずれも法益に対する侵害である。誰の利益を図る目的なのか、実際に誰が利益を得たのかという点は、法益侵害の判断になんら影響を及ぼさないものである。したがって、刑法が組織体をある犯罪の主体として規定していない場合であっても、その組織体が当該犯罪を実施したときは、その組織体内の自然人に対して、共犯又は単独犯としての責任を追及すべきなのは当然である」[55]とされる。しかし、このような見解は、少なくとも刑法各則における特定の犯罪に関してはなお検討の余地が残っていると思われる。それは、いわゆる所持型の犯罪類型である。

　組織体が擬制の主体であるから、作為犯と不作為犯においては、組織体の行為は自然人の作為と不作為から離れては存在し得ない。組織体の行為は自然人の行為と密接不可分の関係にあり、組織体がある犯罪（作為又は不作為）を実施し、かつ当該犯罪の主体に組織体が含まれている場合は、その自然人の行為は組織体の行為に転化することになる。一方、組織体がある犯罪（作為又は不作為）を実施し、当該犯罪の主体に組織体が含まれていない場合には、その自然人の行為は自己の行為にとどまることになる。

　しかし、所持型の犯罪は、作為犯と不作為犯のいずれとも異なる、特殊な形態である。「所持とは、ある禁制品について支配関係を有する状態という」[56]。したがって、所持は、物に対する状態という意味で、その基本的属性は占有である。民法の観点からずれば、占有は一種の権能として、物権に由来するものである。「物権とは、物を直接に支配する権利のことであり、排他性を有するものである。物権の本質は、特定の物を権利主体に帰属させて、それに対する直接の支配、利益の享受を認めるとともに、その支配領域に対する他者の侵害や介入を排除するところにある。直接支配とは、物権の主体が自らの意思により物の利益を享受することを意味する」[57]。物権はさらに所有権と制限物権とに分かれる。所有権は、物を自由に使用、収益、処分

できる権能を意味する。行為者がある禁制品について所有権を有する場合は、その状態を刑法上所持と評価してよいであろう。一方、制限物権とは、他人の所有物に対して有する物権のことであり、たとえば、地役権や、質権、担保物権等がその例である。この制限物権に関しては、行為者が現実に禁制品を占有している場合に、初めて刑法上所持と評価することができる。たとえば、現実に占有している禁制品に対して質権や担保物権を有する場合がこれに当たる。ところで、禁制品の所有権の主体、又は制限的物権に基づいて禁制品を現実的に占有している主体が法人格を有する組織体である場合にも、「組織体犯罪に関する立法解釈」に従って自然人を処罰すべきであろうか。この点については検討の余地があるのである。たとえば、某会社が、会社の壁面を装飾して顧客を誘致する目的で、会社の幹部による集団決定に基づき、闇ルートを通じて会社の資金で拳銃3丁を購入し、これを会社の財産として倉庫に保管していたところ、警察に発覚されたとしよう。この場合、「組織体犯罪に関する立法解釈」によれば、会社の利益のために、会社の決定に基づいて、会社が不法に拳銃を所持したわけであるから、これは組織体による違法行為に当たり、また、拳銃不法所持罪については刑法に組織体が主体として規定されていないから、会社の直接責任者に同罪が成立することになる。しかし、会社法の基本原理からすれば、法人組織体の場合は、その財産は自然人の財産と分離され、独立した財産権を有するとされる。したがって、作為犯・不作為犯と異なって、所持犯に関しては、所有権を権源とする所持を、組織体が独立して実施することは可能なのである。換言すれば、法人型の組織体が、所有権又は制限的物権に基づいて禁制品（拳銃、違法薬物等）を所持した場合は、この所持行為は、自然人の所持と分離されるべきであって、自然人の所持が法人の所持に転化されたとみるのは妥当でないということである。その結果として、この場合は、組織体の責任を自然人に転化させることは許されないことになる。もちろん、所持型の犯罪類型が保護しようとする行政秩序を維持し、潜在的社会的危険性を予防するためには、もし組織体内部の自然人が当該拳銃を組織体から持ち出したり悪意に移

転したりして自己の占有下に置いたような場合は（善意による移転は除外すべきである。善意の移転とは、個人の図利目的によらない移転をいい、たとえば、営業場所の移転や内部修繕に伴う移転の場合をさす。善意の移転について自然人の責任を追及すべきでないのは、たとえば、紛失の拳銃を拾得してそれを警察に届けるために所持した行為を不可罰にするのと同じである）、財産に対する組織体の所持状態を失わせることによって、組織体による占有から自己の占有に移転させたとして、自然人による所持罪の成立を認めることが可能であろう。

　以上の検討から明らかなように、組織体が法定個人犯罪を実施した場合自然人の責任を一律に追及すべきとした「組織体犯罪に関する立法解釈」の立場には問題がある。民法の基本原則に立脚すれば、法人型の組織体の所持は、自然人の所持から独立した行為であるため、その行為について自然人の刑事責任を追及するのは、責任主義に反するものと思われる。

Ⅳ　おわりに

　窃盗事件を発端とした組織体によって実施される法定個人犯罪の問題について、「回答一」、「紀要」、「回答二」、「窃盗事件解釈」及び「組織体犯罪に関する立法解釈」という経緯を経て、実務運用上の処理基準は次第に統一されることになった。実務の必要性や諸外国の立法例のいずれの観点からみても、組織体犯罪の無限定な拡張は望ましくなく、刑法上のあらゆる犯罪を組織体犯罪化することには問題があると思われる。これまでの立法解釈についての分析からわかるように、同解釈は、必ずしも組織体によって実施された法定個人犯罪を組織体犯罪として認めるものではなく、むしろ、組織体犯罪の成立範囲の拡張には消極的な立場をとっているといえる。このような立場は基本的に評価すべきものと思われる。また、これまでの学説も、種々の検討を重ねた結果、組織体によって実施された法定個人犯罪を自然人犯罪として処理する立場を明確にしてきた。これは、１個の主体（自然人）が１個の犯罪意思に基づいて１個の犯罪行為を実施した場合には、自然人犯罪が成立

するという構成要件理論に合致する考え方であり、刑法の法益保護の目的からみて妥当性を有するのみならず、中国の現行刑法上の組織体犯罪の法体系とも整合性を有するものである。しかし、「組織体犯罪に関する立法解釈」が主管者、責任者すなわち自然人の責任を一律に追及すべきとした点においては検討の余地を残しており、所持型の犯罪の有する特殊性に鑑みれば、この種の犯罪を組織体が実施した場合は、自然人の刑事責任を免除する余地を残すべきであると思われる。

注

1) 訳者注。組織体は、中国語「単位」の訳である。単位は、会社、企業、事業体、国家機関及び団体の総称である（中国刑法30条を参照）。
2) 芦晶＝蒋一峰「靠窃電降低成本桐郷三廠長各判十年」http://www.people.com.cn/GB/shehui/44/20020202/661237.html，2015-05-17。
3) 習桂掠＝張恵成「単位窃電照様追究刑事責任」供電企業管理2002年第6期。
4) 張春喜「単位窃取行為是否構成犯罪」人民日報2006年2月21日付。
5) 訳者注。刑法30条に続き、31条はつぎのように定めている。「組織体が罪を犯したときは、組織体に罰金を科するほか、その直接責任を負う主管者及びその他の直接責任者を処罰する。この法律の各則及びその他の法律に規定があるときは、それらの規定による」。
6) 陳興良「窃盗罪研究」陳興良編『刑事法判解（第1巻）』（法律出版社、2000年）36頁。
7) 張明楷『法益初論』（中国政法大学出版版、2000年）364頁。
8) 張明楷『詐欺罪与金融詐欺罪研究』（清華大学出版社、2007年）373-374頁。
9) 王良順「論参与実施純正自然人犯罪的単位成員的刑事責任」法商研究2013年第2期。
10) 王礼仁「単位窃盗的定罪与量刑問題」人民法院報2002年11月4日付。
11) 上海市浦東新区人民法院（2007）浦ård初字第1747号刑事裁判文書、上海市第一中級人民法院（2008）沪一刑終字第266号刑事裁判文書。
12) 訳者注。刑法224条の契約詐欺罪については、刑法231条に、組織体を処罰する旨明文で定められている。
13) 陳興良『罪刑法定主義』（中国法制出版社、2010年）65-66頁。
14) 芦勤忠「刑法応設立単位詐欺罪」政治与法律2009年第1期。
15) 黎宏『単位刑事責任論』（清華大学出版社、2001年）280頁。
16) 龔培華「単位犯罪司法解釈研究」犯罪研究2003年第4期。
17) 張明楷＝黎宏＝周光権利『刑法新問題探究』（清華大学出版社、2003年）53頁。
18) この7つの類型はつぎのとおりである。①条文上組織体が犯罪の主体として明示さ

れているが、処罰の対象が「直接責任者」のみとなっているもの、②条文上組織体が犯罪の主体として明示されており、しかも、処罰の対象が「組織体」と「直接責任を負うお主管者及びその他の直接責任者」となっているもの、③条文上組織体の違法行為によって重大な事故が惹起された旨規定されているが、処罰の対象が「直接責任者」となっているもの、④条文上犯罪の主体の範囲が明示されていないが、処罰の対象が「組織体」と「直接責任を負う主管者及びその他の直接責任者」となっているもの、⑤条文上犯罪の主体の範囲が明示されていないが、処罰の対象が「直接責任者」となっているもの、⑥条文上組織体が犯罪の主体として明示され、かつ組織体の名義で組織体の財産を個人に分配する旨規定されているもの、⑦刑法の章節の最後の1条に、「組織体が本節○○条に違反したときは、組織体に罰金を科するほか、直接責任を負う主管者その他の直接責任者について同条に基づいて処罰する」旨規定されているもの。林蔭茂「単位犯罪条文、罪名探析」政治与法律2005年第2期参照。

19) 刑法250条は、「出版物の中に少数民族を差別し、又は侮辱する内容を掲載し、情状が悪質であり、重い結果を生じさせたときは、その直接責任者は、3年以下の有期懲役、拘役又は管制に処する」と定めている。

20) 周振傑「単位犯罪司法解釈研究」法治研究2011年12期。

21) 賈済東=楊濤「以単位名義、為単位利益実施盗窃罪是否構成犯罪」人民検察2006年第7期。

22) 訳者注。刑法264条は、「公私の財産を窃取した者は、数額が比較的大きいとき、又は繰り返して窃盗をし、持凶器窃盗をし若しくはすりをしたときは、3年以下の有期懲役、拘役、又は管制に処し、罰金を併科又は単科する。数額が非常に大きいとき又はその他の重い情状があるときは、3年以上10年以下の有期懲役に処し、罰金を併科する。数額が極めて大きいとき又はその他の特に重い情状があるときは、10年以上の有期懲役又は無期懲役に処し、罰金又は財産の没収を併科する」と定めている。

23) 鄭延譜「罪責自負原則——歴史演進、理論根基与刑法貫徹」北京師範大学学報（社会科学版）2014年第4期。

24) 「回答二」が頒布される以前、最高法院が1998年4月17日に「判決・裁定履行拒否罪事件の審理における法律適用上の若干の問題に関する解釈」を頒布していたが、そこに存在する問題点は「回答二」と基本的に共通しているので、その内容は省略することとする。

25) 龔培華「単位犯罪司法解釈的理解与適用」遊偉編『華東刑事司法評論（第五巻）』（法律出版社、2003年）222頁。

26) 曽友祥=王聿連「単位犯罪存在範囲的批判性反思」法学雑誌2012年第2期。

27) 張軍ほか『刑法縦横談』（法律出版社、2003年）306頁。

28) 陳興良「窃盗罪研究」陳興良編『刑事法判解（第1巻）』（法律出版社、2000年）36頁。

29) 一部の罪名に関しては、組織体犯罪が規定されているか否について意見が分かれているため、組織体犯罪の罪名数の数え方も異なっており、罪名数を134とする説（林蔭茂「単位犯罪条文、罪名探析」政治与法律2005年第2期）や、罪名数を136とする説

（王匡正「単位犯罪的現状与反思」2013年西南財経大学博士論文52頁）もある。
30）　張明楷『刑法学』（法律出版社、2011年）88－89頁。
31）　張明楷『刑法格言的展開』（法律出版社、1999年）117頁。
32）　楊国章「関於中国刑法中的『単罰制単位犯罪』的疑問与立法建議」法律適用2011年第4期。
33）　王匡正「単位犯罪的現状与反思」2013年西南財経大学博士論文55頁
34）　張明楷『詐欺罪与金融詐欺罪研究』（清華大学出版社、2007年）374頁。
35）　何秉松『法人犯罪与刑事責任』（中国法制出版社、2000年）103－112頁。
36）　趙能文「単位犯罪限縮論」華東政法大学2014年博士論文10頁。
37）　董玉庭「単位実施非単位犯罪問題」環球法律評論2006年第6期。
38）　董玉庭「単位実施非単位犯罪問題」環球法律評論2006年第6期。
39）　金沢文雄「法人の刑事責任と両罰規定」阿部純二ほか編『刑法基本講座（第2巻）』（法学書院、1994年）49頁。
40）　何秉松『法人犯罪与刑事責任』（中国法制出版社、2000年）486頁。
41）　於志剛「単位犯罪与自然人犯罪――法条競合理論的一種解釈」政法論壇2008年第6期。
42）　王良順「論参与実施純正自然人犯罪的単位成員的刑事責任」法商研究2013年第2期。
43）　しかし、この特徴は、作為犯と不作為犯のみに妥当するものであって、所持型の犯罪に妥当しない。詳細は本文を参照。
44）　張少林「単位実施純正自然人犯罪刑法処理新論」東方法学2008年第5期。
45）　張少林「単位実施純正自然人犯罪刑法処理新論」東方法学2008年第5期。
46）　大谷實『刑法総論』（成文堂、2010年）45頁。
47）　曽友祥＝王聿連「単位犯罪存在範囲的批判性反思」法学雑誌2012年第2期。
48）　斎藤信治『刑法総論』（有斐閣、2003年）57頁。
49）　何子倫「刑事犯与行政犯之区別初探」国政研究報告（研）092－005号、2003年2月28日付。
50）　鄭善印『刑事犯与行政犯之区別：徳、日学説比較』（自己出版、1990年）129－130頁。
51）　林山田「論刑事不法与行政不法」刑事法雑誌第20巻第2期38－39頁。
52）　張明楷「自然犯与法定犯一体化立法下的実質解釈」法商研究2013年第4期。
53）　大谷實『刑法総論』（成文堂、2010年）46頁。
54）　張明楷『法益初論』（中国政法大学出版社、2000年）368頁。
55）　張明楷『法益初論』（中国政法大学出版社、2000年）377頁。
56）　陳興良『規範刑法学（上冊）』（中国人民大学出版社、2008年）125－126頁。
57）　王澤鑒『民法概要』（中国政法大学出版社、2003年）470頁。
58）　江平『民法学』（中国政法大学出版社、2007年）268頁。

総　　括

北京大学法学院教授
梁　　根　　林

尊敬するご列席の皆様

　2日間にわたる極めて密度の濃い討論を経まして、「中日刑事法の基礎理論と先端問題」と題した第5回中日刑事法シンポジウムはいよいよ閉幕を迎えることとなりました。わたしの能力からして、今回の会議について全面的に総括を行う自信がございませんので、その重責はわたしの尊敬する高橋則夫先生に譲らせていただき、わたしからは、この2日間の討論を通じて得た若干の感想を述べさせていただきたいと存じます。

　第1は、テーマの設定についてです。今回の会議は、中日刑事法の基礎理論と先端問題の両方について焦点を当てました。基礎理論の部分では、量刑論と中止犯の問題を取り上げ、先端問題の部分では、医療刑法と企業犯罪の問題を取り上げました。量刑論が議題にあがりましたのは、両国の刑事法学の交流が、犯罪論から刑罰論へとその範囲がますます広がってきたことを意味するものです。量刑論は刑罰論に関する最重要問題の1つであり、犯罪の成否を的確に認定した上で、如何にして公平な量刑を実現し、それによって量刑上のばらつきを解消するかは、今日の中日両

国の刑事法が直面している共通の課題といえます。中止犯は、犯罪論における伝統的なテーマでありますが、中止犯の認定基準や処罰のあり方をめぐっては、両国の問題状況が異なるとはいえ、なお検討すべき課題が多く残っている分野といえます。医療刑法は、今日の国際刑事法においてもっとも注目される先端問題の1つといえましょう。甲斐先生をはじめとする日本の研究者に比べて、この問題に関する中国の研究はなお初期段階にありますが、増え続けている医療紛争を背景に、医療刑法のあり方は、中国においても、もはや避けては通れない現実的な課題になっております。その意味で、医療刑法を今回取り上げましたのは、この問題に関する中国の研究を促進していく上でも極めて有意義なことと存じます。企業犯罪は、中日両国の刑事法が直面している現実的な問題であるだけでなく、そこには、伝統的な刑法理論では対応が困難な新しい課題が多く含まれております。このように、実務的な観点及び理論的な観点のいずれから見ても、今回のテーマ設定は極めて有意義であったと思われます。

　第2は、各報告のレベルの高さについてです。両国の刑事法学の交流の深化に伴って、学術交流は、もはや各自の立法や判例学説の紹介という初期段階を乗り越えて、真の意味での学術的対話へ進化してきているという感想を強く持ちました。第1セッションの量刑論では、馮軍教授から、「量刑論」と題して、中国における量刑のばらつき現象についてその原因分析がなされ、その上で、責任刑と予防刑との関係、幅の理論や点の理論及び位置価説についての検討を踏まえて、機能的責任論に基づいた量刑論が主張され、さらに、近年中国最高法院によって進められている量刑標準化の動きについて詳細な紹介がなされました。これに対し、小池信太郎教授からは、同じく「量刑論」と題して、2009年裁判員裁判実施以来の日本の量刑の現状について詳細な分析が加えられ、合わせて、裁判員制度実施後の控訴審の動向や最高裁の関連判決についても検討が加えられました。また、第2セッションの中止犯論では、原口伸夫教授から、「日本における中止未遂論の現状と課題」と題して、刑の減免根拠をめぐる学説が次第に法律説から政策説へ傾斜しつ

つある状況が紹介され、また、中止未遂における任意性の判断基準、予備の中止、共犯と中止未遂といった問題について重点的に検討が加えられたほか、裁判員制度の実施が中止未遂の解釈に及ぼした影響についても分析がなされました。これに対し、周光権教授からは、「中止の任意性判断における規範的主観説」と題して、行為者の心理的要素のみを重視する伝統的主観説においては、任意性の判断基準が刑の減免根拠から基礎づけられていないという問題点が指摘され、その上で、予防の観点を加味した責任減少説の立場から規範的判断を加えた「規範的主観説」が提唱されました。さらに、第3セッションの医療刑法では、劉建利教授から、「中国における安楽死・尊厳死」と題して、当該問題に関する中国の判例・学説の紹介がなされ、その上で、「自己決定」と「社会的決定」との統合原理によって正当化を行うべきとする見解が示されました。これに対し、北川佳世子教授からは、「医療過誤と刑事責任」と題して、日本における医療過誤に関する近年の重要判例や、医療事故の調査及び刑事罰に関する法改正の状況について有益な紹介がなされました。最後に、第4セッションの企業犯罪では、樋口亮介教授から、「企業災害における個人の責任」と題して、会社の注意義務を確定した上で会社内部の個人の注意義務を確定するという日本の判例にみられる段階的思考について検討がなされ、その上で、新旧過失論ついての批判的検証を踏まえて、段階的思考を「真過失論」として提唱すべき旨が主張されました。これに対し、劉艶紅教授からは、「組織体により法定個人犯罪を実施した場合の刑事責任」と題して、当該問題に関する中国の立法解釈や司法解釈について紹介がなされた上、原則として個人責任を追及すべきであるが、いわゆる所持型犯罪については例外を認めるべきとする独自の見解が示されました。

　このように、各テーマについての報告は、単なる国内の判例・学説の紹介にとどまらず、きわめて示唆に富んだ報告者独自の見解を示すものとなっております。このような意見交換によって、今回の会議は、文字とおり刺激的でレベルの高い学術交流の場になったと思われます。

第3は、討論の活発さについてです。会議では、4つの議題についてそれぞれ優れた報告がなされただけでなく、各報告について、報告者同士及び会場から積極的な質疑応答がなされました。とりわけ、中国の最高法院による量刑標準化のあり方、日本の裁判員制度の量刑への影響、中止犯の任意性判断等の問題をめぐっては、きわめて活発な議論が行われ、意見が激しくぶつかり合う場面もありました。こうした誠実で忌憚のない意見交換を通じて、両国の立法、判例及び学説の発展経緯についての理解がより深まっただけでなく、問題解決へのアプローチ方法における共通点と相違点もより一層明確になったように思われます。

　第4は、会議の企画運営についてです。今回のシンポジウムの開催にあたっては、山口先生及び甲斐先生をはじめとする日本の先生方々は、テーマの設定や報告者の選定といった会議全体の企画のみならず、会場での報告や通訳といった会議進行かかわる詳細な事項についてまで、非常に早い段階から周到かつ綿密な準備を進めてこられました。とくに甲斐先生及び松原先生をはじめとする早稲田大学の先生方々は、今回の会議の準備のために多大な努力をなさってくださいました。この場を借りて、先生方々のご厚情とご努力に敬意を表するとともに、心から御礼を申し上げたいと存じます。また、いつもながら中日刑事法学術交流のためにご尽力され、今回の会議でも困難な総合通訳を務めてくださった金光旭教授にも、改めてお礼を申し上げます。

　ありがとうございました。

総　　括

早稲田大学法学学術院教授
高　橋　則　夫

　第5回日中刑事法シンポジウムも2日間の報告（4つのセッション）を無事に終了し、多くの実り多い議論が展開されました。それらを詳細に検討することは、もはや不要ですので、若干のコメントを述べさせていただきます。

　まずは、それぞれの報告者、司会者、フロアーの皆様に感謝の言葉を申し上げたいと思います。今回のシンポジウムにおいて、中国と日本の刑法の規定、制度、理論、実務などを比較することによって、それぞれの共通点と相違点が浮き彫りにされ、両国の規定、制度、理論、実務などが明確にされ、大変勉強になりました。

　第1セッションの「量刑論」においては、日本における裁判員裁判、中国における最高人民法院による量刑ガイドラインというそれぞれの制度上の差異はありますが、何らかの形で、「理論と実務の架橋」が目指されていることは、これまでの日中シンポジウムにはなかったことかと思います。すなわち、抽象的な理論の対立ではなく、実務との連関を踏まえた、いわば、地に着いた比較刑法の時代に入ったという印象を受けました。もっとも、他方で、抽象的な理論の展開も重要であり、量刑論の基礎理論の比較もさらに重要となるように思います。

　第2セッションの「中止犯」においては、両国の中止犯規定の比較を基礎に、具体的な事案について、それぞれの理論的帰結が展開されました。両国の中止犯規定の共通点と相違点が、中止犯理論にどのように影響するか、とりわけ、任意性の判断の対立の意味はなにかなど、

まさに理論刑法学の基礎について考えさせられました。

　第3セッションの「医療と刑法」においては、中国における安楽死、尊厳死につき、その正当化根拠が問題とされましたが、「社会決定」という注目すべき概念の意味や具体的展開が両国において課題となることでしょう。医療事故と刑事責任については、日本の重要判例につき、過失の構造や過失の競合などが問題とされました。これらの問題は、「医療」という人間の生死にかかわる領域であるだけに、両国の社会の在り方が問われたと思います。

　第4セッションの「企業犯罪」においては、「企業災害における個人の過失責任」につき、「段階的思考」という方法論からの分析が提示され、日本のこれまでの過失犯論に対して大きなインパクトを与える考え方だと思います。「組織体により法定個人犯罪を実施した場合の刑事責任」につき、中国における理論と現状が示されました。両国の法規定、問題状況は異なるものの、組織体と個人の関係というものが問題となる点は共通しています。刑事責任を、組織体に帰属させるのか、個人に帰属させるのかという「帰属論」さらには「行為論」に位置づけることができる問題だと思います。

　以上、今回のシンポジウムにおいては、「日中刑事法の基礎理論と先端問題」というテーマに相応しい報告と議論が展開されたと思います。ドイツのロクシン教授は、かつて、「比較刑法とは各国刑法の共通文法を創ることである。」と言われましたが、中国刑法と日本刑法の共通文法を形成するために、これからも継続してシンポジウム、さらには講演、著作の翻訳等を通じて、地道な交流を実現していく必要があると思います。

　次回は、南京の東南大学で第6回中日シンポジウムが開催されますが、その成功をお祈りして、私の総括とさせていただきます。

閉 会 の 辞

尊敬する山口先生
尊敬するご列席の皆様

清華大学法学院教授

張　　明　　楷

こんにちは。

中国人は「円満」という言葉を好んで使いますが、これは、「円満」という言葉には、思い残すことなく目的を成し遂げたという意味が込められているからです。今回の中日刑事法シンポジウムは、まさしく「円満」という表現にふさわしい会議となり、当初予定のすべての目標が達成されたように思われます。

この2日間の討論の内容につきましては、すでに高橋則夫先生と梁根林先生からとても素晴らしい総括がなされ、わたしからは特に付け加えることがございません。

もしわたしの理解が間違っていなければ、1990年に早稲田大学で開催された会議に参加した最も若い中国の刑法学者は、今のわたしと同じ年齢でした。ところが、今回の会議においては、わたしが中国側の参加者の中で最も年長者になっております。自分はまだ若いと思ってまいりましたが、会議に参加してみますと、いつの間にかこのような年になってしまいました。このようなことを申し上げているのは、必ずしも自分が年を取ったことを嘆いているわけではなく、むしろそれとは逆に、今回のシンポジウムには中日双方

から多くの若手研究者が積極的に参加され、しかも若手研究者から優れた報告がなされたことを大変うれしく感じているからです。若い研究者たちの積極的な参加は、両国間の刑事法学術交流の今後の持続的な発展を意味するものであります。

現在の日中関係には困難な課題が横たわっており、それを打開するための知恵を両国の政治家たちが持ち合わせているか否かは定かではありませんが、少なくともわたしが自信をもっていえるのは、両国の刑法学者たちは、相互の友好関係を発展させながら刑法学の持続的な交流の奇跡を成し遂げる知恵と能力を持ち合わせているということです。

最後に、今回のシンポジウムの開催のために万全な準備を整えてくださった早稲田大学大学院法務研究科の先生方々及び学生の皆さんに、心より感謝の意を申し上げます。また、各報告者及び参加者の皆様にも改めてお礼を申し上げます。

それでは、2017年9月に中国の美しい江南で再会いたしましょう。皆様のご来訪を心よりお待ちしております。

ありがとうございました。

次回開催校あいさつ
（東南大学教授　劉艶紅）

閉 会 の 辞

早稲田大学大学院法務研究科教授・東京大学名誉教授
山　口　　　厚

尊敬するご列席の皆様

　昨日より2日間にわたり行われた第5回日中刑事法シンポジウムは、実りある成果をもたらし、ここに閉会を迎えようとしています。この2日間、日中両国の参加者により熱心で充実した討論を行うことができ、相互理解を一層深めることができたことは大変喜ばしい限りです。

　今回のシンポジウムでは「基礎理論と先端問題」をキーワードとして、「量刑論」、「中止犯」、「医療と刑法」、「企業犯罪」といった重要な問題を取り扱いました。それによって、相互に理解を深め、有益な意見交換を行うことができました。今回のシンポジウムの大きな成果を参考にしながら、今後さらに研究を深めていきたいと考えております。シンポジウムを通じて、日中両国の刑事法分野における繋がりが一層強くなったことを確信しております。

　閉会にあたり、来日していただいた中国の先生方に改めてお礼を申し上げます。次回のシンポジウムは、2017年、中国・南京の東南大学を会場として行われることになっております。いろいろとお世話になることと存じますが、南京の地でともに議論する機会をもつことを楽しみにいたしておりま

す。刑事法学における日中両国の学術交流がますます発展することを願って、ここにご挨拶とさせていただきます。

ありがとうございました。

執筆者紹介

山口　厚	（やまぐち　あつし）	早稲田大学教授
張　明楷	（ちょう　めいかい）	清華大学教授
甲斐克則	（かい　かつのり）	早稲田大学教授
馮　軍	（ひょう　ぐん）	中国人民大学教授
毛　乃純	（もう　のじゅん）	鄭州大学講師
小池信太郎	（こいけ　しんたろう）	慶應義塾大学准教授
原口伸夫	（はらぐち　のぶお）	駒澤大学教授
周　光権	（しゅう　こうけん）	清華大学教授
蔡　芸琦	（さい　げいき）	早稲田大学大学院博士課程
劉　建利	（りゅう　けんり）	東南大学副教授
福井好典	（ふくい　よしのり）	姫路獨協大学専任講師
北川佳世子	（きたがわ　かよこ）	早稲田大学教授
樋口亮介	（ひぐち　りょうすけ）	東京大学准教授
劉　艶紅	（りゅう　えんこう）	東南大学教授
金　光旭	（きん　こうぎょく）	成蹊大学教授
梁　根林	（りょう　こんりん）	北京大学教授
高橋則夫	（たかはし　のりお）	早稲田大学教授

（掲載順）

日中刑事法の基礎理論と先端問題
－日中刑事法シンポジウム報告書－

2016年2月20日　初版第1刷発行

編　者	山　口　　　厚
	甲　斐　克　則
発行者	阿　部　成　一

〒162-0041　東京都新宿区早稲田鶴巻町514
発行所　株式会社　成　文　堂

電話 03(3203)9201(代)　Fax 03(3203)9206
http://www.seibundoh.co.jp

製本・印刷・製本　藤原印刷　　　　　検印省略
☆乱丁・落丁本はおとりかえいたします☆
©2016 A. Yamaguchi・K. Kai
ISBN978-4-7923-5174-8　C3032
定価（本体2500円＋税）

「中国刑事法の形成と特色」通算

1	中国刑事法の形成と特色	1	品 切
2	中国刑事法の形成と特色	2	2000円
3	中国刑事法の形成と特色	3	2000円
4	中国刑事法の形成と特色	4	2000円
5	中国刑事法の形成と特色	5	2000円
6	中国刑事法の形成と特色	6	2000円
7	日中比較過失論		3000円
8	共犯理論と組織組織		3000円
9	日中比較経済犯罪		3500円
10	危険犯と危険概念		3000円
11	責任論とカード犯罪		1800円
12	環境犯罪と証券犯罪		2000円
13	変動する21世紀において共用される刑事法の課題		2000円
14	21世紀日中刑事法の重要問題		2500円
15	日中刑事法の基礎理論と先端問題		2500円

(本体価格)